E. GÓMEZ CARRILLO

Le Sourire sous la Mitraille

TRADUCTION DE GABRIEL LEDOS
REVUE PAR L'AUTEUR

BERGER-LEVRAULT, ÉDITEURS

PARIS
5-7, RUE DES BEAUX-ARTS

NANCY
RUE DES GLACIS, 18

1916

Le Sourire sous la Mitraille

DU MÊME AUTEUR

Parmi les Ruines

DE LA MARNE AU GRAND COURONNÉ

Traduit de l'espagnol par J.-N. Champeaux

Volume in-12. 4e mille. 1915 . . . . **3 fr. 50**

(Berger-Levrault, éditeurs.)

La Grèce éternelle, traduit par Ch. Barthez (Perrin et Cie).

Terres lointaines, traduit par Ch. Barthez (Garnier frères).

Fleurs de pénitence, traduit par Ch. Barthez (Garnier frères).

Psychologie de la Mode, traduit par Ch. Barthez (Garnier frères).

L'Ame japonaise, traduit par Ch. Barthez (Sansot et Cie).

Pèlerinage passionné, traduit par A. Glorget (Louis-Michaud).

Le Sourire du Sphinx, traduit par Jacques Chaumié (Eugène Fasquelle). — En préparation.

E. GÓMEZ CARRILLO

Le Sourire sous la Mitraille

TRADUCTION DE GABRIEL LEDOS
REVUE PAR L'AUTEUR

BERGER-LEVRAULT, ÉDITEURS

PARIS | NANCY
5-7, RUE DES BEAUX-ARTS | RUE DES GLACIS, 18

1916

A Monsieur Jean Sapène.

Voici, mon cher ami, quelques pages écrites sur le front, parmi lesquelles vous retrouverez celles qui ont reçu la magnifique hospitalité du « Matin ».

En les écrivant j'ai toujours été guidé par mon amour de la France. Mais je dois ajouter que, même si je n'étais pas un admirateur passionné de votre beau pays, mon livre serait ce qu'il est. Car je défie n'importe quel étranger de bonne foi de venir assister à la tragédie qui se joue sur votre territoire et de ne pas s'incliner, plein de respect, devant vos héros.

Une chose surtout nous surprend et nous séduit, nous qui sommes nés ailleurs : c'est la grâce charmante avec laquelle votre peuple réalise le plus terrible effort que les siècles aient vu. Cette grâce, cette simplicité dans les grands sacrifices, cette bonne humeur constante, cette gentillesse épique, ce sourire sous la mitraille, enfin, c'est ce que j'ai tâché de noter dans mes tableaux de guerre.

Acceptez-en l'hommage, cher ami, comme une preuve de reconnaissance affectueuse.

G. C.

Le Sourire sous la Mitraille

UN PAYSAGE D'ANGOISSE [1]

Avant de nous conduire à Arras, où les Allemands, avec leur férocité méthodique, détruisent les plus beaux joyaux de l'architecture espagnole de Flandre, le capitaine qui guide notre caravane veut nous faire contempler les champs de bataille de l'Artois. Aujourd'hui nous allons jusqu'au mont Saint-Éloy, la plus haute colline de cette contrée plate et monotone. De sa cime, paraît-il, on domine les positions de Notre-Dame-de-Lorette et du fameux Labyrinthe, de tragique mémoire. Le paysage est triste : un paysage d'automne septentrional qui n'a pas même pour l'animer l'or des futaies et pour l'embellir les clartés du crépuscule. Une pluie fine et glaciale raie diagonalement l'espace opaque. Sur

(1) Tous les chapitres de ce livre ont été écrits sur le front, au cours de l'année 1915.

la route que le passage des convois d'artillerie a couverte de sillons profonds, nos automobiles avancent avec difficulté. De temps en temps, un énorme canon, véritable géant du Creusot ou de Maxim, remplit la largeur du chemin, et alors nous n'avons qu'à nous arrêter pour lui laisser la voie libre. En une heure, nous avons ainsi déjà vu six de ces superbes engins. Et c'est tout ce que nous avons rencontré dans ces régions désertes.

— Regardez, — nous dit notre guide, en nous signalant à droite et à gauche des trous de dix mètres de diamètre sur trois ou quatre de profondeur.

Et il ajoute aussitôt :

— Les obus de gros calibre !

Maintenant, en voyant passer les nouvelles pièces de siège, nous en comprenons les formidables effets. Ah ! les invraisemblables monstres de fer, qui marchent haletants et vibrants en faisant trembler la terre ! Les uns sont longs, longs, effilés, interminables, et il leur faut six paires de roues pour cheminer. D'autres, au contraire, sont courts et ramassés, avec des gueules immenses où tiendrait un homme, avec des ceinturons d'acier qui leur ceignent le corps pour les empêcher d'éclater en vomissant le feu. Au loin, leurs rugissements profonds s'entendent au milieu des aboiements continus de la meute des 75.

Nous sommes, on nous le dit et on le sent, en plein dans la zone de lutte et de danger. Un des endroits par où nous avons à passer s'appelle le Tournant de la Mort. Une batterie allemande se trouve en face, et au moindre mouvement qu'elle perçoit, elle tire.

— Il n'y a point de jour, — nous dit notre capitaine, — que quelques malheureux ne succombent ici.

Mais il ajoute aussitôt, sans doute pour nous tranquilliser :

— Pour les automobiles, le risque est moindre, grâce à la rapidité de leur course qui ne laisse pas le temps de les ajuster.

Une minute plus tard notre bon guide en souriant s'écrie :

— Nous avons franchi le point périlleux.

Instinctivement, tous nous essayons de voir, en tournant les yeux en arrière, ce lieu dont le nom est si macabre. La seule chose que nous distinguions, c'est la plaine, la triste plaine qui va confondre au loin la ligne grise de ses confins avec les nuages sombres de l'horizon. La guerre, dans son horreur de tout ce qui peut servir de point de repérage, a aggravé la monotonie des campagnes de l'Artois en tronquant les peupliers qui ombragent les routes. Il n'y a que les jardins des villages où se rencontrent encore quelques pommiers chargés de fruits et quelques pruniers qui se dépouillent de leurs feuilles. Mais plus que ces arbres à moitié cachés derrière les clôtures en torchis, ce qui nous séduit dans les lieux que nous voyons sur notre passage, ce sont les magnifiques draperies de lierre qui embellissent les murailles des granges et des églises.

Tout à coup une rumeur étrange arrive à nos oreilles. Que se passe-t-il?... Quelle musique est-ce là?... Derrière un cortège de camions énormes, nous distinguons quelque chose qui se meut et qui, en se mouvant, produit cette rumeur qui nous étonne. Pour laisser passer le convoi nous nous rangeons et, quand il a passé, nous voyons avancer d'une marche lente une colonne de highlanders aux jambes nues sous les jupons couleur kaki. En tête de la colonne marche une bande de cornemuseurs, qui soufflent dans leurs cornemuses noires, jouant un air qu'on dirait une hymne religieuse, très triste, très douce, très lente, hymne pleurant les crimes et les péchés du monde, hymne de quelque église fort antique et fort sombre... Et dans la brume du soir, sous la pluie froide, ce défilé silencieux, précédé de cette musique d'angoisse, nous cause une profonde impression de mélancolie.

— Les tours! — nous dit notre guide, tâchant peut-être de chasser de nos âmes la tristesse qui les opprime.

Sur la cime du mont, en effet, se dresse un immense fantôme, élevant jusqu'au ciel, dans une attitude désespérée, ses deux bras mutilés... Ah! la sinistre, l'hallucinante apparition! Dans un paysage de cimetière, figurez-vous une ruine d'Arnold Böcklin, agrandie d'une façon fantastique, agrandie jusqu'à l'invraisemblance, comme en un cauchemar. Les corbeaux l'entourent de leurs vols noirs. Sur la terre, au pied des tours, tout est solitude, tout est nudité. Dans le ciel, les nuées, attirées par le spectacle des tours, s'amoncellent en formant un conclave d'obscures chimères.

Mais, hélas! dans la rapidité de notre course, le tableau ne tarde pas à perdre sa splendeur romantique. A mesure que notre automobile s'approche de la cime du mont, l'église de Saint-Éloy s'éclaire, se dépouille de son mystère et finit par nous apparaître, quand nous descendons au pied de son atrium, comme une quelconque de ces innombrables ruines monumentales qui existent actuellement en France.

Le capitaine nous conduit jusqu'à une étroite plate-forme de laquelle on découvre tout le panorama des tranchées, et s'efforce de nous faire voir à gauche Carency, à droite Neuville-Saint-Vaast, et là, en face, le bois de la Folie...

— Vous avez là, — murmure-t-il, — le champ des dernières batailles.

Sous nos regards, la plaine s'étend grise et uniforme, sans que rien interrompe sa monotonie. Les tranchées françaises sont ici, à nos pieds, à quelques centaines de mètres, et un peu plus loin les tranchées allemandes. Rien ne les fait se détacher sur la plaine. Vers le sud, Arras continue son agonie sous une pluie perpétuelle de feu. Notre guide nous l'indique. Mais nous, nous ne voyons que la terre, le brouillard, l'horizon obscur, le ciel couvert de nuages... Sans le rugissement incessant des canons, qui nous rappelle la présence dans les environs de milliers et de milliers d'hommes, nous nous croirions en un désert. Les villages que nous avons vus à l'aller et qui doivent se trouver à quelques pas, se sont noyés dans le brouillard. Au couchant, luttant avec les ombres troubles de l'infini, les pâles flammes du crépuscule s'ouvrent un passage au travers d'une déchirure verticale.

Après un long silence, quelqu'un dit :

— Il fait froid...

Un autre répond :

— Il est tard...

Alors, comme obéissant à un ordre mystérieux, nous nous mettons à marcher vite, très vite, à la recherche de nos automobiles. Quelqu'un qui nous verrait croirait sûrement que nous fuyons des périls immédiats, tandis qu'en réalité, seule la tristesse de ce paysage humide et uniforme nous fait hâter le pas.

Le retour vers Saint-Pol, où nous allons passer la nuit, est silencieux. Mes compagnons s'immobilisent dans leurs coins respectifs et méditent. Le brouillard a pénétré nos âmes. Un voile nous enveloppe, nous isolant de la vie. Il y a du fantôme en chacun de nous.

En arrivant à l'endroit d'où nous vîmes tout à l'heure surgir les tours de Saint-Éloy, nous tournons la tête pour contempler à nouveau l'étrange apparition. La pénombre et le brouillard ont absorbé à son tour l'immense ruine. Le vide, un vide humide, quelque chose qui paraît un élément intermédiaire entre l'air et l'eau, nous environne et nous submerge. Instinctivement, comme pour échapper à la vue de notre naufrage, nous fermons les yeux et nous songeons...

L'AGONIE D'ARRAS

> C'est une vieille cité qui semble attendre, pleine de nostalgie, le retour de quelque infante d'Espagne.
>
> FIREZ.

Mes compagnons évoquent le lamentable souvenir de Reims, de Senlis, de Soissons et répètent à chaque moment, avec l'accent d'une peine sincère : « C'est triste... c'est triste. » Mais je suis sûr qu'aucun d'eux ne sent comme moi l'impression funèbre de l'atmosphère qui nous enveloppe. Pour eux, qu'ils viennent de New-York, de Londres, de Genève ou de Rome, Arras est une ville martyre comme une autre, une belle ville violée et mutilée dont la ruine fait perdre au monde entier quelque chose de ses trésors. Pour moi, ce n'est pas seulement cela; pour moi, c'est quelque chose de plus intime, de plus mien, de plus douloureusement personnel. Depuis que j'ai mis le pied dans ses rues désertes, en effet, une phrase fameuse me chante comme un refrain dans la mémoire, avivant mes peines : « Arras, — disait Richelieu, — est plus espagnole qu'une ville de Castille. » Et bien que beaucoup de choses, depuis que ces paroles ont été prononcées, aient changé dans la vieille métropole de l'Artois, je continue à garder obstinément cette pensée que ce n'est pas ici une cité française que les Allemands détruisent, mais bien un reliquaire espagnol. Les paroles de notre cicerone d'ailleurs augmentent à chaque instant ma nostalgie.

— Cet édifice, — dit-il, — date du temps de Charles-Quint.

Et un peu plus loin :

— Celui-ci est de l'époque de la princesse Isabelle.

Et quelques pas après :

— Ici fut Philippe II...

Et cependant nous ne sommes arrivés encore ni à la Grand'Place ni à la Petite-Place, ni au porche de l'Hôtel de Ville, ni à l'abbaye de Saint-Vaast, où la ville garde avec le plus de fidélité son antique âme hispano-flamande.

Lentement, parlant à peine et à voix basse, comme pour ne point réveiller les fantômes qui dorment sous les décombres, nous marchons par les rues désertes, enveloppés dans la brume légère du matin. Un profond silence nous entoure, silence d'angoisse et de mort, qui en vient à produire en nous des sensations étranges d'invraisemblance et de rêve. Les maisons qui ont encore une façade ferment portes et fenêtres avec la sollicitude de couvents. Mais elles ne sont pas nombreuses, les maisons intactes. Partout apparaissent les murs écroulés ou fendus, faisant voir l'intérieur du foyer dans lequel les meubles prennent parfois des positions qui seraient grotesques si elles n'étaient sinistres. Il y a des lits suspendus dans le vide, retenus seulement par un pied ; il y a des pianos qui montrent leurs entrailles pleines de cordes ; il y a des tables qui semblent mises à plaisir sens dessus dessous. Je me figure lire un de ces contes fantastiques, qui nous parlent de choses impossibles, imaginées dans des nuits d'ivresse ou de délire. Dans un édifice complètement en ruine on voit, parmi des monceaux de pierres informes, une vieille grille de style andalou, qui se maintient en équilibre par un caprice du sort. Un peu plus loin, c'est un toit qui nous surprend, un toit extraordinaire qui demeure en place, nul ne sait comment, entre des murs presque complètement écroulés. Chacun de ces tableaux est l'œuvre de quelque bombe isolée, tombée parfois il y a quelques heures. Le grand travail, celui du bombardement des jours solennels, apparaît dans les rues qui ont disparu tout entières, dans les places qui ne sont plus que des champs d'informes débris, dans les quartiers qui ont cessé d'exister. De loin en loin, l'officier qui nous accompagne prononce un nom ou dit une date. Puis la promenade continue, mélancolique, au milieu de l'immense tristesse et de la solitude infinie du lieu.

Sur les plaques d'émail demeurées aux angles

des rues se lisent des noms anciens et expressifs : rue du Presbytère, rue de l'Œillette, rue des Balances, rue de la Batterie, rue du Cardinal, rue des Trois-Visages, rue des Capucins, rue des Teinturiers... Et, oubliant l'Arras de ces derniers temps, ma pensée remonte, à travers les siècles, jusqu'à cette ville mi-flamande et mi-espagnole, dans laquelle la dévotion, le commerce, l'orgueil, la sensibilité et la malice se mêlaient, entre le bruit des fêtes et le luxe des processions, pour créer une atmosphère singulière d'aventures, d'intrigues, de querelles et de faste. Ah ! les chroniques des règnes de Charles-Quint et de Philippe II !... Ah ! les histoires du temps des infants Don Albert et Doña Isabelle !... Tout était ordonné et prévu dans cette société et en même temps tout dépendait du caprice. Les édits royaux, préparés à Bruxelles ou à Madrid, établissaient d'une manière tyrannique ce que devaient toucher en deniers, maravédis et sous, les charpentiers, les forgerons, les notaires, les tisserands. Pour tailler et coudre un manteau d'homme, « plein de satin ou de velours », seize sous... Pour un « coutrement » de dame, « façon d'une chamoire » avec franges et ornements, dix-huit sous... Pour servir un an comme laquais, douze livres... Pour porter une lettre à seize lieues de distance, deux sous... Et comme on taxait le travail, on taxait aussi les aliments, les marchandises et jusqu'aux plaisirs. « La livre de chandelle — ordonne gravement Philippe II — ne pourra se vendre plus de trois sous et six deniers... » Mais en même temps les prédicateurs se plaignaient que les familles les plus nobles se ruinassent à vouloir imiter la pompe des marchands et des agioteurs. « Il y a des femmes qui portent sur leurs épaules en joyaux et en soieries, le prix du déshonneur de leurs maris ou de leurs amants », criait, plein d'indignation, frère Basile. « Il faut fermer les lieux de perdition et de honte », répétait à chaque pas le père Montañer. En matière de divertissements publics par bonheur, les rois d'Espagne n'avaient guère coutume d'intervenir que pour exiger des histrions qu'ils ne maltraitassent pas la religion. Les salles de spectacle, où l'on dansait, chantait et riait, étaient aussi nombreuses que les couvents. « Au temps de notre dame Madame Isabelle, — dit un chroniqueur, — Arras parvint à l'apogée de sa prospérité. Les mœurs s'affinèrent à un degré extrême, et il s'ensuivit un excès de luxe qui arriva au point que les plus grandes fortunes avaient peine à le supporter. Celui des femmes surtout causa d'innombrables ruines. On cite, entre beaucoup d'autres, l'avocat Laurent Montreuil, du Conseil d'Artois qui, pour payer les robes de sa femme, dut emprunter 30.000 florins qu'il ne put payer. Tous avaient une passion visible pour l'amour, le jeu et le vin. C'était une croyance générale que la galanterie est un signe de distinction et elle en vint ainsi à un tel point que des associations se formaient pour cultiver la vie joyeuse. Le peuple passait la plus grande partie de son temps aux cabarets, les dimanches, et, en semaine, on célébrait les noces par trois jours de réjouissances. Les fêtes de la riche bourgeoisie et de l'aristocratie étaient fabuleuses, et tous se souviennent de celles que donnèrent le prince de Ligne, le comte d'Egmont, le comte d'Hostraete et d'autres. Les pertes au jeu de Jacques Lemaire, abbé de Cercamps, furent énormes, puisqu'elles passèrent pour telles en un lieu où tous perdaient des sommes considérables. » L'auteur de ces lignes, qui est un ecclésiastique, se demande à la fin de sa chronique comment cette société arrivait à vivre ainsi sans se ruiner complètement et tomber en décadence. « Grâce au travail », pourrait-on lui répondre. Comme leurs frères les Flamands, en effet, les Arrageois reprenaient, au sortir des orgies et des fêtes, le sens des choses pratiques. Il n'y a qu'à voir leurs portraits dans les vieilles estampes qui illustrent les annales de l'Artois, pour comprendre le secret de leurs âmes. Ces visages massifs, au teint enflammé, ces mains fortes, ces corps robustes, ces yeux malicieux ne sont point ceux de gentilshommes qui se résignent, après avoir mangé leur patrimoine, à vivre dans la misère. Quand un d'eux, suivant la mode de Hollande, donnait 10.000 ducats pour une tulipe rare, digne de la collection de Guislain Patissier, il savait bien que ses ouvriers payés, grâce aux édits, douze sous par jour, travaillaient pour remplir d'or ses coffres. De France, d'Italie, d'Angleterre, les marchands accouraient toutes les semaines pour se disputer les draps, les dentelles et les tapis d'Arras. Jusqu'en Castille et en Aragon, les produits « arrazzis », qui arrivaient après avoir passé par Milan, obtenaient des prix exorbitants. Les nonnes mêmes contribuaient par leurs travaux précieux et coûteux à la splendeur de la ville. La règle des sœurs de Sainte-Agnès obligeait les recluses de l'ordre à apprendre à filer, à coudre et à broder pour subvenir aux dépenses du couvent. Et les couvents alors ne vivaient pas avec quatre maravédis. Mettant à profit tous les prétextes et, au besoin, sans aucun prétexte, ils célébraient à tout moment des jubilés et des processions. L'histoire nous parle de la fastueuse cérémonie qu'organisèrent les Trinitaires de Saint-Florent quand ils rachetèrent à Tunis quelques captifs chrétiens. Durant une journée entière, les rues furent remplies d'étendards, de musiques, d'images, de croix. Portant leurs chaînes, les prisonniers se promenaient au milieu du cortège, suivis de dames couvertes de pierreries et de cavaliers vêtus de velours. Dans les hôtelleries et dans les cabarets, le peuple buvait pour témoigner sa joie pieuse. Les balcons étaient ornés de ces tapisseries précieuses, qui faisaient dire à Vasari qu'Arras était un lieu où les fées présidaient au travail des métiers.

Évoquant ces images du passé, comme, en présence du cadavre d'un être chéri, on se rappelle les splendeurs de son existence, j'arrive avec mes compagnons qui se taisent et pensent probablement à des choses moins inactuelles, à une petite rue qui n'a point souffert du bombardement et pas davantage des métamorphoses des deux derniers siècles. Telle la laissèrent les Espagnols à leur départ, au temps du cardinal de Richelieu, telle nous la retrouvons aujourd'hui. Il s'y rencontre, comme dans les ruelles de Tolède, une chapelle, un mur conventuel, quelques fenêtres à grillage et trois ou quatre poternes mystérieuses... C'est le vieil Arras auquel ne manquent que quelques dévotes sortant de la messe, quelque capitan faisant sonner ses éperons, quelque dame apparaissant à sa fenêtre, quelque marchand sortant, enveloppé de sa cape, par l'un de ces guichets... C'est l'Arras de la bonne princesse Isabelle, l'Arras de mes rêves nostalgiques...

La voix claire de notre guide m'oblige à revenir à la réalité.

— Après la bataille de Charleroi, — nous dit-il, — les Allemands, formés en grandes masses, envahirent les provinces du Nord et, en l'espace de quelques jours, arrivèrent devant les murs de cette cité qui se trouvait sans défense. Pour sauver les hommes en état de servir dans l'armée et non encore appelés, les autorités les éloignèrent d'ici. Les femmes, les vieillards et les enfants demeurèrent seuls, exposés aux violences des hordes barbares qui s'étaient déjà signalées ailleurs par leurs crimes. Qu'auraient bien pu pour leur défense les hommes sans armes et sans chefs? En les faisant partir on supprimait du moins le prétexte d'attaque invoqué en Belgique pour justifier incendies et pillages. Toutes les maisons étaient habitées et toutes les fenêtres ouvertes le 6 septembre, quand les soldats du Kaiser pénétrèrent dans la localité. D'abord, il faut le dire, ils ne se conduisirent pas mal. Sans doute, pour ce qui est des réquisitions et des exigences, ils firent ce qu'ils font toujours, menaçant à chaque instant les autorités municipales. Il y eut aussi quelques boutiques saccagées. Mais, en somme, si l'on pense à ce qui se passait au même moment dans les localités voisines, les Arrageois peuvent se considérer comme très heureux. Il est bon d'ajouter aussi que les Allemands n'eurent point le temps de chercher ou de provoquer un de ces incidents, minimes en apparence, qui déterminent en général leurs représailles sanguinaires. Le 8 en effet, après trois jours d'occupation, la ville commença d'ouïr le tonnerre des batteries françaises qui, en plein triomphe de la Marne, se rapprochaient. Sans attendre, les officiers allemands abandonnèrent les maisons où ils s'étaient déjà installés avec le plus possible de confort et, à la tête de leurs troupes, ils s'en furent par où ils étaient venus. Quelle jubilation pour les bonnes gens du lieu ! Et néanmoins le vrai martyre d'Arras n'avait pas encore commencé. Furieux de ne pouvoir conserver leur prise, les ennemis se fortifièrent dans les environs immédiats et commencèrent le bombardement qui dure encore... Le premier coup de canon fut pour le beffroi de l'Hôtel de Ville... Vous allez voir... Un Arrageois, un des rares qui demeurent encore, malgré les bombes, nous accompagnera dans notre visite des ruines... Maintenant, nous allons déjeuner chez lui, ici-même...

Notre guide frappe à une porte, et je pense, avec un brin de mélancolie, que voici venue l'heure d'oublier l'Arras d'Albert et d'Isabelle, de Philippe II, de Charles-Quint, pour ne parler que de la guerre et de ses horreurs. Mais heureusement je me trompe. A peine dans la maison de notre futur cicerone, la vision du passé s'impose même aux moins attachés, dans notre caravane, aux souvenirs lointains. La pièce où l'on nous reçoit est une salle à manger de jadis, conservée ou reconstituée miraculeusement. Le plafond est sombre avec des lambris entre lesquels se détachent des figures noires en haut relief. Un lustre de cristal pend du centre, et ses prismes tremblants s'irisent, à la lumière des bougies allumées en plein jour, de chatoiements aux mille couleurs. Un sofa tendu de velours vert brodé d'or occupe le fond entre deux vitrines fort simples et très vastes, pleines de vaisselle de faïence et d'étain. Aux murs, on voit de vieilles gravures représentant des scènes de la vie locale d'autrefois et, sur l'immense cheminée, le lion de Flandre ouvre sa gueule d'or sur champ de sinople. La table du milieu, en chêne, est massive, carrée, sans ornements. Autour se trouvent huit fauteuils de cuir noircis par le temps. Et si la maison est une reconstitution, le maître de céans semble une résurrection. Vêtu de noir, avec une longue barbe blanche qui cache son col de chemise, on dirait à le voir qu'il vient de s'échapper d'un tableau de Mierevelt ou de Pickenoy. Après nous avoir salués avec beaucoup de dignité, il s'enquiert des pays que nous représentons. Pour chacun de nous il a un sourire et une phrase aimable. A la fin, se tournant vers moi, il m'assigne la place qui est à sa gauche et donne à notre guide celle de droite en murmurant :

— Vous allez faire pénitence.

— Pourvu que les bombes ne l'interrompent pas ! — s'écrie quelqu'un.

Et je pense à un autre déjeuner comme celui-ci, à Reims, alors que chaque plat était accompagné d'une explosion et que notre doyen, le directeur du *Journal de Genève*, prononça son fameux « toast sous les grenades ». En sera-t-il de même pour ce déjeuner ?...

— Tout peut arriver, — dit notre amphitryon, que j'appellerai M. de Baupome, pour tenir l'engagement de ne pas écrire son vrai nom.

Mais le banquet — car c'est d'un véritable banquet qu'il s'agit — commence et s'achève sans que nous puissions entendre d'autre bruit que celui des batteries françaises qui tirent sans discontinuer de la citadelle. Une servante, attifée comme les béguines de Le Sidaner, avec une coiffe blanche et une bavette de dentelle, nous sert dans le plus absolu silence. Le vin sort des cruches de grès pour bouillonner dans nos coupes de cristal taillé. Dans les écuelles profondes de porcelaine jaune à fleurs rouges fument les sauces exquises. Tous nous avons des louanges pour chaque mets et notre officier s'émerveille de voir que, malgré la difficulté de trouver des provisions dans la ville, cette maison soit si bien pourvue.

— Les samedis soir, — répond M. de Baupome, — l'un de mes domestiques va au marché à Saint-Pol... Ici même, nous faisons quelques achats... Ne croyez pas que toutes les boutiques soient fermées... Non, il y a encore des marchands de légumes, de vin, et, le croiriez-vous? un libraire... Oui, Messieurs, un libraire qui n'a point voulu s'en aller et qui continue à attendre des clients qui ne viennent naturellement pas... Je vais causer avec lui, et nous feuilletons ensemble les volumes où se gardent les fastes de notre histoire locale... A un certain âge, la seule chose à quoi l'on s'intéresse c'est le passé... le beau passé qui ressemble si peu au présent... Ah!... Si vous voyiez l'orgueil qu'on éprouve aujourd'hui à lire l'histoire d'autres sièges, quand Turenne et Condé se disputaient la place... ou quand le cardinal infant... Mais que fais-je à venir vous ennuyer de ma manie ! Ici, pour revenir aux tristesses du présent, des 30.000 habitants qu'il y avait naguère, nous ne sommes demeurés que quelque cinq cents... Des femmes surtout... Des femmes âgées... Les femmes n'abandonnent pas leurs foyers comme les hommes... Chaque jour il en meurt quelqu'une et les autres demeurent, attendant leur tour... J'ai des parents à Paris, qui m'appellent... Mais je ne m'en vais pas... Ah ! non !... Ma maison, mes livres... Comment irais-je abandonner ce qui est toute ma vie ?... Dans la cour je me suis fait une cave très profonde pour dormir et pour me cacher aux heures de grande tourmente... Puis, parfois, je vais un peu dans la rue pour voir ce qui a disparu..., pour voir agoniser ma ville..., pour penser aux temps anciens...

Mes compagnons sourient devant cette mélancolie sereine et à chaque plat nouveau redoublent leurs éloges à la cuisine de notre amphitryon.

— Dans Arras, — dit-il satisfait, — nous avons toujours été gourmands... Moi, non... Mais, en général... C'est une des cités qui conservent le mieux leur héritage et leur amour de la vie délicate... La richesse, d'une part..., de l'autre, la tradition... Néanmoins, tout a déchu... Chaque fois que j'assiste à un banquet, je me vois obligé de reconnaître que nous vivons à une époque de misère et de pénitence. Dans les grands siècles, tout bourgeois de Flandre ou d'Artois savait festoyer ses hôtes avec une véritable magnificence, et non pas comme moi... Le luxe de la table, Messieurs, en vint au point que Charles-Quint, se trouvant à Bruges le 24 octobre 1541 et se souvenant des festins auxquels il avait assisté ici, rendit sa fameuse ordonnance contre les banquets de sa loyale et bonne ville d'Arras : « Nous a été exposé, — dit le César gantois, — qu'une des sources des grosses et excessives dépenses des habitants nobles et manants sont les dîners et banquets à l'occasion de la venue d'officiers ou de la réception de maîtres artisans. » Et avec son caractère autoritaire, il interdit ces banquets d'apparat. Les rois étaient ainsi... Mais, en réalité, cet édit, comme beaucoup d'autres du même esprit, ne fut qu'une mesure platonique et inefficace. Renoncer à manger en bonne compagnie, les puissants marchands de la Renaissance ! On ne s'en faisait pas faute par la suite ! La preuve, nous l'avons dans les mesures sévères prises par Philippe II en 1571 non pour supprimer les auberges et les cabarets, mais pour empêcher que chaque semaine on en établît de nouveaux où ses soldats et ses clercs allaient dépenser ce que leur donnaient les caisses royales. Si cette mesure fut respectée ou non, je l'ignore. Probablement non. Quand il s'agissait d'affaires qui n'étaient point du ressort du Saint-Office, le Roi catholique n'avait pas coutume de se montrer rigoureux. Mais ce que nous savons bien tous, c'est que sous le gouvernement de la grande Isabelle, la passion de la bonne chère était arrivée au point qu'il n'y avait noble ou marchand fortuné qui ne fît partie d'une association de buveurs et de gloutons, fondée par un certain Guillaume Cavillon sous le vocable de « La Joyeuse ». Le peuple même passait la plus grande partie de la journée dans les cabarets et, le dimanche, il n'y avait personne qui ne banquetât de son mieux. Ah, Messieurs ! et nos aïeux ne se contentaient pas comme nous de quelques plats mal arrosés de vin blanc ! Il n'y a qu'à voir, dans nos annales, l'importance des corporations de cabaretiers, brasseurs, bouchers, tonneliers, charcutiers, sommeliers et poissonniers, pour comprendre combien grave c'était alors... Mais, Dieu saint ! je vous fatigue avec ma maudite manie !... Parler des splendeurs d'autrefois devant une table aussi humble !... Pardonnez-moi, Messieurs... Pardonnez-moi...

Mes compagnons protestent contre cette excuse et jurent que les discours de notre amphitryon sont aussi savoureux que les sauces de sa cuisinière. Mais M. de Baupome continue à s'excuser et promet que dans la promenade que nous allons faire il ne parlera plus de Charles-Quint.

— Allons, Messieurs, — s'écrie-t-il, — allons

voir la Grand' et la Petite-Place..., voir les ruines..., admirer l'œuvre des barbares.

Une fois dans la rue, notre étrange cicerone, bien emmitouflé dans une cape et le large feutre rabattu sur les oreilles, nous indique les ruines sans grande importance historique que nous rencontrons sur notre passage. Dès le premier abord, on note que ce qui ne fait pas partie de son vieil Arras, espagnol et flamand, ne l'intéresse guère.

— Ici, — nous dit-il en passant devant un édifice tout neuf et un peu yankee d'aspect, — ici aucune bombe n'a voulu tomber... C'est l'École des Arts décoratifs... Mais figurez-vous quels arts pourront se cultiver dans une bâtisse à ce point anti-artistique !

Plus loin, dans la rue Neuve-Saint-Étienne, devant une maison éventrée, il s'écrie :

— Celle-ci sauta sous mes yeux, et c'est miracle qu'elle ne m'ait pas enseveli sous ses ruines...

Puis, dans la rue Émile-Legrelle, devant l'un des amoncellements les plus tragiques de murs et de toits effondrés, il s'incline et fait un geste comme pour se signer. Et il murmure entre ses dents :

— Mes pauvres amis..., tous trois succombèrent ensemble... Et l'on n'a pas même pu retrouver leurs cadavres sous ces morceaux de briques et de poutres...

Son visage sévère se voile de tristesse. Son pas se fait plus lent. Ses lèvres se taisent. Les ruines continuent à défiler devant nous, avec une variété d'aspect que nous ne leur avons pas vue dans d'autres lieux. Dans leur cruel caprice, les bombes se sont parfois contentées d'ouvrir une brèche dans les murs ou de rompre les vitres des fenêtres pour aller fracasser l'intérieur des habitations, laissant les façades presque intactes. Une petite porte ouverte nous laisse voir un palais détruit. Et pourtant l'extérieur n'a pas la moindre blessure. L'obus, ici comme en maints endroits, est entré par le toit. Ailleurs, au contraire, seul le mur qui donne sur la rue s'est écroulé, les pièces demeurent intactes.

— La cathédrale ! — s'écrie tout d'un coup notre cicerone, en arrivant à un coin de rue.

A cent pas s'élève une blanche ruine, aux proportions majestueuses, soutenue par une colonnade d'aspect hellénique.

— C'est beau, hein ? — dit M. de Baupome.

Et quand tous nous avons répondu de manière affirmative, il ajoute :

— Il ne faut pas nous approcher beaucoup... C'est plus beau de loin que de près, et bien qu'il m'en coûte, je dois avouer que ce n'est beau que maintenant... Avant... avant le bombardement... c'était une des églises les plus détestables qui fussent en France... Oui, Messieurs... Ces colonnes que vous voyez, et que sans doute vous vous imaginez être de marbre, sont en brique et en plâtre. Ce portique avait, il n'y a encore qu'un an, l'aspect d'un encrier... Œuvre du dix-huitième siècle et de style jésuite... figurez-vous !... Le seul qui se soit avisé de le qualifier de chef-d'œuvre, c'est M. de Bonnefon... Mais M. de Bonnefon, homme de goût et d'ironie, ajoute « de l'architecture fastidieuse ». A une autre époque, nous avons bien eu un sanctuaire digne d'admiration et de vénération ; un sanctuaire couvert de rosaces délicates et de sculptures expressives, véritable frère des merveilles de Soissons et de Reims. A son autel se maria le premier curé renégat de la Révolution, l'abbé Le Bon, et comme si le monument en eût été à jamais déshonoré, les amis de Marat le vendirent 273.000 francs à un Hollandais nommé Vandercoster, qui, en compagnie d'autres Hollandais, le démolit pour en débiter les pierres et en utiliser l'emplacement. Pour nous châtier sans doute d'avoir toléré un pareil sacrifice, le ciel a permis que nous eussions pendant un siècle et demi cet horrible temple devant les yeux... Heureusement, c'est fini... Ah ! si les Allemands n'avaient bombardé que cela ! Seulement, vous allez voir, Messieurs,... ici près... vous allez voir le crime de l'Hôtel de Ville.

Par la rue de l'Abbaye nous nous acheminons vers la place où gît, mort à jamais, le plus admirable joyau de l'art hispano-flamand [1]. Ah ! le

---

(1) Nous lisons dans *L'Art et les Artistes* (étude sur Arras) : *Le vulgaire y voyait des constructions espagnoles ;*

triste et navrant spectacle! A *Reims, la cathédrale,* bien que mutilée, se dresse toujours dans son divin *orgueil séculaire;* à *Soissons* les obus germaniques n'ont pas réussi à abattre la masse superbe de la noble église qui, malgré ses blessures, résiste fièrement debout; à Ypres enfin, sous la pluie de feu et de fer, on voit encore dans une perspective tragique ce que Barzini appelle « une fuite sans fin d'arcs à ogive au-dessus des murailles noircies ». Ici, la seule chose qui demeure, comme pour prouver que la perte totale de l'édifice est digne d'être pleurée des hommes, ce sont deux fragments informes de la façade, deux fragments tra-

---

en réalité l'Hôtel de Ville était antérieur, et les places postérieures à la domination de l'Espagne. Ceci est signé par M. Camille Enlart, directeur du musée du Trocadéro et membre de la Commission des monuments historiques.

Or, tout le monde sait que les Espagnols possédèrent Arras depuis 1493 jusqu'à 1640. Et personne n'ignore que l'Hôtel de Ville fut commencé en 1550 et que les deux places sont, en majeure partie, du seizième *siècle. Nous disons* « en majeure partie », parce que, parmi les maisons de la Grand'Place, il y en a trois au moins qui datent du Moyen Age. Et quant à la Petite-Place, qui n'est que celle de l'ancien Petit Markiet restauré, on sait aussi combien elle est fière de ses maisons des Coquelets, du Limaçon, de la Licorne et du Paon, qui remontent aux quatorzième et quinzième siècles. Si tout cela paraît à M. Enlart « antérieur » et « postérieur » à la domination espagnole, ce n'est pas notre faute... ni celle de l'Histoire...

Mais, peut-être, M. Enlart a-t-il voulu dire que le beffroi, commencé en 1463, était « antérieur », et quelques maisons des deux places « postérieures » aux Espagnols.

vaillés, ciselés, caressés longuement par les mains de mages des artistes d'un autre temps. « Tout le reste, nous disent ces pierres, était pareil. » Et le guide, le guide local, que les Allemands lisaient avec grand soin les trois jours qu'ils passèrent à Arras, ajoute : « L'ornementation est un prodige de luxe et de bon goût ; les colonnes et les balcons se détachent des murs ; les niches peuplées de statues abondent ; les festons courent, somptueux et légers, par les corniches ; les arcades sont des galeries de dentelle ; le toit plein de lucarnes gothiques a une délicatesse de joyau, et au-dessus de cet ensemble s'élève à 75 mètres de haut le beffroi finement ouvragé. »

— L'âme de la cité, — murmure d'une voix que l'émotion voile notre docte cicerone, — toute l'âme de la cité était ici, dans ce palais de notre histoire... Rien qu'à le contempler, chacun de nos bourgeois sentait l'orgueil de son origine... C'est qu'il n'y a pas une page de nos annales depuis le quinzième siècle qui ne soit animée par les cloches du beffroi dont vous voyez les restes. Pour le construire à une époque où la municipalité n'était pas riche, il fallut que le peuple entier consentît à faire des sacrifices.

Un jour on vendit les objets de bronze qu'on put réunir et l'on acheta des pierres... Ce fut en 1473... Plus tard, pour parer à une autre détresse, on vendit les maisons qui appartenaient à la commune... Enfin, quand il ne resta plus rien à vendre, on aliéna les droits de bourgeoisie, et l'œuvre monta, monta... L'Hôtel de Ville n'exigea pas des mesures si extrêmes... Au seizième siècle, notre richesse s'était accrue, et nos édiles pouvaient disposer de sommes considérables... D'ailleurs, il s'agissait d'étonner les princes espagnols, et c'était cas à ne pas lésiner... Je me figure ce que durent penser nos seigneurs Don Albert et Doña Isabelle, quand, le 13 février 1600, ils furent reçus sur cette même place, où l'on avait dressé un portique de fleurs à dix-sept arcades pour célébrer la mémoire de chacun des dix-sept comtes d'Artois, depuis Robert, frère de saint Louis, jusqu'à l'infante espagnole qui régnait alors en Flandre... Ah! Messieurs, il faut lire les descriptions de cortèges et de fêtes comme ceux de cette journée pour se rendre compte de ce que furent ces lieux aujourd'hui désolés!... C'était un dimanche de carnaval, rien de moins... Mais, au lieu de déguisements, nobles et gens du commun tirèrent de leurs coffres leurs plus somptueux atours... Et alors l'on s'entendait à s'habiller!... De toutes parts se voyaient justaucorps à boutons de pierreries, manchettes de batiste, chausses à la greguesque en velours ou en satin, bas de couleur avec de pompeuses jarretières, gants noirs à la mode du temps, ceintures à franges d'or, rabats en point de Flandre, pourpoints à manches tailladées, jupes à traîne toutes brodées d'argent, fraises en éventail, chapeaux à plumes, souliers de Castille et bottes à la wallonne... Et les militaires, mon Dieu !... Armures de gala, rubans de toutes les nuances, chaînes avec croix, morions, piques, hallebardes, bannières.., que sais-je !... Quant à l'infante, la chronique nous la montre à la fleur de l'âge, « vêtue d'une jupe noire brodée d'argent, avec manches ouvertes par où sortent les bras, laissant voir le corsage de satin vert brodé ; l'empiècement et les hauts de manches richement cabochonnés d'émail, de pierres précieuses et de perles ; une haute coiffure avec diadème ». Si le Kaiser allemand avait réussi, comme il le désirait, à faire dans notre ville une entrée triomphale au milieu de ses cuirassiers blancs, il n'aurait pas produit un effet aussi grandiose que le fit cette infante dans l'âme de nos aïeux. Tout en elle, comme dans son auguste époux, paraissait royal. Ils étaient la force et en même temps la grâce. Aussi le peuple les reçut-il avec une joie et une pompe qui n'ont eu d'égales nulle part dans aucun siècle... Oui, Messieurs... Ce n'est pas le patriotisme qui me fait parler ainsi... Trois jours durant, ce fut une suite ininterrompue de cortèges, de fêtes, de bals, de processions... Mais je m'aperçois, Messieurs, que mon amour des souvenirs m'éloigne, une fois encore, de l'actualité... Allons, pour voir d'autres choses intéressantes...

M. de Baupome marche devant nous en murmurant :

— Par ici, Messieurs... à travers ces ruines... Voici la Petite-Place qui, en perdant son Hôtel de Ville, a perdu sa beauté, sa splendeur... Ne nous arrêtons pas... Nous avons à voir la Grand'Place qui par miracle n'a pas encore succombé complètement... Par ici...

Après avoir traversé la rue de la Taillerie, nous nous trouvons sur la célèbre Grand'Place et nous avons la joie de constater qu'elle n'a quasiment pas souffert dans les lignes générales de ses arcades et de ses pignons... Notre guide nous assure que bien des maisons qui nous paraissent intactes sont à l'intérieur dans un tel état de ruine qu'il sera impossible de les réparer. « Le moindre souffle, — ajoute-t-il, — peut les jeter à terre. » Ce doit être exact. Mais, pour l'instant, avec ses frontons précieux et ses portiques ombreux, la magnifique place nous fait savourer ce que notre docte cicerone appelle « la grâce incomparable des Espagnes flamandes ». Pour être franc, plus que dans l'Espagne ancienne, c'est dans la vieille Flandre que nous nous trouvons : dans une Flandre française, très fine de lignes et de nuances, très attachée à la discipline municipale, très intime, très simple, très enthousiaste des ornements discrets. A première vue nous nous figurons contempler une construction unique que couronnent les hautes saillies des pignons presque uniformes. En réalité, ce sont tous les siècles et tous les styles qui fraternisent ici et dans la place voisine, se fondant dans une exquise harmonie de proportions et de formes. Le nom même d'hispano-flamande qu'on donne à cette architecture, n'est qu'un mot vague, où se heurtent bien des contrastes. Avant l'arrivée des « ferventes Castilles » avec leur cortège de moines et de nobles, les maisons des Coquelets et du Limaçon existaient où elles se trouvent aujourd'hui ; et avant elles, au treizième et au quatorzième siècle, s'élevaient déjà les légers frontons de la Herse, du Heaume, de la Cloche. Mais n'est-ce pas peut-être cette variété même, dans le canon local des deux places, qui donne à l'ensemble sa beauté charmante et touchante ? Depuis les logis qui s'éternisent avec leurs fenêtres équilatérales jusqu'à ceux qui ornent leurs façades de préciosités de bijoux, il n'y a pas un monument qui détonne, qui ne soit à sa place, qui ne contribue à former le cadre ineffable d'un passé qui, bien que réel, semble de rêve. Mieux que devant l'imposante beauté des palais et des cathédrales, c'est en ces centres de luxe bourgeois qu'on comprend ce que fut autrefois l'art de bâtir. L'architecte était alors l'artiste par excellence, le maître des maîtres, aux conceptions duquel peintres et sculpteurs devaient plier leur goût. Un Léonard, un Le Brun, un Puget, dont nous ne nous rappelons que les œuvres de musées, s'enorgueillissaient, plus que de leurs tableaux et de leurs statues, de leurs constructions de pierre. Leurs grandes âmes palpitent dans les portiques et les galeries tout autant que dans les bronzes et les toiles. Les auteurs des places d'Arras ne furent peut-être que de ces humbles maçons, qui, travaillant sans souci de vaine postérité, mettaient leur amour et leur science au service de la beauté commune. Sans s'imiter les uns les autres, suivant les règles d'une esthétique générale, adaptant leur conception personnelle aux exigences du ciel et du sol, faisant œuvre corporative enfin, tous ils créaient peu à peu la merveille qu'aujourd'hui nous contemplons avec respect. Isolez l'une quelconque de ces demeures, la plus parfaite, celle du Paon ou celle de la Rose, et vous n'aurez qu'une modeste maison, comme il y en a tant dans les villes du Nord. Voyez-les unies au contraire et vous sentez l'enchantement puissant des grandes orchestrations. Ces arcades, avec leurs colonnades interminables ; ces fenêtres, aux encadrements fleuronnés, lancéolés, polylobés ou simplement carrés ; ces portes, et leurs frontons discrets ; ces murs, dans lesquels la brique semble s'unir à la pierre pour jeter quelques touches vives dans l'uniforme masse grise ; ces corniches, où se joue le caprice des modeleurs et des ciseleurs ; ces pignons qui n'appartiennent pas à l'ordre attique échelonné, si rigoureusement suivi dans certaines villes des Flandres, mais qui s'incurvent souvent en suaves volutes, en bordures ondulantes, en brisures légères, en pinacles aériens, et qui en général ont une frange qui se termine sur le linteau en entrelacs, spirales ou médaillons : tout ce qui constitue en somme le caractère typique de l'architecture arrageoise possède une grâce délicate et originale incomparable.

M. de Baupome, qui me sait gré sans doute de la tendresse avec laquelle je contemple la Grand'-Place, s'approche de moi et me murmure à l'oreille :

— Maintenant, peuplez ce vaste espace désert, mais non point d'une foule comme celle de nos jours, sombre et triste, non, mais bien de la noble population de jadis qui savait s'habiller, rire, saluer, aimer, s'amuser... Les boutiques que vous voyez closes étaient, au seizième siècle, des lieux de rendez-vous élégants et de vie fiévreuse. Ici se trouvaient les marchands de dentelles, de draps et de velours, les joailliers, les banquiers, les parfumeurs, les diseurs de bonne aventure et aussi les cabarets, beaucoup de cabarets... Vous le voyez?... Pour moi, c'est comme s'il ne s'était pas écoulé un jour depuis ce magnifique jadis... Les galants vont par ici, sans hâte, faisant sonner les breloques de leurs chaînes, tandis que les vieillards, vêtus de noir, avec leurs amples cols blancs, s'appuient sur de hautes cannes d'ébène. De loin en loin, un capitaine, nouvellement arrivé d'Espagne ou d'Italie, passe, la tête haute, regardant les marchands avec un dédain plein d'insolence. Mais les marchands, loin de s'offenser, sourient finement et pensent que le seigneur matamore ne tardera guère à leur venir quêter quelques florins en échange des joyaux de son chapeau. Moines et clercs abondent, naturellement; des moines majestueux, comme on en voit dans les tableaux flamands, et des clercs de cour, qui sentent le tabac et le musc. Un juif sordide paraît dans un coin obscur, pesant dans ses balances quelques écus, tout comme celui du fameux tableau de Salomon Koninck. A travers les vitres embuées des estaminets, on distingue des scènes comme en peint Adrien Brouwer. Les saltimbanques et les musiciens attirent les enfants et les laquais. Partout quelque chose qui brille, partout quelque chose qui attire... Et, au milieu de ce grouillement d'hommes, se glissent, discrètes et tentatrices, les filles « folles de leur corps », souriant sous leurs voilettes, regardant à la dérobée, susurrant à l'oreille des bourgeois des paroles mystérieuses... Mais les femmes dignes d'être admirées ne sont pas ces demoiselles venues en général du dehors, attirées par la richesse de la cité, mais les autres, celles qui ne cherchent pas des aventures dans la rue et que nous voyons seulement quand elles descendent de leurs carrosses pour entrer dans quelque magasin... ou quand elles vont à la messe... ou quand elles se mettent à la fenêtre pour contempler les cortèges... Ici, aux premiers étages, accoudant leurs bras nus sur les appuis couverts de tapisseries, les voyez-vous... N'est-ce pas qu'elles sont diaboliquement provocantes?... Leurs confesseurs ont beau leur dire qu'à se décolleter ainsi et à se peindre de cette façon elles courent à la perte de leurs âmes. Ce n'est pas l'âme qui les préoccupe... Ah! non!... La chair, en Flandre, a une telle vie, un tel besoin de lumière que le spiritualisme espagnol même ne parvient pas à la convertir à la réclusion. Quand les édits imposent des voiles, toutes se voilent, c'est clair... Seulement, à travers les mousselines de soie, les seins roses se découvrent... Et puis, qui peut contrôler ce qui se passe à portes closes les jours de banquets et de fêtes?... Sous les arcades, avec beaucoup de modestie, passent des dames qui paraissent des béguines de Jacques Backer... N'allez point soulever leurs sombres mantes, si vous ne voulez pas tomber dans les filets de Lucifer en voyant leurs vêtements de satin ou de velours qui laissent les seins à l'air libre... Et ne vous figurez pas qu'il ne s'agit que de femmes de vie légère... La chronique nous dit que quand Charles-Quint, en 1520, fit son entrée à Anvers, il y eut un défilé allégorique, où figurèrent quatre cents jeunes filles « de la plus haute bourgeoisie » couvertes uniquement d'une gaze légère. Albert Dürer, qui les vit, assure qu'elles étaient fort belles et qu'elles se trouvaient « comme nues ». Or, pour ce qui touche aux libertés de cet ordre, Arras est plus flamand qu'Anvers. Il n'y a qu'à lire les ordonnances, les sermons... Mais, au diable ! ne me voilà-t-il pas de nouveau tombant dans mon péché d'antiquaire ?

En la Grand'Place, nous demeurons longtemps encore, écoutant notre bon cicerone qui, en dépit de ses excuses, parle toujours des fastes de jadis, et, dans son enthousiasme pour le passé, oublie bien souvent les tristesses de la guerre. Sa parole est si pittoresque que jusqu'à des compagnons yankees, pour qui l'histoire du monde commence à Roosevelt et à la prise de Santiago de Cuba, s'approchent de lui avec un intérêt où se joint une pointe d'étonnement.

Par malheur, le soir tombe.

— Allons — dit enfin notre capitaine.

Et nous partons... Nous allons par les mêmes chemins que nous avons déjà parcourus, contemplant de nouveau les maisons éventrées, les toits effondrés, les intérieurs incendiés... A chaque instant un tableau sinistre comme ceux que nous avons déjà vus nous inspire le désir de nous arrêter pour le mieux observer. C'est toujours la même chose, et néanmoins toujours il y a des détails pour caractériser chaque ruine. Dans les vieux quartiers surtout, où les bombes ont ouvert des brèches qui exposent à la curiosité publique les intimités vétustes de familles d'ascendance bourgeoise, il y a des coins qui nous inspirent une profonde mélancolie.

M. de Baupome nous désigne de sa canne quelques édifices qui n'ont pas été bombardés et s'écrie :

— Il y a quelque chose de diabolique dans l'effet des bombardements. Vous avez vu le théâtre qui est horrible et qui n'a pas souffert, et l'École des Arts décoratifs qui n'a pas davantage souffert et qui n'est pas moins horrible... Eh bien ! comme si les bombes avaient bon goût, on dirait qu'elles fuient systématiquement les monuments, que nous autres, vieux bourgeois d'Arras, nous estimons indignes de notre ville. Voyez-vous cette bâtisse carrée?... Il n'y a boulet qui la touche. Par contre, le vénérable palais de Saint-Vaast est écroulé ; et la chapelle du Saint-Sacrement, qui était une précieuse relique, est en cendres ; et l'hôtel de la préfecture, noble demeure du dix-huitième siècle, est presque au même point. Et si ce n'était que cela ! Outre leurs affections artistiques, les projectiles allemands ont un flair néronien pour découvrir les lieux où se trouvent des blessés ou des vieillards incapables de se mouvoir. Jusqu'à ces derniers jours, un bon maître réunissait dans une boutique abandonnée les enfants des malheureux qui vivent encore ici pour leur enseigner à lire. Un jour où son école était très fréquentée, une bombe...

De l'hôpital, je ne veux point parler. Une des choses qui enchantent le plus les Allemands, c'est de tuer des malades et des sœurs de charité. Quand ils étaient ici, au début de septembre, leurs médecins commencèrent par envahir, revolver au poing, nos ambulances de campagne, injuriant les malheureuses infirmières et exigeant qu'on retirât leurs bandages aux blessés français sous prétexte de voir s'ils se trouvaient réellement en état de ne pouvoir être envoyés en captivité. Ceux qui pouvaient marcher furent tirés de leurs lits à grands coups et conduits à pied à Cambrai. Les femmes dans la rue, en contemplant ce lamentable défilé, pleuraient et criaient, protestant contre l'inutile cruauté de l'ennemi. Les infirmières et les médecins, ils les prirent aussi, comme les dames de la Croix-Rouge pour leur faire soigner les soldats allemands sous les ordres des diaconesses prussiennes. Ah! j'entends souvent dire que ces barbares se comportèrent ici fort bien. Pourquoi? Parce qu'ils n'ont pas massacré des enfants, violé des femmes, fusillé des maires?

— Tout est relatif, — lui répond notre officier.

— Bien, — poursuit M. de Baupome, — bien. Ne parlons plus de cela. En fin de compte, ils ne reviendront plus maintenant. La leçon du commencement de cette année doit leur suffire pour ne pas tenter de nouvelles aventures,... vous savez! En janvier, l'Empereur dit : « Avant la fin du mois, j'entrerai dans Arras. » Vers le 20, ses troupes tentèrent de lui ouvrir les portes de la cité, ne songeant pas que les vers gravés sur nos pierres, qui disaient au dix-septième siècle :

> Quand les souris mangeront les chats,
> Le roi de France sera seigneur d'Arras,

se sont modifiés aujourd'hui pour assurer qu'il faut que les chats mangent les lions, si le bourreau d'Ypres et de Louvain veut entrer dans notre bonne ville. En tout cas l'assaut fut terrible : les meilleurs régiments, commandés par des officiers d'élite... En Allemagne, le triomphe paraissait tellement sûr qu'on alla jusqu'à écrire aux soldats des lettres avec l'adresse d'Arras. Sa Majesté était aux environs, attendant la reddition de la place avec plus d'assurance que le grand Condé. Les canons de tranchées, amenés de divers points du front, commencèrent à vomir le feu depuis Blangy et parvinrent en quelques heures à détruire nos défenses de première ligne. Nos soldats sortirent de leurs fossés et se replièrent jusqu'à la ville. Quand je m'en aperçus, j'avoue que je nous crus perdus. Mais le mouvement de nos troupes n'était en réalité qu'un stratagème pour provoquer une attaque. Au lieu d'arriver à nos murailles, ils se fortifièrent sans être vus entre les ruines de quelques fabriques des alentours. Marchant en masses compactes, les ennemis avancèrent jusqu'à ce que, tout d'un coup, les mitrailleuses françaises se mirent à les fusiller à 50 mètres. Les officiers qui m'ont rapporté cet épisode disent que c'était un spectacle lamentable de voir ces hommes tomber par grappes. Il était 1 heure de l'après-midi quand commença le massacre. A 3 heures il n'était pas terminé. Avec son obstination de maniaque, l'Empereur envoyait renforts sur renforts. La campagne était couverte de corps qui se tordaient dans l'agonie. Enfin, à 4 heures, en dépit d'ordres supérieurs, l'adversaire recula, se dispersa. Le millier d'habitants, encore présents dans la cité, étaient sortis pour tâcher de savoir ce qui se passait. Quand ils se rendirent compte que l'attaque du Kaiser tournait au désastre, ils se mirent à chanter la *Marseillaise,* pleins de joie... Car nous avons aussi nos moments d'allégresse... Aujourd'hui vous n'avez pas vu une âme dans les rues, n'est-ce pas?... C'est que rien n'attire nos bons et loyaux Arrageois. Quand les obus ne tombent pas, qu'aller chercher hors de chez soi? Mais les jours de tourmente, c'est autre chose. Tous nous voulons voir où éclatent les bombes, tous nous voulons assister à l'agonie de notre ville... Oui, Messieurs, mon seul regret c'est de n'avoir pas souvent l'honneur de recevoir des amis comme ceux qui aujourd'hui ont honoré ma table...

Le bon monsieur de Baupome s'incline, nous faisant une grande révérence, digne de ses amis les seigneurs de jadis. Et comme nous sommes arrivés à la sortie de la ville, nous prenons congé de lui, promettant de revenir plus tard, après la guerre, quand la noble cité célébrera le triomphe de la France par des fêtes égales à celles des temps de la bonne princesse Isabelle.

LES CHAMPS DE BATAILLE DE L'ARTOIS

Comme en Lorraine, comme en Champagne, comme en Picardie, nous allons vers les ruines et vers les tombes, en quête de documents qui pourront nous aider à reconstituer les plus récents tableaux de la tragédie. Mais ici, dans les plaines sans beauté de l'Artois, nous aurons du moins la consolation de noter que les villages qui n'existent plus qu'à l'état de souvenirs historiques n'ont pas été des martyrs de la froide barbarie germanique, et qu'ils ont succombé noblement dans le tourbillon d'une lutte superbe, livrant leurs âmes en holocauste d'espérances sacrées.

Nous allons à Carency, à Ablain-Saint-Nazaire, à Souchez, et bien que notre guide nous prévienne que nous ne rencontrerons que des décombres et des cendres, une vision de gloire surgit à nos yeux. Dans la brume du matin, entre les collines basses et les plaines désertes, tout ce que nous avons lu dans la chronique de ces derniers mois se change en une réalité palpitante, pour nous procurer des sensations de vie héroïque et légendaire. Souchez,

Ablain, Carency!... Noms d'épopée, syllabes qui garderont, dans les siècles des siècles, un écho magnifique de gloire et de victoire.

L'officier qui nous accompagne appartient à cette catégorie de Français, qui jusqu'à il y a un an et demi semblaient incapables de faire un effort. Son père est banquier, et lui était ce qu'on appelle un homme de grands bars et de cercles chics. Aujourd'hui, la croix de bronze qui orne sa poitrine, soutenue par un ruban décoré de deux palmes, montre ce qu'il a réussi à devenir. De sa vie passée tout ce qu'il conserve c'est le monocle, le sourire et la distinction des manières. L'air et le soleil lui ont tanné la peau, et le spectacle de la mort a mis dans ses yeux une flamme mystérieuse qui s'agite quand, au cours des conversations, ses lèvres évoquent les jours de combat.

— Il y a longtemps que vous êtes dans ces pays? — lui demandé-je.

— Depuis janvier, — me répond-il avec la plus grande simplicité.

Puis, m'entendant parler des Pyrénées, il murmure : « Ah! oui... Biarritz!... » comme s'il s'agissait d'un lieu connu dans une autre existence et qui n'offrirait plus pour lui qu'un sens fort vague, fort lointain.

— L'hiver, ici, — ajoute-t-il, — nous le passons comme des taupes, avançant sous la terre en rampant.

— Il est probable que vous ne vous figuriez pas la guerre de cette façon.

— Tout a sa beauté... : le péril..., la lutte..., le désir de vaincre... Il y a du sport, comme l'assurent les Anglais, dans la guerre... Au début, on ne peut nier que la lutte de tranchées, sans même voir l'ennemi, nous paraissait abominable... Nous étions dans nos terriers sans savoir au juste ce que nous allions faire... Mais, peu à peu, en découvrant les secrets de la campagne souterraine, nous nous passionnâmes pour elle comme nos aïeux pour les grandes chevauchées... On n'a pas idée de l'intérêt que l'on peut prendre à une sape, à une mine... La mort dans les entrailles de la terre..., l'idée d'arriver par un tunnel aux positions de l'adversaire... Et puis le sentiment du sacrifice obscur qui en vient à se transformer en une volupté plus profonde que l'orgueil de mourir en plein soleil et en pleine gloire... J'ai vu dans ces mêmes parages des aventures plus splendides que celles de Bayard, accomplies sans aucune espérance d'applaudissements, de la manière la plus anonyme et la plus obscure... Un jour, ici même, les prisonniers allemands capturés par une de nos patrouilles nous avouèrent que leurs camarades du blockhaus situé en face de nous se proposaient de faire sauter notre abri principal. Là-dessus, notre colonel réunit les sapeurs du régiment et leur dit : « Il est indispensable d'arriver aux lignes ennemies avant que les Boches soient ici. » Et le travail commença, et nous y mîmes une telle hâte que nous parvînmes à faire notre chemin de taupes avant qu'ils eussent achevé le leur. Il s'agit alors de placer sous le blockhaus ennemi la mine qui devait le faire sauter. Deux sergents se chargèrent du travail. Au bout d'une heure, ne les voyant pas revenir, notre chef demanda qui voulait aller voir ce qui se passait. Les volontaires ne manquèrent pas, et le plus petit de tous prit le chemin qu'avaient auparavant pris les sergents. Une heure plus tard, il n'était pas non plus de retour. Il y avait quelque chose, et quelque chose de grave. Un autre volontaire partit..., et puis un autre..., et puis un autre encore. Personne ne revenait. « J'y vais », dit un capitaine. Il y fut et ne revint pas. A la fin, très calme, le colonel s'écria : « C'est maintenant mon tour. » Comme l'aventure était périlleuse, tous demandèrent que notre chef nous permît d'aller à sa place ou, du moins, de l'accompagner. Il refusa et s'en fut seul.

— Eh bien? demande un de nos compagnons.

— Il revint, à moitié asphyxié par les gaz de la mine qui avaient tué les autres, mais avec la satisfaction d'avoir vu le blockhaus allemand sauter en mille morceaux, comme un simple jouet en carton...

Notre guide s'anime peu à peu, et sur son visage se lit l'orgueil d'avoir des chefs capables d'actes héroïques. Mais plus que de ses chefs et de ses camarades c'est des simples « poilus » sans galons qu'il nous parle avec enthousiasme.

— Les voir charger à la baïonnette, en chantant, — nous dit-il, — ne pouvait surprendre personne. Par contre, voir la bonne humeur avec laquelle dès le début ils se sont faits à la guerre souterraine est un spectacle admirable. Chacun de nos soldats est aujourd'hui capable de demeurer sous terre des jours entiers, sans songer que d'un moment à l'autre des mines ennemies peuvent l'ensevelir à jamais. Par esprit de sacrifice ils sont allés jusqu'à renoncer au plaisir de parler. Les officiers leur ordonnent de garder le silence quand ils travaillent aux sapes, et il n'y a Marseillais ou Toulousain qui ne devienne plus taciturne qu'un Anglais. Et la patience, la persévérance! Il y a beaucoup de vrai dans ce que dit Barrès, que les soldats d'aujourd'hui sont les saints de la France. Sans penser à soi, sans le stimulant des actions romanesques qui était l'aiguillon d'autrefois, ils mènent à bien une œuvre merveilleuse et ne croient même pas mériter une louange. Je ne sais si vous avez entendu parler de l'aventure de deux sapeurs de l'Artois. Le 30 octobre, au Labyrinthe, là, vers le nord, ces sapeurs travaillaient à une galerie souterraine, quand, tout à coup, une mine allemande vint à éclater à 20 mètres de l'entrée, les enterrant presque complètement. Un d'eux tomba sur le sol sans connaissance. L'autre vint à son secours et, à la lueur de sa lampe, il se rendit vite compte qu'il n'était pas blessé. Quand, au bout de quelque temps, il eut pu le faire revenir à lui, il se mit à examiner la situation où ils se trouvaient : « Nous sommes perdus », dit-il enfin. Celui qui était tombé, se levant alors du sol, lui répondit : « Il ne faut pas désespérer, tant qu'il reste un souffle de force. Allons retirer la terre qui est tombée. » Aussitôt ils se mirent à l'œuvre. Il fallait écarter plus de 15 mètres de terre. Au bout d'un certain temps, la lampe s'éteignit et l'air commença de leur paraître irrespirable. « En avant », dit l'un. « En avant », répondit l'autre. Et dans les ténèbres ils continuèrent à travailler jusqu'à ce qu'un rayon de lune pénétrât par une fente. En silence, les malheureux écoutèrent pour tâcher de savoir où ils se trouvaient, afin de ne point s'exposer à se rencontrer, en sortant, en terrain ennemi. « Ce sont les Boches », dit enfin l'un d'eux. En effet, au lieu de creuser dans la bonne direction, ils s'étaient acheminés vers les lignes adverses. Que faire? sortir était s'exposer à d'immenses périls. « Ou ils nous tuent, ou ils nous font prisonniers », murmura l'un. « Pas de ça », répondit l'autre. Sans se désespérer, ils décidèrent de se reposer quelques heures en respirant par la fente, pour commencer ensuite en sens contraire le travail déjà fait. En voyant apparaître la lumière du matin, ils prirent de nouveau leurs pioches et se mirent à l'ouvrage. Tout le jour, toute la nuit et tout le jour suivant furent ainsi employés, sans manger, presque sans dormir, dans la sape. Le 1er octobre, un autre rayon de lune apparut devant eux, et en même temps les voix françaises leur firent comprendre qu'ils étaient arrivés à nos lignes. Ils usèrent leurs dernières énergies à demander du secours. Quand les soldats de la tranchée vinrent les tirer de là, ils les trouvèrent évanouis. Ce n'était rien..., de la fatigue..., deux jours d'infirmerie... Et que croyez-vous qu'ils demandèrent quand ils se trouvèrent reposés?... Qu'on leur permît de retourner à leur sape, pour aller mettre une mine près de la fente où ils avaient entendu parler allemand...

— Incroyable! — s'écrie un de nos compagnons.

— Dans cette guerre de taupes, — répond l'officier, — tout est incroyable...

Et il ajoute :

— Maintenant, vous allez voir Carency...

Carency, le terrible Carency qui finit par tourner à l'obsession dans les communiqués quotidiens de l'État-major, Carency où les Allemands croyaient s'être fortifiés d'une manière inexpugnable et qui coûta aux Français plus d'efforts que Saragosse, le Carency déjà légendaire, le voici, à nos pieds, dans sa cuvette!... Mentalement je me refais le récit de sa conquête, tel que je l'entendis raconter à un chasseur alpin que j'ai rencontré blessé dans une ambulance, il y a trois mois, et qui, dans son enthousiasme, essayait de se dresser sur son lit pour m'expliquer, avec de grands gestes héroïques, la beauté du combat. Ce fut en mai, en plein printemps... Ce pays n'avait pas alors sur sa structure aride une enveloppe de brouillard, mais au contraire palpitait de toutes les palpitations de ses bocages fleuris, sous les caresses du soleil. Une ivresse sacrée animait les âmes de ceux qui, tout un hiver, étaient demeurés immobiles dans leurs tranchées, contemplant le village convoité comme un lieu de promesse. « C'était biblique », me disait mon chasseur. Et me rappelant aujourd'hui ces paroles qui alors me firent sourire, je me figure le spectacle du bombardement, durant lequel vingt mille bombes tombèrent sur cet amas de ruines dans l'espace de trois heures, bouleversant la terre, arrachant les arbres des jardins, faisant sauter les murs encore debout... Biblique ! oui, digne du livre de Josué, digne surtout de la terrible colère du Jéhovah dévastateur, qui poursuivait de ses tempêtes de feu les peuples chananéens. Les défenses de fer, organisées pendant six mois par le génie diabolique des Allemands, disparurent en un instant. « Nos nouveaux canons de tranchées, — lit-on dans le compte rendu officiel de l'attaque du 9 mai, — avaient effondré fils de fer et parapets de l'ennemi sous des tonnes de mélinite. » Et s'il n'y avait eu que cela ! « Il aurait fallu voir, — criait mon blessé en ouvrant ses grands yeux fébriles, — il aurait fallu voir le nombre de morts que nous trouvâmes ! » Les terriers où les défenseurs de la forteresse se réfugiaient, attendant l'ennemi, furent en effet trouvés pleins de cadavres dépecés. Tout le monde a parlé d'une colline russe qui, après une bataille, avait des palpitations macabres, à cause du nombre des soldats agonisant sur ses pentes. A Carency, le spectacle fut moins grandiose et moins noble, mais plus horrible. Dans quelques caves, après la pluie de feu, les guerriers moribonds se battaient entre eux dans le délire de leurs derniers moments, se traînant pour trouver une issue. La folie causée par le bruit, par les flammes, par les éboulements, par la douleur, par le sang, par l'ébranlement de la terre, faisait que ceux-là mêmes qui ne craignaient pas la mort, ceux-là mêmes qui la désiraient, se révoltaient contre elle dans les instants suprêmes. Un Bavarois blond, selon mon guide, saisit une jambe qu'une bombe venait d'arracher à l'un de ses camarades, et, la brandissant comme une masse d'armes, il en frappait ceux qui se trouvaient devant lui. Et ceux qui, vivants et sains, gisaient ensevelis sous les morts !... Et ceux qui se blottissaient dans les coins, hébétés, inconscients !... Et ceux qui fuyaient, traînant quelque membre d'où dégouttait le sang !... Biblique, certes, biblique de la Bible cruelle du Dieu de Job et de Judith !...

La voix de notre guide, aimable et tranquille, me tire de l'enfer de ces évocations.

— Vous voyez déjà, — nous dit-il en nous faisant pénétrer dans les premières maisons du village, — que les Allemands se sont fortifiés ici d'une manière formidable. Les correspondants de guerre berlinois, qui visitèrent la position l'hiver passé, déclaraient, pour l'avoir entendu dire à ses défenseurs, qu'elle était imprenable. Nous-mêmes, plus d'une fois, en sommes venus à craindre que nos efforts fussent toujours vains. Le 18 décembre 1914, à notre première attaque, nous perdîmes beaucoup de monde, sans même atteindre les défenses avancées. Le 27 du même mois, mieux préparés, nous renouvelâmes la tentative et réussîmes à prendre quelques-unes des tranchées de première ligne, mais rien de plus... Alors nos chefs décidèrent de faire une véritable guerre de siège, bombardant le lieu sans trêve, exécutant des attaques de surprise, minant le terrain tout à l'entour. Les maisons s'écroulaient l'une après l'autre sous notre feu. Quelle importance avait cela, puisque l'ennemi, comme vous le voyez, avait fait une cité souterraine avec tout le confort que permet l'art de la guerre!... Par ici..., par ici... Il n'y a pas à craindre de nous trouver en un lieu sans issue... Tout a des communications...

Derrière notre officier qui tient une lampe à la main, nous avançons par un véritable labyrinthe de souterrains. D'une cave humide et à peu près nue, nous passons dans une pièce meublée avec goût et dont les parois s'ornent d'estampes en couleurs. Parfois il faut monter... Parfois il faut se baisser... Parfois il faut traverser des espaces étroits à ciel ouvert. La cité de taupes continue toujours... Dans quelques endroits notre guide nous oblige à toucher du doigt les amas de troncs d'arbres et de sacs de terre qui formaient le toit. Ailleurs, il s'arrête devant une table, devant un lit, devant un miroir. — Le salon du général, — nous dit-il en arrivant à une espèce de puits où s'accumulent une quantité de sièges et deux rideaux à moitié pourris. Et il ajoute :

— L'œuvre maîtresse est l'ambulance, construite dans une cave sous une autre cave, et fort bien construite avec des murs de briques, avec un plancher de bois, avec des douches, avec une salle d'opérations... Partout il y avait des poêles et de la lumière électrique... Messieurs nos ennemis se trouvaient ici comme chez eux et étaient sûrs que personne ne les ferait sortir de leurs quartiers. Ils avaient fait un bail jusqu'à la fin de la guerre, comme eux-mêmes l'assuraient en riant. Mais, en cela, rit bien qui rit le dernier...

Sous les voûtes de ciment, le rire du bon militaire français résonne clair et léger. On voit qu'il éprouve un sain orgueil à nous faire parcourir ces labyrinthes souterrains. Un de mes compagnons murmure :

— Il faudrait conserver ceci toujours en cet état, pour la postérité.

Et vraiment, si la France a le désir de faire comprendre aux historiens futurs ce qu'est la guerre actuelle, aucun point du front, mieux que le village de Carency, ne peut lui servir d'exemple typique. Tout est prévu ici pour résister aux intempéries, aux bombes, aux assauts. Je me figure le général qui occupait la meilleure et la plus sûre de ces tanières, quand, le 9 mai, commença le bombardement. Avec quelle confiance il doit avoir entendu les premiers coups de canon ! Ses ingénieurs avaient tout prévu, sauf ce qu'ils ne pouvaient prévoir, les nouveaux canons de l'adversaire. Je me le figure ensuite aux instants tragiques où le téléphone commence à lui donner des nouvelles du cataclysme et à lui dire que les souterrains s'effondrent, que la terre tremble, que les murs de ciment se fendent, que les plaques d'acier se rompent... Quel changement rapide dans son âme...

Une fois hors des caves, notre guide essaie de nous expliquer la prise de cette citadelle de taupes et la première chose qu'il nous dit, à la vue du brouillard qui nous entoure, est :

— On ne peut s'en faire une idée maintenant, puisque alors nous étions en mai...

Combien doit être différente, en effet, une charge parmi les fleurs, d'une attaque sous la pluie froide de l'hiver ! Mon poilu de l'hôpital semblait respirer encore l'odeur du sang et du printemps. Les Allemands, suivant ses propres paroles, avaient laissé les jardins intacts pour cacher leurs canons sous les feuilles. Les premiers qui entrèrent dans le village pénétrèrent dans les jardins et, en voyant les lilas, ils ne purent résister à la tentation d'orner leurs uniformes de quelque branche. « Sur le képi, sur la cartouchière, sur le ceinturon, sur les boutonnières, partout se voyaient les taches blanches », s'exclamait mon soldat. Et il ajoutait aussitôt : « Tout cela finit dans le sang. »

Notre officier aujourd'hui ne nous parle que de sang :

— Trois jours, — nous assure-t-il, — dura la bataille, mais le triomphe nous l'obtînmes dès le 9, après une lutte épouvantable. Par la droite et par la gauche, nos forces, après le bombardement, enveloppèrent la position, tandis que nos canons établissaient, par delà les dernières maisons, un tir de barrage pour couper les communications des ennemis ici présents avec leurs réserves de l'arrière. Durant deux heures, les mitrailleuses, bien cachées, nous empêchèrent d'avancer. Nos chefs, désireux d'économiser les vies, exécutaient l'attaque avec une grande prudence, marchant à l'abri des trous ouverts par les obus. Pourtant il n'était pas facile de modérer l'élan de la troupe. A 7 heures du soir enfin, nous arrivâmes aux tranchées de première ligne, prêts à les disputer à la baïonnette : quelle ne fut pas notre surprise d'en voir les défenseurs lever les mains pour se rendre ! Plus de mille hommes, avec leurs officiers, jetaient leurs armes. Un sergent cria : « C'est la faute au général. » A ce moment, un colonel se présenta et rendit son épée. Quant au général, il avait disparu dès le début de la charge. Mais ce n'était pas tout. Ceux qui s'étaient barricadés dans les caves les défendaient comme des diables... Il fallait prendre les maisons une à une, à la baïonnette, en marchant sur les cadavres... Des soldats sortirent de Carency, les guêtres trempées de sang... Sous les pieds on percevait le bruit des flaques, dans l'obscurité des souterrains...

L'officier se tait un moment et contemple la route qui se dirige au nord-ouest. Puis il étend les bras en murmurant :

— Ablain-Saint-Nazaire...

Et après avoir consulté sa montre, il conclut :

— Voulez-vous que nous fuyions par là comme les Allemands qui ont pu s'échapper de Carency le jour de notre assaut? C'est par là que s'en furent, en effet, ceux qui ne se sont point rendus... ou qui ne sont pas morts... Ils voulaient sans doute faire une nouvelle citadelle souterraine... Mais nous ne leur en donnâmes pas le temps... Il y a 2 kilomètres à peine...

Par la route pleine de trous et de décombres

nous nous acheminons vers le village voisin. Il est 10 heures du matin et le brouillard enveloppe l'horizon d'un léger voile gris. Nos pieds s'enfoncent dans la boue, et la pluie fine et froide nous fouette au visage. Au loin commencent à éclater quelques grenades, préludant à la tempête de fer qui doit se déchaîner plus tard. De temps à autre, nous rencontrons des groupes de soldats sans armes qui s'enveloppent du mieux qu'ils peuvent dans leurs pauvres cache-nez. Tous ont un aspect lamentable, avec leurs uniformes gris mouillés et maculés. A les voir, une peine immense opprime notre cœur. Mais eux, comme pour nous montrer que l'extérieur est en général trompeur, répondent par des rires et des plaisanteries à nos saluts et à nos questions. L'un, se souvenant que c'est dimanche et nous désignant l'église d'Ablain où déjà nous sommes arrivés, s'écrie :

— Si vous allez à la messe, priez Dieu pour l'âme de notre cuisinier...

Derrière lui, un poilu, vraiment poilu, qui porte une marmite sur ses épaules et doit être le « cuistot », lui répond :

— Va donc ! c'est toi qui as besoin de prières...

Là-bas se dresse, au pied d'une colline basse et chauve, la pauvre église que les canons ont transformée en un fantôme, moins grandiose que celui du mont Saint-Éloy, mais non moins impressionnant. Une inscription clouée sur un poteau télégraphique dit : « Défense de passer par ici. » C'est par ici cependant que l'on va vers le beau sanctuaire écroulé, par ici que l'on pénètre dans l'âme tragique du lieu. Mais la prudence, nous explique-t-on, a conseillé au chef du secteur cette défense pour éviter d'inutiles sacrifices de vies humaines. Avec un entêtement maladif, en effet, les artilleurs allemands continuent à s'acharner contre la tour mutilée, contre les voûtes éventrées, contre le portique écroulé. Ils ont lu dans leur *Bædeker* que ce temple, élevé par la noblesse d'Artois, à l'apogée de l'époque flamboyante, était un des joyaux de l'architecture française, et c'est assez pour qu'ils ne pardonnent pas à une seule de ces pierres vénérables. Chaque jour vingt ou trente obus viennent tomber entre ses ruines. Et chaque jour de nouvelles crevasses s'ouvrent dans les murs, de nouveaux décombres s'accumulent sur les décombres, de nouvelles ciselures disparaissent de la façade. Quand les Allemands ont détruit un peu de beauté, ils croient n'avoir point perdu leur temps.

Dans la rue où nous nous trouvons, — une de ces longues rues de village, par lesquelles passe la grand'route, — nous ne voyons rien qui nous indique ce qu'était Ablain-Saint-Nazaire avant le cataclysme qui le détruisit. Des maisons il ne reste que des morceaux de murs, des fragments de toits, des débris de cheminées. La mort ici est complète.

Ablain la morte!... Et néanmoins, la sensation que l'on éprouve n'est pas sinistre, comme dans d'autres lieux vus auparavant et qui nous ont laissé un souvenir d'angoisse et d'horreur. Si je ne craignais de paraître paradoxal, j'irais jusqu'à dire qu'il y a quelque chose de gai dans ces ruines, grâce à leur couleur rouge et grâce aussi à ce qu'il ne s'y voit pas trace d'incendie. Ah! les noirs sillons laissés par les flammes sur les murs de Lunéville, de Sermaize, de Gerbéviller et de tant d'autres lieux! L'angoisse qu'on éprouve devant ces amoncellements de pierres calcinées arrive à se transformer en un cauchemar macabre, peuplé de corps de malheureuses femmes qui se tordent au milieu des flammes. Ici, non. Ici, nous sommes sur un véritable champ de bataille, où seuls les guerriers ont lutté, où les canons seuls ont détruit.

Notre élégant officier, toujours aimable et souriant, nous annonce que ses camarades de ce secteur nous attendent dans une des tranchées voisines pour nous inviter à déjeuner.

— Sous les bombes! — s'écrie-t-il.

Mais il ajoute ensuite.

— Il n'y a pas de danger... L'abri a un toit de terre et de troncs d'arbres d'une épaisseur de 9 mètres et un 420 ne le pourrait détruire.

Dans le trajet, nous voyons qu'il ne reste pas dans la localité une seule maison habitable.

— La lutte cependant n'a pas été ici fort importante, — nous dit notre guide. — Une fois pris les bois des environs et Carency occupé, les Allemands savaient qu'il n'était pas possible de se maintenir longtemps dans cette position. En vain, durant la semaine qui suivit la bataille de Carency, ils essayèrent de se fortifier en plaçant six mitrailleuses dans le cimetière, deux dans la maison du curé et une à chacune des têtes de rue importantes. Les trois compagnies prussiennes chargées de la défense du cimetière se composaient de troupes défaites à Notre-Dame-de-Lorette et dont les nerfs se trouvaient déjà fort affaiblis. Un officier saxon, qui déserta peu avant l'attaque, nous dit que ses camarades considéraient la résistance dans ce village comme un suicide. Nos troupes, au contraire, brûlaient du désir de compléter les conquêtes des jours antérieurs et attendaient avec impatience l'ordre d'attaquer. Je notais dans ma compagnie de ces signes qui ne trompent jamais et qui permettent à un chef de dire : « Quoi qu'il arrive, mes hommes se comporteront d'une manière surhumaine. » Le temps était splendide... Un soleil de feu à la fin de mai... Nos aviateurs nous apportaient tous les jours des renseignements sur les formations de l'adversaire. Enfin, un matin, l'ordre tant désiré arriva, et aussitôt commença l'attaque. Protégés par le tir de notre artillerie, qui empêchait l'envoi de renforts allemands, nos troupes se dirigèrent vers le cimetière où, malgré ce que l'on nous avait dit, elles ne trouvèrent pas une seule mitrailleuse [1]. Quant aux trois compagnies, elles s'étaient évanouies également. Les tombes étaient ouvertes par le tir des canons et le spectacle était horrible. Mais nous ne fîmes que traverser ce champ d'ossements épars, et nous nous précipitâmes vers le nord où l'ennemi s'était retranché.

---

(1) Voici quelques notes écrites par un jeune officier après cette bataille :

« ...D'après mes dispositions d'attaque vous voyez que j'ai abordé aux trois saillants et que j'ai porté mon effort en un point extérieur à mon secteur, le fortin. Cette initiative a été le coup heureux pour moi. J'ai pu gagner en force le point O, mon dispositif me permettait ainsi d'installer en O ma section de mitrailleuses, battant le chemin creux O O !, coupant la retraite aux Boches ; cela a démoralisé *la résistance boche du cimetière,* mes 2e et 4e sections ont pu faire leur tâche plus facilement, et cela m'a permis d'exploiter mon succès en remontant à cheval 800 mètres de tranchées jusqu'au bois de Carency. J'avais une section du génie pour organiser la position conquise. Le nombre exact de prisonniers faits a été de 407. J'ai eu, après la réussite, le commandement du secteur conquis pendant toute la nuit et la journée du 28, soit deux compagnies du 360e, deux compagnies du 246e, mises à ma disposition dès la réussite, deux compagnies du 231e reçues à 2 heures du matin, deux sections du génie, une compagnie de mitrailleuses, forces nécessaires successivement pour occuper *tout le terrain conquis avec 150 poilus !* Vous voyez qu'il y avait de quoi épater le général. Il se tenait au poste d'observation de l'Éperon de Notre-Dame-de-Lorette dit des Arabes.

« Le topo intéressera certainement beaucoup papa.

« Le général de corps d'armée, du haut de Notre-Dame-de-Lorette qui nous domine, voyant le coup réussir si plei-

En arrivant à une courte distance de l'église, nous vîmes venir en courant quelque cinq cents Allemands, et, nous figurant, comme il était naturel, que c'était une attaque, nous nous préparâmes à les recevoir à coups de fusil. Mais le colonel qui regardait avec ses jumelles nous ordonna de ne pas tirer. Peu après, nous vîmes en effet que, loin de nous attaquer, ils venaient se rendre, sans armes, les mains levées. Les officiers qui commandaient cette troupe nous déclarèrent que, s'ils se rendaient, c'est qu'ils considéraient comme impossible toute résistance. Les soldats qui occupaient les maisons, néanmoins, loin d'imiter ces prudents camarades, nous firent voir qu'ils étaient prêts à mourir à leur poste. Chaque rue était une forteresse. Je reçus l'ordre d'aller à l'est. L'assaut fut général... Voyez-en les marques.

Sur tous les murs qui restent encore debout, nous voyons en effet les traces de la mêlée. Outre les grandes brèches ouvertes par les obus, on

---

nement, pleura, m'a raconté l'officier d'ordonnance qui vint m'apporter l'assurance que j'étais chevalier de la Légion d'honneur. On peut être fier de sa croix quand le motif que j'aurai est par derrière, et je suis bien heureux d'avoir matériellement et personnellement arraché un morceau de France aux Boches.

« J'ai réussi à m'emparer de trois fois plus de terrain que j'avais mission de conquérir, fait 400 prisonniers dont 5 officiers, pris *6 mitrailleuses*.

« J'ai été blessé... »

remarque une infinité de trous et d'éraflures occasionnés par les balles. Quand nous rencontrons des portes, elles semblent des cribles, tant elles ont été percées de coups. A l'intérieur, les souvenirs de la lutte se conservent encore d'une manière plus terrible. Sur le sol, malgré le temps écoulé, il y a toujours de grandes taches de sang, et dans tous les coins on trouve des armes brisées mêlées à des morceaux d'uniformes.

Mes compagnons s'arrêtent en quête de quelques reliques tragiques et recueillent des baïonnettes et des couteaux allemands. Aucun n'est entier et tous sont couverts d'une moisissure si humide, si épaisse et si rouge que l'on croit tout d'abord qu'elle est faite de sang.

L'officier qui nous accompagne sourit de l'enthousiasme de collectionneurs macabres que montrent les correspondants de guerre.

— Où il faut voir ce qui reste, — dit-il, — c'est après un assaut.

Un Américain s'exclame, en contemplant la campagne pleine de trous, de fossés et de réseaux de fils de fer :

— L'assaut ici doit avoir été difficile...

Notre guide répond :

— Vous croyez qu'un assaut est une action violente, quelque chose comme une charge de cavalerie... n'est-ce pas?... La parole est trompeuse à notre époque... Il se peut qu'au temps de

Bayard..., mais aujourd'hui il n'y a rien de cela... Tout est méthodique, scientifique et lent dans les opérations militaires. La première chose à faire, durant des heures et des heures, quand on prépare l'assaut, c'est de déblayer le terrain par l'artillerie en détruisant les travaux de défense de l'ennemi. Quand les chefs croient l'opération réussie, ils fixent d'avance l'heure exacte à laquelle les colonnes doivent se lancer à l'attaque... Seulement l'expression « se lancer » est bien trompeuse... Chaque compagnie, capitaine en tête, suit le chemin qu'on lui indique. La marche se règle, comme pour les grandes revues, avec un ordre et un rythme parfaits... N'avez-vous pas entendu raconter que les Prussiens, dans les moments difficiles, attaquent au pas de parade, au chant du *Deutschland über Alles*? Eh bien! nous faisons plus ou moins la même chose, à cette différence près que notre pas est moins lourd et notre chant moins triste. Une chanson de route, de celles qui se conservent à travers les siècles dans nos régiments, sort de toutes les poitrines à la fois. A peine en chemin, la colonne commence à souffrir du tir à découvert. L'instinct fait que celui qui voit tomber un camarade pense à tirer. Les officiers sont là pour l'empêcher. Il ne faut pas se presser, il ne faut pas s'impressionner... Il ne suffit pas de mépriser la mort. Il faut la mépriser avec ordre, avec méthode, avec harmonie. Au milieu des balles qui sifflent comme un essaim d'abeilles irritées, les sergents s'occupent de l'alignement et du pas... Un, deux; un, deux... Et si vous saviez comme le chemin se fait long dans ces conditions! Les soldats ont des envies de courir, de sauter, de tirer. Les chefs qui le savent donnent l'exemple du calme. La pipe à la bouche, s'appuyant sur quelque bâton rustique, indifférents au péril, ils vont, lents, paisibles comme s'il s'agissait d'une promenade. Les ordres de l'état-major établissent à quelle distance doit commencer le feu et, quoi qu'il arrive, on attend jusque-là...

— Et quand on se trouve enfin au lieu où se produit la rencontre corps à corps? — demandé-je à notre guide.

— Ah! — exclame-t-il, — alors, chacun fait ce qu'il peut... L'instinct est ici le grand maître... Il faut lutter de près, de très près... La baïonnette même est parfois une arme inefficace... Il faut le couteau.

Le visage, tout à l'heure souriant, de l'élégant officier, s'est transformé tout d'un coup. Il y a sur ses lèvres un rictus dur et son front est sillonné d'une ride profonde. Dans ses pupilles grises brille un éclair qui fait penser aux yeux des grands félins.

— Voyez-vous là, au pied de l'église, ce grand mur perforé, — murmure-t-il d'une voix sourde. — Les Allemands s'y étaient retranchés et résistaient avec une énergie désespérée. A vingt pas ils nous fusillaient par delà la muraille et nous ne pouvions leur répondre... Mais quand nous approchâmes..., quand nous en vînmes aux mains... Ceux qui se défendirent, disposés à vendre cher leur vie, montrèrent une rage épouvantable. De leurs lèvres pleines d'écume, ils nous adressaient des injures que nous ne comprenions pas et auxquelles nous répondions par des quolibets. Mais au milieu des insultes, les corps s'affaissaient et le sol se transformait en une mare de sang... J'avais les bottes rouges... Les mains aussi... Un sergent, de derrière une poutre, me visa avec un revolver... La balle me passa ici, sous le bras, brûlant ma manche... Aussitôt un de mes hommes lui donna par derrière un tel coup de poignard que la pointe lui sortit par le nez. Ah! la grimace que fit cet homme!... Tous faisaient des gestes grotesques en succombant, et nous riions devant leur douleur... Il n'y a pas de joie comparable à celle de voir mourir un ennemi... C'est une sorte d'ivresse... Après on ne se rappelle pas les détails... On ne se souvient que de l'ensemble du drame... Ce qui m'est demeuré le plus présent, c'est le mouvement du bras d'un chasseur alpin, un hercule, qui, de sa baïonnette, allait traversant les Allemands, et à chacun de ceux qu'il tuait donnait sa bénédiction... Ah! quel beau souvenir!...

L'officier rit d'un rire cruel et magnifique qui montre ses dents blanches de bête humaine saine et forte. C'est la première fois que le fin, le gentil sourire français, se transforme ainsi en un geste crispé sur les lèvres d'un homme distingué, bien élevé, élégant. C'est la première fois aussi qu'un récit me fait sentir le frisson de la véritable guerre. Mais ce n'est qu'un éclair. Dominant la fièvre de ses souvenirs, notre guide murmure doucement :

— Ce qui peut se passer au fond des âmes semble incroyable.

Et, ensuite, très aimablement :

— Allons déjeuner, Messieurs, car il se fait tard.

Après plus d'une demi-heure de marche dans une tranchée qui paraît le lit d'un canal récemment vidé, nous arrivons, couverts de boue, à l'entrée d'un ecaverne.

— En avant ! — nous crie une voix du fond.

A tâtons, l'un derrière l'autre, nous commençons alors à descendre dans l'obscurité, nous retenant aux parois de terre, pour ne pas glisser sur les marches boueuses. Enfin, à une profondeur qui nous paraît fantastique, nous voyons, à la lueur vacillante de quatre bougies, quelques formes humaines qui se meuvent dans la pénombre. Une d'elles s'avance pour nous recevoir et, sur un ton d'aimable plaisanterie, nous explique que nous nous trouvons au Casino de l'Amitié.

— C'est le plus luxueux, le plus confortable, le plus moderne de ces parages, — exclame-t-il. — Vous avez vu déjà la façade... L'architecte qui a construit cette merveille y a mis sa signature sur une brique que nous avons envoyée au musée... Il s'appelle, s'il vit encore, Schulz, Fritz Schulz... Parce qu'ici nous nous trouvons, Messieurs, dans un édifice allemand... Voyez les meubles, tous du plus pur style boche... Et que dire de ces candélabres art nouveau ?... Quant aux buffets, vous voyez comme ils sont somptueux...

Peu à peu, nous commençons à distinguer dans la pénombre les objets qui nous entourent. Une table, de 3 mètres de longueur, occupe le centre de l'antre. D'un côté, il y a un banc, fait d'un tronc d'arbre, qui va d'un bout à l'autre et sur lequel peuvent trouver place jusqu'à dix personnes. De l'autre côté, se voient quatre sièges rustiques à hauts dossiers de bois. Deux étagères occupent le mur du fond, montrant avec orgueil une douzaine d'assiettes et six ou huit verres.

Sur la table, le cuisinier a mis quatre bouteilles et deux plats.

— Le vin est mauvais, — nous dit l'officier qui nous avait d'abord adressé la parole.

— En échange, les mets sont pires, — exclame un autre officier.

Notre guide répond :

— L'appétit que nous apportons est disposé à trouver tout excellent.

Et se tournant vers nous ;

— N'est-ce pas, Messieurs? — demande-t-il.

Par ma vie, oui. La promenade matinale, le froid, la pluie, tout a contribué à nous faire arriver ici affamés. Aussi, à peine assis sur le banc, trois ou quatre mains s'avancent vers les viandes froides qui remplissent les plats. Mais une voix autoritaire crie :

— Halte ! nous avons d'abord la soupe..., une simple soupe de poilu..., un présent de la compagnie...

Au même instant, deux soldats apparaissent avec une énorme marmite qui remplit la caverne de délicieuses émanations. Et le déjeuner commence, un gai déjeuner un peu bohême et un peu campagnard, sans serviettes, sans nappe, presque sans couverts ; mais avec un magnifique potage de patates et de viande, avec un petit vin exquis et avec une humeur admirable. Tous bavardent, tous rient. Seul un Américain se tait, écoute et de temps à autre prend des notes sur un carnet.

L'officier qui nous accompagne nous dit :

— Ici, nous nous trouvons entre Ablain et Souchez, à cinq cents pas de Souchez... Les Allemands qui connaissent ces lieux, puisque nous les en avons chassés il y a deux mois, nous bombardent quotidiennement. C'est une rareté qu'aujourd'hui ils ne nous aient même pas envoyé une marmite... Ce doit être par égard pour vous... Mais quand bien même ils nous tireraient tous leurs canons ensemble, ici...

Un autre officier l'interrompt en disant :

— N'avez-vous pas lu dans un article traduit du *Lokal Anzeiger* de Berlin l'aventure de Hans Horstein et de ses compagnons?... Eux aussi avaient une caverne magnifique, avec un toit de 9 à 10 mètres d'épaisseur en terre et en bois vert... Eux aussi se croyaient à l'abri des attaques de tous nos canons... Eux aussi s'asseyaient à table en riant et en plaisantant... Eux aussi...

— Quoi encore?

— Eux aussi recevaient des visites... Eh bien!... un jour... Mais lisez vous-même...

Et à la lumière d'une bougie, notre capitaine lit :

« C'était notre abri souterrain, dans lequel, avant la grande offensive des Français, nous avions passé bien des heures agréables. Quand les obus commencèrent à pleuvoir, on ne s'est plus senti à l'aise là dedans. A chaque coup qui tombait dans le voisinage les murs tremblaient. Le lieutenant qui l'avait bâti affirmait pourtant chaque fois que son abri ne craignait rien, quel que fût le calibre des projectiles ennemis. Il venait justement de s'y asseoir avec le deuxième observateur et le téléphoniste — c'étaient ceux qui nous relevaient — quand un obus, lancé par une pièce de marine, tomba dessus en sifflant. L'abri tout entier, avec sa double rangée de rondins de chêne, ses rails de chemin de fer et son toit de pierre et de terre épais d'un mètre, fut simplement écrabouillé en compagnie de celui qui l'avait construit. »

Comme seul commentaire de ces lignes qui détruisent nos illusions de sécurité, l'officier s'écrie :

— Tant mieux, parce que vraiment, il serait honteux d'être si tranquilles, si tranquilles.

Mais aussitôt, remarquant qu'outre ses camarades, nous nous trouvons là aussi nous autres, qui ne sommes point militaires, il essaie de se rattraper et dit :

— Non... non... Il n'y a point de danger, malgré ce qu'assure le *Lokal Anzeiger*... Ici nous ne courons aucun risque...

— Cela n'a point d'importance, — répondent en chœur quelques journalistes.

— Celui-ci, — dit l'un d'eux en désignant un jeune Américain du Nord à l'aspect placide, — a vu la mort de près plus d'une fois.

L'homme désigné prend la parole, et avec une impassibilité absolue, comme s'il ne s'agissait pas de lui-même, rapporte ce qui lui arriva en Belgique au début de la guerre :

— J'étais sorti de Bruxelles quand les Allemands l'occupèrent, — dit-il, — avec l'intention d'aller en France. Mes papiers étaient bien en règle. En plus de mon passeport, j'avais une lettre du ministre de mon pays. Dans les premiers postes de garde, je ne rencontrai pas de difficultés. Mais presque à la frontière, un soir, je me trouvai dans une localité remplie d'officiers allemands. Un d'eux m'arrêta et me conduisit à un bureau où il y en avait d'autres. Ils parlèrent entre eux. Il me demandèrent si j'étais officier anglais. Ils exigèrent ma parole d'honneur. Et quand je crus qu'ils allaient me laisser partir, celui qui m'avait arrêté me dit : « Vous êtes condamné à mort, comme espion. » Ensuite ils me laissèrent à la garde de deux soldats à faces patibulaires. Je voulus parler à l'un d'eux ; il me menaça de sa baïonnette. Alors j'écrivis au fond de mon chapeau mon nom et celui de mon journal, à « New-York » pour qu'on pût lui donner des nouvelles de ma mort. Et comme j'étais très fatigué, je m'endormis. Au bout de deux heures, je sentis qu'on me secouait par le bras et, en ouvrant les yeux, je me trouvai devant un médecin militaire allemand, qui me disait en excellent anglais, en me désignant mon chapeau : « J'ai vu cela et j'ai obtenu qu'il soit sursis à l'exécution jusqu'à ce qu'on aille à Bruxelles voir le ministre des États-Unis. » Me sentant sauvé, le sommeil me quitta...

— Et alors? — demande quelqu'un.

— Alors, — termine le Yankee, — le chapelier qui m'avait vendu mon chapeau m'envoya un câblogramme m'offrant mille dollars pour annoncer qu'il était mon fournisseur.

Tous rient, tous, sauf le héros de l'aventure, qui demeure fort calme, fort sérieux.

Un des officiers, parlant des soldats de sa compagnie, des territoriaux barbus et poilus et pères de famille en général, chante avec un lyrisme plein de tendresse la facilité admirable avec laquelle ils se sont accoutumés à tous les efforts, à toutes les fatigues, à tous les héroïsmes. Quand il est besoin d'un homme disposé à mourir dans une aventure d'avancée, tous se disputent l'honneur d'être les élus. Et dans les batailles, sous le feu affolant de l'artillerie, il n'y a garçon de vingt ans qu'on leur puisse comparer.

— Hé ! — s'écrie un autre officier. — Halte-là ! Les garçons des dernières classes sont vaillants comme des lions et résistants comme des athlètes. C'est invraisemblable ce que ces gamins ont fait.

Un journaliste intervient, et comme un Salomon il essaie de mettre la paix en disant :

— Cela veut dire que tous sont égaux.

Mais le premier officier insiste dans son éloge des troupes mûres.

— Si vous les aviez vus dans les batailles de septembre ! — s'écrie-t-il. — On ne peut citer exemple de plus de bravoure, de gaîté, d'élan et de patience. Dix, douze, vingt fois, sans se lasser, sans perdre courage, ils attaquèrent certaines tranchées jusqu'à ce qu'ils parvinssent à les conquérir. Et la simplicité avec laquelle ils s'installèrent entre les morts pour se reposer du combat ! Je les voyais avec surprise, pensant que beaucoup d'entre eux, il y a deux ans, se seraient évanouis s'ils avaient vu chez eux un cadavre. Ah ! qui n'a pas assisté aux batailles de l'Artois ne peut dire qu'il sait ce qu'est un véritable combat...

Un autre Américain, qui jusqu'ici n'a pas dit une seule parole, interrompt l'officier en s'écriant :

— J'y étais... J'ai vu la bataille de près...

— Dans nos lignes ? — demande avec étonnement le Français.

— Non, — répond le Yankee, — dans les lignes allemandes... En septembre dernier... J'ai été une année en Allemagne... à l'ouest, à l'est..., toujours avec les troupes... J'ai vu les grandes batailles de Pologne... Mais, en vérité, rien ne m'a fait tant d'impression que le bombardement de Souchez... Quand j'arrivai à ce lieu, la lutte avait commencé, et l'état-major croyait que les attaques seraient repoussées sans grand effort. Les soldats ne paraissaient point partager cet optimisme. Il suffisait de les voir, quand ils revenaient des tranchées, pour se convaincre qu'ils n'étaient pas tranquilles. Leurs uniformes étaient des haillons sans couleur. Dans leurs yeux on remarquait la fièvre et l'insomnie. Seuls les sous-officiers conservaient leur élégance et leur enthousiame. Je me souviens encore du premier que j'interrogeai dans son poste de combat. « En face, — me dit-il, — sur les hauteurs de Notre-Dame-de-Lorette, se trouve l'artillerie de l'ennemi. Hier, nous demeurâmes sous un feu énergique de 7 heures du matin à 9 heures du soir. Notre position était comme si une charrue gigantesque eût passé par là. Nous ne pouvions voir ni entendre rien. Naturellement, nous eûmes des pertes, mais cela ne se peut éviter. Une grenade énorme éclata près de moi. La tranchée fut détruite et nous restâmes enterrés. A 9 heures du soir, les projectiles commencèrent à passer pardessus nous. L'ennemi se proposait de faire reculer une colonne de renfort et de faire sauter ce qui restait de notre tranchée. Notre lieutenant, un garçon de dix-neuf ans, cria un ordre et en un moment la tranchée parut une fourmilière. Nous nous dégageâmes. La plus grande partie de nos canons avaient été rendus inutilisables; mais nous avions des grenades à main... Les Français se lancèrent contre nous; nous jetâmes sur leurs rangs deux douzaines de grenades... Debout, au milieu des cratères ouverts par les projectiles, nous continuâmes à jeter des bombes. La fumée était si épaisse que nous ne pouvions nous voir les uns les autres. Un moment, l'ennemi s'arrêta; mais bientôt, nous croyant anéantis et ayant reçu des renforts, il avança de nouveau, criant, chantant et riant. Nous lui lançâmes encore des grenades. En même temps, nous nous rendîmes compte que les Français commençaient aussi à attaquer d'une de leurs tranchées située à notre droite, dans la direction de la raffinerie de sucre. Comme les grains d'un baril, les Français sortaient de la fumée. Mais, grâce à nos projectiles scientifiques et à nos grenades à main, nous pûmes les contenir. » Quand le sous-officier m'eut ainsi raconté le dernier assaut, je lui demandai s'il croyait qu'on pourrait résister plusieurs jours encore à l'attaque française. « Non », me répondit-il. Et après un moment de silence, il ajouta : « C'est le diable en personne, ces Français, quand ils attaquent en chantant et en riant. » Le jour suivant, en effet, les rires arrivèrent jusqu'aux lignes d'arrière-garde, dans lesquelles je me trouvais avec l'état-major du régiment, et il fallut courir pour ne pas tomber prisonniers... J'avais envie d'être fait prisonnier... Cela aurait été curieux...

Dans la pénombre nous voyons briller pleins de joie les yeux des officiers français. Cet hommage de l'ennemi, répété par un neutre, leur est agréable. Un d'eux, un lieutenant de réserve qui sert comme interprète dans l'état-major du général d'Urbal, nous dit :

— Il est certain que depuis déjà quelque temps les Allemands qui défendent ce secteur n'ont pas de grandes espérances ni de grandes illusions. Dans les carnets que nous trouvons dans les poches des prisonniers, on remarque, depuis la bataille de Notre-Dame-de-Lorette, un découragement qui a gagné jusqu'aux officiers. La semaine passée, une patrouille nous amena un capitaine prussien blessé, qui avait été deux jours sur le champ de bataille sans pouvoir bouger et sans manger, buvant de l'eau d'une mare pour calmer sa fièvre. Après lui avoir donné ce qu'il demanda, nous l'interrogeâmes. Voici sa réponse que j'ai copiée comme caractéristique : « Vous me demandez si nos pertes sont énormes... Oui... Voyez, mon régiment dut être par cinq fois remanié. Dans ma compagnie nous ne sommes plus que quatre du début, quatre sur deux cent soixante ; tous les autres ont été tués ou blessés. Votre artillerie nous a effroyablement décimés. Elle est du reste bien supérieure à ce qu'elle était au début de la campagne. Votre armée est la seule qui puisse se mesurer avec la nôtre. Et c'est pourquoi je trouve la guerre absurde... Oui... Comment la finir? Nous savons que nous ne pouvons plus avancer. Je ne sais pas si nous pourrons facilement résister. » Il est clair que chez un officier prisonnier ce découragement peut s'attribuer à des causes psychologiques momentanées. Aussi donnons-nous moins d'importance à ce qu'ils nous disent qu'à ce que nous lisons dans leurs notes intimes. Dernièrement, l'état-major de notre armée fit traduire et publier dans son *Bulletin officiel* le carnet de route du chef du 1er bataillon du 111e régiment d'infanterie allemande. Cet officier, appelé Sievert, prit part aux batailles de Notre-Dame-de-Lorette, et son cadavre fut trouvé parmi les cinq mille qu'y laissa l'ennemi. De son aveu, son propre bataillon était réduit, après quelques jours de lutte, à deux cent soixante-douze hommes, ce qui n'est que le tiers de son effectif de guerre. A toutes les pages de son carnet, le cri de : « Renforts ! renforts ! » sonne comme la voix d'un homme qui se sent perdu et appelle au secours. Et ce qui est extraordinaire pour nous, accoutumés à considérer la discipline allemande avec un véritable respect, c'est le désordre que ce militaire dénonce en se plaignant qu'il y ait dans les ordres reçus des incohérences, des contradictions et des erreurs géographiques. Dans une de ses dernières notes on lit ces paroles terribles : « Nous ne savons plus rien, puisque nous avons perdu le contact avec l'état-major. » Et les plaintes relatives aux vivres ! A force d'être tragiques, elles en viennent à paraître grotesques. A Souchez, entre les ruines, il pleure nuit et jour le manque de pain, de vin, de viande. « Il faut nous contenter de nos provisions de réserve », écrit-il un jour. Quelques jours après, les choses s'aggravent, il ne reste plus de réserves. « Depuis hier, — dit-il, — je n'ai rien mangé qu'un morceau de galette. » Aussi, quand tout d'un coup arrivent les vivres, son premier mouvement est de joie. Seulement, hélas ! ce ne sont pas ceux qu'il désirait, « ce ne sont que des provisions de réserve ». Le 20 juin, nous trouvons dans les notes du commandant Sievert ces paroles épouvantables : « Mes hommes se sauvent chaque fois que tombe une bombe ; il me faut les menacer du conseil de guerre pour les obliger à ne pas abandonner leurs postes ; les chefs des compagnies sont unanimes à confesser la démoralisation de leurs troupes. » Puis, quand le grand bombardement de Souchez commence, le pauvre Allemand comprend ce qui va se passer et se résigne à mourir. Il y a une beauté tragique dans les dernières phrases de ce soldat qui sait que l'assaut ne peut tarder et qui comprend en même temps que ses hommes ne pourront résister à un choc rude. Le bombardement, en effet, les a tous affolés... Car il faut voir ce que fut le bombardement de Souchez... Si vous n'avez pas peur...

L'Américain qui a parlé tout à l'heure est le premier à se lever en murmurant entre ses dents :

— Nous n'avons pas peur... non... Il faut voir cela... J'ai grand désir d'entrer avec les Français là où j'ai été avec les Allemands...

Quand, au sortir des tranchées, nous nous trouvons de nouveau sur la grande route qui conduit d'Ablain à Souchez, notre guide nous fait mille recommandations de prudence. En premier lieu, si nous passons par des endroits découverts, il ne faudra pas former un groupe compact. Puis, à Souchez, nous ne devrons pas rester longtemps...

— Par bonheur, — ajoute-t-il, — le temps nous favorise.

Voici trois jours, en effet, que la pluie et le brouillard nous font vivre dans une atmosphère de cristal opaque. C'est à peine si à 200 mètres on distingue la silhouette d'une ruine, et les hommes qui viennent en sens inverse de nous passent à notre côté presque invisibles dans leurs uniformes de drap gris. Sur les penchants dénudés des collines de Notre-Dame-de-Lorette, on voit éclater, parmi des écharpes de brume qui se traînent, les étincelles des grenades. Au loin, entre les nuages, on dirait que vient de se déchaîner une tempête, tant est continu le tonnerre des canons de gros calibre. Tout près de nous, se cachant dans des endroits que nous n'arrivons pas à distinguer, les 75 français, comme une meute en furie, répondent à l'attaque ennemie par leurs aboiements aigus et secs. L'air est rempli de sifflements lugubres, de murmures sinistres, de frémissements angoissants. Le dernier communiqué officiel dit, néanmoins, que « le brouillard a ralenti l'action de l'artillerie ». Que doit être la lutte d'obus quand le temps le permet! Les chiffres fantastiques des munitions dépensées chaque jour, je me les explique parfaitement aujourd'hui. En une heure, dans ce coin du front, bien que nous soyons en un jour de calme, il est tombé des centaines de bombes. Mais ce que je ne m'explique pas, et la faute en est sans doute à mon extraordinaire ignorance en matière militaire, c'est l'objet de ce bombardement. Sur les hauteurs que balaie la mitraille, il ne semble pas qu'il y ait rien. Et c'est là, cependant, là seulement que s'ouvrent sans discontinuer les fleurs de feu. Un officier, à qui je demande ce que les Allemands peuvent bien essayer de détruire par leur tir contre les collines voisines, s'arrête et, après avoir sondé l'horizon avec ses jumelles de campagne, me répond évasivement :

— On ne peut savoir... Parfois on tire ainsi par plaisir...

Avant d'arriver à Souchez, nous rencontrons les ruines de la Sucrerie, où se livra le fameux combat du 1er juin. Ce que nous l'avons entendu, il y a quatre mois, le nom de la Sucrerie! Deux jours durant, Français et Allemands se disputèrent pied à pied, littéralement, les ruines de ces édifices. Les fusils ne servaient de rien en un espace si restreint, et il fallait lutter corps à corps dans les fossés, dans le ruisseau, dans les souterrains. Quand finit la bataille, « sol et sous-sol, — selon le communiqué du quartier général, — étaient pleins de cadavres ».

Ce ne fut que le prologue de la prise de Souchez, où la tragédie atteignit de telles proportions que le critique du *Berliner Tageblatt* dit, en parlant de cette journée :

« Si dans l'enfer on tient un registre des monstruosités qui se passent sur la terre, Souchez doit y être inscrit en lettres capitales. »

Quand nous pénétrons dans le village tragique, nous ne pouvons retenir un cri d'étonnement. Rien de ce que nous avons vu auparavant ne nous a causé une surprise pareille. Il n'y a point de tremblement de terre, point de cataclysme qui puisse ainsi bouleverser la terre.

— La lutte, — dit un journaliste, — a dû être épouvantable.

Le capitaine qui nous a raconté auparavant la prise d'Ablain-Saint-Nazaire, répond :

— Ici, exactement, il n'y a point eu lutte... Aux environs, oui, mais dans le village même, presque rien...

Et comme il voit sur nos visages la stupeur que nous causent de telles paroles, il continue :

— Non... il n'y a pas eu lutte... Cela vous paraît absurde?... Eh bien! c'est la pure vérité... Le 26 septembre, après que l'artillerie eut mené à terme son travail préparatoire, les chasseurs reçurent, l'après-midi, l'ordre d'assaut, et l'avance commença par le sud et l'ouest à la fois, de manière que, peu à peu, le village tombait dans une ligne enveloppante. Quand les Allemands le remarquèrent, ils décidèrent de se retirer pour éviter l'encerclement. Cette retraite s'exécuta avec un tel secret et une telle prudence que quand nos troupes pénétrèrent au milieu des ruines, elles ne voulurent pas croire que l'ennemi eût eu le temps d'abandonner ses abris, et se mirent à explorer ce qui restait encore des souterrains. Partout les Allemands abondaient. Mais ils étaient morts. Les vivants, eux, s'étaient volatilisés. A l'est seulement, en dehors du village, les chasseurs trouvèrent quelques centaines de Prussiens, qui, sans tenter d'ailleurs de se défendre, levèrent les mains en criant : « Kamarades! kamarades!... » Les malheureux!... Nous nous contentâmes de les faire prisonniers et les envoyâmes par un fossé jusqu'à nos positions d'arrière-garde. Mais leurs compatriotes qui avaient fui ne voulurent point leur pardonner de s'être rendus et, en les voyant passer, les attaquèrent avec deux mitrailleuses. Il fallut que nos batteries de campagne fissent feu pour sauver les prisonniers des balles de leurs frères... Race étrange!... Il y a en elle une cruauté qui déconcerte. Pour sauver un camarade, n'importe qui de nos soldats risque généreusement sa vie. Les Allemands, non. Avec un égoïsme serein, chacun d'eux pense à soi-même et ne s'occupe pas des autres. La solidarité entre eux est faite de discipline et non d'affection. Aussi, une fois captifs, il faut voir combien peu ils fraternisent. Et non seulement leur solidarité, mais leur héroïsme même est basé sur la discipline. Individuellement, en effet, ces hommes n'ont pas la bravoure des nôtres, ni des Turcs ou des Espagnols. Il faut qu'ils se sentent unis et dirigés pour se comporter, comme presque toujours, d'une manière admirable. Mais, hélas ! du jour où la discipline se relâche !... Ici, c'est indéniable, ils auraient pu mieux résister au moment de l'assaut.

— Puisqu'il n'y a point eu lutte, — demandé-je, — pourquoi parle-t-on tant de la prise de Souchez ?

— A cause de l'attaque d'artillerie, — me répond-il. — Ce village, tel que vous le voyez, est l'exemple le plus typique de ce que peuvent les canons quand ils concentrent leur feu sur un point quelconque. Nos batteries des hauteurs de Notre-Dame-de-Lorette reçurent, dans la matinée du 26 septembre, l'ordre de bombarder le bourg et les tranchées qui le défendaient. Aussitôt tout commença de s'écrouler, comme secoué par une tempête. Et vous voyez qu'il ne reste ni une maison ni un mur, on pourrait presque dire ni un souterrain... Tout s'est fondu en un morceau de cendres et de briques pulvérisées.

L'Américain, qui assista dans les lignes allemandes au bombardement, prend la parole et commence à nous relater ce qu'il a vu dans cette journée mémorable.

— C'était, — nous dit-il, — un spectacle incroyable, quelque chose d'infernal et de fantastique, un véritable cauchemar... Les maisons entières sautaient et tombaient en morceaux au milieu de la route... Les briques, réduites en poudre, formaient un ouragan rouge qui remplissait tout l'espace... Le ruisseau même, qui auparavant y coulait, sortit de son lit et s'épandit dans le pays, convertissant en lacs fangeux les trous énormes ouverts par les obus en éclatant... Les réseaux de fils de fer disparaissaient en tourbillon... Mais le plus épouvantable était le tableau des tranchées d'où sortaient en volant bras, têtes, jambes, torses... Les officiers allemands, qui contemplaient le drame de leurs postes d'observation, semblaient affolés et ne parvenaient pas à expliquer à leurs chefs ce qui se passait... On aurait dit que tous les éléments de destruction qui existent dans la nature s'étaient déchaînés contre cette localité. Je n'entendais autour de moi que des phrases incohérentes de désespoir et de découragement... Les plus braves, les plus calmes se sentaient perdus... Un colonel, après s'être avancé jusqu'aux premiers abris, revint couvert de poudre et nous dit avec un accent de rage : « Notre front est rompu... » Car personne ne se figurait que ce fût une action locale. Dans les bois environnants, à l'est du château de Carleul, partout enfin la pluie de feu était pareille...

— Et le jour suivant, — demande l'officier, — assistâtes-vous à l'attaque d'infanterie aux environs? Ce fut là que nos territoriaux se distinguèrent...

— Oui... au début... mais le soir, le chef de secteur nous fit retirer...

— C'est fâcheux, parce que vous auriez vu la lutte des autres jours qui fut intéressante... A Vimy surtout, là, vers la droite... Maintenant l'on ne voit pas...

La pénombre, en effet, commence à envahir le tragique paysage, et c'est à peine si nous distinguons à quelques mètres les ruines qui couvrent le sol. Des murs entiers gisent au milieu des ruelles. Les caves elles-mêmes sont éventrées. La marche se fait à chaque pas plus difficile, au milieu des décombres et, pour passer, il nous faut grimper pardessus les amas de briques pulvérisées. Le vent du soir nous apporte d'étranges bouffées de pourriture et d'humidité.

— On dirait que ça sent le cadavre, — murmure quelqu'un.

— Oui, — répond notre guide, — il reste encore beaucoup de morts... Il n'est pas facile de travailler à purifier ce lieu, parce que, dès que les batteries allemandes remarquent le moindre mouvement, elles nous envoient une rafale de marmites...

A ce moment, ce qui n'était tout à l'heure qu'une vague odeur pestilentielle, nous paraît à tous insupportable ; chacun tire son mouchoir.

— Ce n'est pas à ce point, — murmure l'officier.

Mais, soit suggestion, soit qu'en effet nous soyons arrivés à un lieu où il y a des cadavres décomposés, une vague d'air corrompu nous enveloppe. Les visages se crispent.

— Il est tard, — crie enfin quelqu'un.

Vers le fond, en effet, le couchant commence à

s'illuminer de rayons crépusculaires qui font des taches de feu dans l'atmosphère opaque. C'est comme un incendie dans la brume. Lentement nous nous acheminons vers la grand'route, cherchant la clarté du grand espace libre. Et quand, peu après, nous arrivons au lieu où nous attendent nos automobiles et tournons nos regards vers l'est, nous avons, en contemplant l'horizon blême, constellé de points de feu, comme l'impression de nous trouver au cœur d'une monstrueuse opale.

EN PASSANT PAR BELFORT

A peine hors de la station, mes compagnons demandent où est le lion...

Et moi aussi je désire aller saluer le géant à la longue crinière, qui est comme le gardien de la citadelle. Mais auparavant je m'arrête devant une série d'enseignes qui me surprennent par leur inattendu : « Restaurant espagnol », puis-je lire à un coin ; et plus loin : « Café franco-espagnol » ; et encore : « Jardin d'Espagne » ; et quelques pas après : « Bar espagnol ».

— Il y a beaucoup d'Espagnols ici ? — demandé-je à notre guide, vieux gendarme alsacien.

— Ici, — me répond-il, — je ne crois pas... Pourquoi ?

— A cause de ces enseignes.

Le vétéran lève le regard vers les corniches, lit et murmure :

— C'est vrai... Je ne l'avais pas remarqué... Je ne sais... Il y a tant de changement depuis quelques années qu'on ne se rend pas compte. Je risque de ne reconnaître plus les rues neuves quand je cesse quelque temps de les voir.

Les transformations de Belfort sont proverbiales, en effet. Chaque printemps il surgit quelque chose de nouveau au pied du noble château. Un jour, c'est un tramway électrique ; un autre jour, un théâtre ; un autre, un cirque. Mais comme cela n'empêche pas les historiens de continuer à parler de l'« austère cité » et de la « forteresse qui occupe le lieu le plus tragique », nous nous figurons tous, en pénétrant dans son enceinte, que nous allons nous trouver au milieu d'une population taciturne, dans une ville de garnison, de craintes et d'alertes, parmi des sonneries de clairon, des cris d'alarme, des éclats de salves. Et voici qu'en observant la façon d'être de la cité, en essayant de nous rendre compte de son état d'âme habituel, nous nous convainquons que rien n'est moins triste ni moins pénible que la vie de ses habitants. Sur toutes les lèvres c'est le divin sourire de France qui s'épanouit. La « vie en danger » que Nietzsche trouva dans Corneille oblige ces gens à tâcher de jouir en hâte de ce que le monde offre de bon et d'aimable. Comme à Nancy, comme à Épinal, comme à Pont-à-Mousson, on dirait que le voisinage de l'ennemi héréditaire excite les industriels à défier les risques de la guerre, en élevant des édifices énormes aux points les plus exposés. Tous les environs, sur le chemin de Mulhouse, qui est la route des invasions, sont pleins de fabriques importantes, de fermes de plaisance, d'hôtels pour villégiatures.

Des Alsaciens émigrés de Mulhouse ou de Strasbourg sont venus installer ici leurs fabriques, grâce à l'appui de capitalistes patriotes. Avec eux est venue la richesse, sans doute ; avec eux est venu le travail intense ; avec eux est venu le formidable accroissement de population qui a converti en grande ville ce qui n'était, voici un demi-siècle, qu'une place forte. Le mal, c'est qu'avec eux aussi est venu quelque chose du mauvais goût teutonique. Oui, les Alsaciens ont beau s'offenser qu'on leur dise que la *kolossale* architecture allemande a causé des ravages dans leurs villes importantes, le fait n'est pas niable. Comme à Strasbourg et comme à Mulhouse, à Belfort aussi, le style munichois et le style berlinois ont créé un quartier neuf aussi somptueux qu'abominable. Et, sans doute par ironie, ce quartier s'appelle le faubourg de France. De France, ces immenses façades de magasins de nouveautés ?... De France, ces édifices lourds et pompeux ?... De France, ces grands hôtels ?... Non.

Pour rencontrer le goût discret, la mesure hellénique, la grâce simple de France, il faut s'éloigner du boulevard Carnot et chercher dans les vieilles rues ce qui date de vingt-cinq ans au moins. Là, dans des places mélancoliques qui n'étalent d'autre luxe que celui de leurs marronniers, au pied de modestes murs gris, sous les balcons ouvragés des vieilles demeures bourgeoises, voilà où palpite toujours la sobre élégance de la race latine. On voit du premier coup que les Belfortains des époques passées avaient de l'existence une notion plus grave que ceux d'aujourd'hui. Ni dans les églises, ni dans les palais, on ne remarque d'ornements extérieurs. Saint-Christophe, avec ses deux tours carrées, semble construit pour résister aux assauts de l'ennemi. L'Hôtel de Ville, sec et anguleux, est une maison pour réunions pathétiques. Mais ce qui incarne l'âme antique de la cité, c'est le château qui se dresse sur une roche, dominant toujours l'ensemble et rappelant aux maisons qui l'entourent qu'elles sont simplement ses vassales.

Il faut contempler en effet la fameuse « Vue de Belfort en Alsace, prise du côté de la paroisse de Brasse en 1675 », pour comprendre le peu d'importance qu'avait dans l'esprit de ses fondateurs cette commune. Au centre la citadelle se dresse, comme une sentinelle, surveillant les défilés des Vosges. Quelques habitations bourgeoises se groupent à ses pieds, sous la protection de ses canons. Pour fermer l'ensemble une muraille grise...

Aujourd'hui, les statistiques publient des données à remplir d'envie les plus vieilles et les plus nobles capitales de province. « Le nombre total des habitants, en comptant les faubourgs, — dit le guide local, — dépasse 50.000. » Et Ardouin-Dumazet assure que, « depuis 1899, le chiffre d'affaires de Belfort est supérieur à ceux de Dijon, de Nice et d'Amiens ».

Mes compagnons en rient, comme des cafés espagnols. Pour eux, Belfort n'est que la forteresse de la frontière gardée par un gigantesque lion de granit. Les boulevards neufs?... Ils ne les voient même pas. Les vieux quartiers?... Ça n'a pas d'importance... Par contre, devant les murs du château, ils demeurent absorbés à entendre le récit que tous les cicerones ont répété depuis quarante ans à tous les touristes venus de toutes les parties du monde.

— Tandis que les autres places fortes de France tombent au pouvoir des Allemands, l'une après l'autre, dans cette malheureuse campagne de 1870, celle-ci résiste seule, sans jamais céder un pouce de son territoire... Un général l'assiège, avec un corps d'armée... Le colonel Denfert la défend... Dans les quatre mois que dure le siège, il tombe sur ses maisons plus de 400.000 obus... Les habitants vivent dans les caves... Les troupes multiplient en vain les sorties pour essayer d'ouvrir un passage aux forces qui, de l'intérieur, doivent venir au secours de la garnison... Enfin, un jour, les Allemands obtiennent que le Gouvernement de Paris ordonne à la place de se rendre. Le colonel Denfert sort de la citadelle à la tête de ses soldats, et les ennemis, en voyant passer cette troupe de héros, leur présentent les armes. Le pays entier a succombé, et Bismarck ne veut pas que Belfort seul continue d'être libre. Mais, au moment de signer la paix, l'empereur Guillaume est le premier à reconnaître que la noble cité alsacienne ne peut être annexée après une résistance si héroïque...

Au pied du château, le lion se dresse, immortalisant le souvenir de cette aventure unique durant la guerre d'il y a quarante-cinq ans. Son attitude est fière et menaçante, et son regard ne se détourne pas un instant des Vosges. Les lueurs rouges du crépuscule donnent à sa crinière une teinte de feu.

Le capitaine qui guide notre caravane de journalistes, et qui ne nous a pas amenés pour voir de vieux châteaux, mais des tranchées nouvelles, nous dit :

— Il faut nous en aller... L'Alsace nous attend...

LA CIME TRAGIQUE

Vous souvenez-vous des communiqués français et allemands du mois d'avril? Tous les jours, les uns et les autres parlaient de certain lieu au nom extraordinaire où se jouait une des scènes les plus sanglantes de la tragédie d'Alsace. « Nous avons avancé sur l'Hartmannswillerkopf », disaient les télégrammes de Berlin. Et ceux de Paris, dans le même temps, assuraient : « Nos progrès sur l'Hartmannswillerkopf sont chaque jour plus grands. » Enfin, le 30, Français et Allemands publièrent simultanément la nouvelle qu'ils avaient occupé le sommet de la position et dominaient les vallées environnantes.

Les Français, pour prouver leur bonne foi, invitèrent le représentant de la Presse associée de New-York à gravir la fameuse crête. Ce journaliste adressa à son pays un télégramme disant : « J'ai été à l'Hartmannswillerkopf et je puis jurer que ce sont les Français qui l'occupent. »

Les Allemands (1), de leur côté, conduisirent au

(1) Il faut dire qu'en même temps que les Allemands tâchaient ainsi à faire croire que l'Hartmannswillerkopf était

même lieu un autre correspondant yankee qui télégraphia aussitôt l'affirmation que la cime alsacienne était aux mains des Allemands.

Qui mentait?... Qui nous trompait?...

L'officier qui nous guide aujourd'hui dans les sentiers grimpants de la montagne s'indigne contre ce qu'il appelle les racontars de l'Agence Wolff et

---

toujours au pouvoir de leurs soldats, les *Dernières Nouvelles de Munich* publiaient un récit, écrit par un officier bavarois, se terminant par ces lignes :

« Avant que les premières lignes de Français pussent aborder notre réseau de fils de fer, ils étaient déjà là. Un feu épouvantable accueillit les Français. Ils s'élançaient en quatre ou cinq vagues sans se soucier des vides que notre feu faisait dans leurs rangs. Leurs « Hourra! Hourra! » et « En avant! » furent presque étouffés dans notre feu.

« De nouveau les voilà qui avancent. Les cadavres s'amoncellent en certains endroits. Les grenades à main éclatent dans nos positions et, en deux endroits, les Français réussissent même à pénétrer dans nos tranchées. Mais bientôt ils sont repoussés, nos grenades à main ont fait des leurs. Le sauvage assaut perd peu à peu de sa violence ; ils en ont assez, et les rangs décimés font demi-tour poursuivis par notre feu : « Dieu merci! l'attaque était re-« poussée. »

« Nos regards se dirigèrent alors vers la cime du mont. L'attaque y faisait rage. L'artillerie tirait encore ; elle me semble plus forte que jamais. Tout à coup, silence complet, silence effrayant. L'assaut était en train. Les nôtres pourraient-ils résister? Étaient-ils encore en vie? Nous prêtions l'oreille, la respiration arrêtée. Et alors nous écoutâmes, nous vîmes l'avance de l'ennemi. Le feu des camarades devenait plus faible ; il fallait reculer. Le sommet du Vieil-Armand était perdu. »

nous promet que dans une heure nous pourrons nous convaincre que l'Hartmannswillerkopf est aux mains des alpins. Puis, pour nous rendre la montée moins dure, il nous raconte l'aventure de ces lieux, plus grande en réalité que beaucoup d'épopées antiques, et qui néanmoins, dans la guerre actuelle, ne paraît qu'un épisode insignifiant. Au début de cette année, une garnison française, composée de 200 hommes, s'installa dans un fortin qui occupait la crête de ces hauteurs. Peu après, les troupes allemandes assiégèrent ces solitaires, leur coupant les communications avec la plaine et leur faisant souffrir les plus épouvantables privations. Tous les soirs, un cornette de uhlans grimpait par ces chemins pour sommer les assiégés de se rendre. Et tous les soirs, les malheureux affamés répondaient avec la même fierté, refusant les honneurs de la guerre qu'on leur offrait. Cependant, le commandant Barrié, chef des chasseurs alpins, entreprenait, avec les rares forces dont il disposait, une attaque désespérée pour sauver ceux du fortin. Dans ce combat, luttant à la baïonnette, Barrié parvint jusqu'à mi-chemin. Là, il succomba. De son bataillon il ne restait vivants que 125 hommes. La garde assiégée finit par capituler, mourant de faim. Les Allemands, maîtres de la hauteur qui domine les vallées de l'Alsace, se fortifièrent rapidement, transformant le *Kopf* en un château d'apparence inexpugnable.

— Vous verrez les tranchées et les abris qu'ils construisirent, — nous dit notre guide.

Les chasseurs alpins, quand ils surent comment étaient tombés les héros de Barrié, jurèrent de les venger et obtinrent du général la promesse de les conduire bientôt à l'assaut de la montagne sanglante. Immédiatement l'on se mit aux travaux d'approche, non comme la première fois, sans méthode et sans forces suffisantes, mais avec ordre et organisation. Il fallait grimper pas à pas par ces défilés abrupts sous un feu d'artillerie terrible. Le 26 février commença la marche vers le sommet, la terrible, l'épique marche dans la neige, sans avoir une idée exacte du lieu où l'ennemi s'était retranché. Un assaut à la baïonnette permit peu après de déterminer la position du principal blockhaus allemand. « Alors, — dit le récit officiel de la bataille, — commencèrent les travaux de sape destinés à nous rapprocher de l'invisible forteresse : avec une admirable précision, dont les détails ne peuvent encore se divulguer, les ingénieurs et les artilleurs entreprirent les travaux qui devaient permettre une attaque efficace. » Cette attaque débuta le 5 mars pour se terminer par le triomphe à la fin d'avril ; et elle coûta tant de vies et tant d'efforts que les officiers qui y prirent part ne peuvent dissimuler un sentiment d'orgueil et d'horreur en évoquant le souvenir de ces journées. Qui pourtant a entendu parler de cette bataille dans le monde? Comme l'attaque de Souchez, qui vient de coûter des milliers d'existence à chacun des partis combattants; comme les actions de La Fontenelle, durant lesquelles les bataillons français et les bataillons allemands « fondaient ainsi que des soldats de plomb dans un incendie », suivant la navrante expression d'un poilu, les journées de l'Hartmannswillerkopf ne sont, dans le monstrueux ensemble de la lutte générale, que des escarmouches sans importance.

Il faut lire la relation détaillée de l'état-major pour se rendre compte de ce que fut le combat pour la possession de ces hauteurs. Le 5, l'artillerie française, qui avait réussi à repérer les tranchées ennemies, les bombarda pendant quelques heures pour préparer l'attaque d'infanterie. Quand celle-ci se produisit, l'après-midi, les Allemands cédèrent leurs positions et se retirèrent sur une seconde ligne, afin de préparer une contre-attaque. « Les Allemands, — dit le rapport officiel, — paraissent désespérés, deux régiments qui effectuent la contre-attaque se lancent héroïquement contre nous, quatre fois le 5, deux fois le 6 et une fois, en masse, le 7. Notre feu les décime à quelques mètres. Ils renouvellent la tentative. Tandis que les Allemands perdent confiance en eux-mêmes, nos chasseurs se rendent compte qu'ils ne sont pas seulement en état de résister, mais qu'ils peuvent poursuivre la conquête. » Pendant quinze jours, l'état-major ne parle plus de l'Hartmannswillerkopf. Le 23, un communiqué dit : « Nos artilleurs qui, par un effort d'audace et de patience, sont arrivés à voir clair dans les épaisseurs de la montagne alsacienne et y ont établi plus de 50 kilomètres de lignes téléphoniques, ouvrent le feu. Quatre heures durant, avec des résultats extraordinaires, les canons lourds et légers concentrent leurs feux, laissant tomber des centaines de tonnes de mitraille sur l'objectif, avec une précision incroyable. On voit sauter en l'air bras, jambes, sacs, armes. Quand l'infanterie, précédée à peu de distance par cette pluie d'acier, se précipite à l'attaque, l'ennemi est incapable de résister à son élan. Malgré tout, il se défend bravement. Nos chasseurs s'emparent de deux lignes de tranchées et d'un fortin ; ils font des centaines de prisonniers ; nous approchons du sommet. Mais il reste encore de nouvelles lignes de tranchées qu'il sera nécessaire de conquérir. » Le jour suivant, les Allemands tentèrent une de ces attaques en masses profondes qui leur coûtent toujours si cher et qui parfois leur donnent des résultats appréciables. L'artillerie française les arrêta et les anéantit. Dans les défilés les morts apparaissaient « par paquets ». Le 26 enfin, les chasseurs réussirent à venger leurs frères : la cime tomba au pouvoir des Français.

Notre guide nous considère avec un peu de compassion où se mêle une pointe d'ironie. Dans la boue, sous la pluie, nous avons un aspect vraiment lamentable. Un illustre écrivain russe, un vieil ami de Castelar, M. Pawlowski, tremble à mes côtés et m'avoue que ces excursions ne conviennent plus à ses soixante ans. Un jeune Suisse, secouant l'eau dont son corps ruisselle, crie :

— Ni à mes trente !

L'officier s'efforce de nous consoler en nous faisant voir que nous voici enfin sur la crête, sur le *Kopf,* et que les tranchées commencent ici même. Un colonel sort à notre rencontre et, comme s'il nous invitait à entrer dans un salon, s'incline, galant, souriant, et nous indique de la main droite le canal par où nous devons, paraît-il, continuer notre chemin. Sans exagération, l'eau nous arrive aux chevilles. Un vent glacial nous cingle le visage. La pluie nous pénètre de toutes parts, se moquant de ce qu'on appelle dans les villes un imperméable.

— Soyez les bienvenus, Messieurs ! — s'écrie le colonel.

Et sans hâte, marchant lentement, il se met en route dans la tranchée.

— Ces tranchées de première ligne ont 5 kilomètres, — ajoute-t-il sans doute pour que nous n'ignorions pas ce qui nous reste à souffrir.

De chaque côté s'étend sur nos têtes le bois fauché par la mitraille. L'impression est tragique. Les arbres ont été décapités à 2 mètres du sol, et leurs blessures s'ouvrent en faisceaux d'éclats qui laissent goutter la résine. Au loin, par-dessus la grande hécatombe de pins, apparaît la plaine opulente où se trouvent plusieurs villes. Les lignes des grands chemins s'étendent en rubans étranges, faisant de capricieux détours. Les clochers des églises de villages s'élèvent, légers, dans la brume du soir.

Notre guide nous dit :

— Vous voyez que nous nous trouvons sur la cime et que nous la possédons...

Un moment après, il termine sa phrase ainsi :

— Mais sur quelques points les tranchées allemandes se rencontrent à 10 mètres des nôtres.

Les balles qui passent avec leur bourdonnement d'abeilles désespérées à quelques centimètres de nos chapeaux nous ont déjà fait comprendre que nous ne sommes pas loin de l'ennemi. Comme en maints autres endroits du front, les lignes ici se touchent au point que par les créneaux improvisés on voit, à peu de pas, les sacs de terre et les fils de fer allemands. Les Allemands peuvent, par suite, continuer à écrire : « Nous sommes sur l'Hartmannswillerkopf. » Mais, en réalité, depuis la bataille du 26 avril, la partie capitale de la position, la hauteur qui domine les routes, le *Kopf* militaire enfin, appartient aux Français.

Ce que fut cette lutte d'il y a trois mois, c'est ce que notre guide nous a déjà dit partiellement et qu'il continue maintenant à nous expliquer, en illustrant son récit par les vues que nous avons sous les yeux. Ce jour-là, il pleuvait comme aujourd'hui :

mais la brume n'était pas si épaisse que les jours précédents, et elle permit à l'artillerie d'exécuter un tir efficace depuis le matin jusqu'à 2 heures après midi. A cette heure, le terrain était « bien préparé », suivant l'expression technique : c'est-à-dire que les obus avaient balayé toute la zone ennemie, détruisant les abris, faisant sauter les dépôts de munitions, ruinant les fortins, rompant les fils de fer.

— Comme un mois auparavant, — ajoute notre guide, — nous vîmes sauter jambes, bras et sacs et nous le vîmes mieux puisque nous étions plus près. Figurez-vous qu'une de nos tranchées se trouvait à 2 mètres de la tranchée allemande ! Une fois le bombardement terminé, les chasseurs se lancèrent à l'assaut. Toutes ces tranchées où nous nous trouvons maintenant et qui alors appartenaient aux troupes impériales, tombèrent, l'une après l'autre, au pouvoir des Français. Les Prussiens se défendaient courageusement, mais avec leur habituel dédain de ce qu'on appelle l'esprit chevaleresque. Dans un blockhaus, une centaine d'hommes levèrent les bras en criant : « Kamarades ! kamarades !.. » Quand une patrouille d'alpins s'approcha sans méfiance pour les faire prisonniers, ils saisirent leurs fusils et tirèrent à bout portant. N'importe ! Après une lutte brève et rude, les félons payèrent cher leur tromperie. Près d'ici, une compagnie entière de Bavarois se rendit avec ses officiers. Un capitaine de uhlans, en remettant son épée, s'écria :

— Je crois sortir de l'enfer.

Bien des soldats donnaient des marques qu'ils avaient perdu la raison.

Depuis quelques moments, les Allemands, cachés à quelques mètres, ont noté le mouvement de nos périscopes et se mettent à tirailler sur nous. Les balles passent sur nos têtes avec des rumeurs d'abeilles en furie. Le colonel du secteur, qui continue avec nous la promenade sous la pluie, murmure avec un grand calme, comme s'il parlait de choses indifférentes :

— Faites attention en passant devant les créneaux... Ici même ils m'ont tué hier un officier... Ici, où vous êtes à présent.

Le Russe, auquel s'adressent ces dernières paroles, ne bouge même pas, sûr de ne s'exposer à aucun péril ou dédaigneux de ceux qu'il peut courir. C'est que peu à peu nous nous sommes tous accoutumés à considérer les risques de guerre comme ceux que l'on doit le moins prévoir et qui valent le moins la peine qu'on s'en préoccupe. Plus que dans la prudence, c'est dans le hasard qu'il faut se confier. Car ce ne sont pas les audacieux, ce ne sont pas ceux qui luttent toujours en première ligne, ce ne sont même pas les fous qui tombent le plus souvent. Les histoires fantastiques et réelles, dans lesquelles on voit le héros revenir indemne, tandis que le peureux succombe dans sa cachette, sont innombrables. Et d'ailleurs, les tranchées donnent une telle sensation de sécurité, d'abri inviolable, de confort, peut-on dire, que nous ne saurions croire que la mort y frappe aisément. Celles que nous examinons actuellement, en particulier, constituent une formidable forteresse souterraine. Les contreforts en sont non pas de terre comme en Lorraine et dans le Nord, mais du dur granit des Vosges. Pour en protéger les créneaux, il y a des plaques d'acier percées d'une simple fente pour laisser passer le canon du fusil. Une toile métallique de 2 mètres de haut les met à couvert des grenades à main.

— Œuvre de Romains, — murmure quelqu'un.

— Œuvre d'Allemands, — s'écrie l'officier qui nous guide.

Et il se met à expliquer la longue préparation occulte des ingénieurs du Kaiser pour arriver à tant de perfection dans les œuvres de défense en pleine campagne. Se cachant comme pour commettre un crime, ces hommes d'étude et d'action travaillaient depuis quelque vingt ans dans toutes les espèces de terrains, résolvant en pratique les moindres problèmes. C'est seulement ainsi, d'ailleurs, que s'explique que, durant la déroute de la Marne, quand les corps d'armée prussiens et bavarois en vinrent à perdre le contact, leurs chefs aient pu leur offrir, dans l'espace d'une semaine, l'immense ligne retranchée de l'Aisne, où depuis lors ils résistent enterrés.

— Je vais vous faire voir une photographie bien curieuse, — nous dit notre cicerone. — Nous l'avons trouvée ici même... Voyez...

Et, épinglée sur le mur d'une chambre d'officier, il nous montre l'image d'une étrange machine, qui a une chaudière de locomotive, quatre énormes roues dentées, un mât et un cylindre identiques à ceux des dragues marines. On dirait à première vue une faucheuse mécanique, aux proportions colossales. Mais, en l'examinant mieux, on remarque que ce n'est pas un instrument agricole, à cause de ses blindages.

— C'est une machine à vapeur allemande pour faire les tranchées, — nous explique l'officier. — Vous n'en avez pas entendu parler ? Dans les terres marécageuses de Flandre, elle a servi, dit-on, à éviter des pertes de temps qui auraient été fatales. Ici, ses dents d'acier n'ont pas dû mordre dans la pierre et, dès le début, elle a dû être inutilisée. Le plus curieux, c'est que l'invention n'a rien de germanique. Les Belges furent les premiers à se servir d'instruments semblables, bien que moins puissants, pour établir des canalisations dans les campagnes. Les Prussiens n'ont eu qu'à copier en l'agrandissant le modèle agricole pour réaliser la machine à tranchées. Chez nous, un ingénieur militaire eut l'idée, il y a des années, d'un instrument plus parfait et plus léger qui nous aurait rendu des services appréciables. Mais nous caressions l'idée que la guerre, au lieu de se dérouler comme à Sébastopol, serait une vaste et rapide opération de grandes manœuvres stratégiques en rase campagne. Ce fut une de nos erreurs. Je me souviens que, dans une période d'exercices pratiques, mon régiment voulut faire des expériences souterraines en Champagne, il y a quatre ans. Aussitôt, le général nous ordonna de combler les trous que nous avions creusés et de nous en tenir à la ligne générale des opérations. Mon chef avait assisté à la guerre de Mandchourie et avait vu les services que rendent les tranchées dans les guerres qui se prolongent. Après les exercices, il écrivit un mémoire sur ce sujet et l'envoya au général. Il doit se trouver aux archives du ministère.

L'officier s'arrête un instant devant la photographie et l'examine avec mélancolie, songeant, sans doute, aux milliers d'hommes qui sont morts dans sa patrie à cause de cet engin d'apparence pacifique. Sans ces machines, en effet, le triomphe d'il y a un an ne se serait pas terminé sur les bords de l'Aisne; sans ces machines, l'ennemi aurait dû continuer à lutter à découvert; sans ces machines, la disproportion entre le temps que Français et Allemands employèrent à se fortifier au début de la bataille de l'Yser n'aurait pas existé... Les paroles de von Bernhardi, parlant, il y a dix ans déjà, de la guerre comme d'une opération mécanique, sans rien de brillant, et surtout sans rien d'imprévu, me reviennent à la mémoire et me font comprendre toute la folie de ceux qui comptaient encore seulement sur l'héroïsme, sur l'enthousiasme, sur les vieilles vertus épiques, pour entreprendre une lutte contre le peuple méthodique et patient d'outre-Rhin. Ah ! les désillusions de ceux qui, aux grandes revues du 14 juillet, voyaient défiler les magnifiques régiments de cuirassiers et de dragons en apparence invincibles ! Il ne fut même pas besoin de la tempête de mitraille pour les ensevelir comme à Reichshoffen. Il suffit qu'une machine à vapeur creusât les champs, pour les arrêter dans leur chevauchée superbe et vaine.

Quand nous retournons dans le labyrinthe souterrain, c'est le colonel qui nous fait visiter les innombrables compartiments de cette forteresse inouïe. Voici d'abord le salon du chef, cave de 3 mètres de large, arrangée par un troglodyte artiste, avec des gravures sur les murs, avec une branche de fleurs sauvages à la tête du lit de campagne, avec une petite table rustique couverte de photographies, de papiers, de livres, de revues illustrées... Voici la salle à manger des officiers, espèce de sépulcre égyptien, dans lequel une ordonnance habile a creusé, en plein roc, un buffet rempli d'assiettes et de bouteilles... Voici le cabinet d'un lieutenant de garde, avec deux téléphones, avec une carte géographique clouée sur une planche, avec un tabouret fait de troncs de pins... Voici l'infirmerie, immense caverne aménagée comme une cabine d'émigrants, avec des lits superposés et une table pour les opérations urgentes, couverte de toile caoutchoutée... Voici la cantine, pièce coquette, pleine de branches vertes, tapissée d'estampes tricolores, brillante de coupes, de tasses, de carafes... Voici un corps de garde de sous-officiers, avec quatre lits qui sont autant de niches pratiquées dans la pierre, avec quatre chaises de paille, avec quatre lavabos d'une invention singulière... Et tout cela est curieux, propre, gai. Tout cela sent l'héroïsme résigné, la patience riante. Tout cela, pour cacher ce qu'il offre d'humble et de sauvage, a quelque chose de distingué dans son ironie aristocratique. Mais plus que cela, ce qui m'impressionne, ce sont les caves où vivent les simples soldats groupés par sections, sans autres meubles que la paille sur laquelle ils dorment, et qui cependant empruntent au caractère de ceux qui les habitent un cachet spécial, plus ou moins luxueux, plus ou moins confortable. Et quand je dis luxueux, je ne mens pas. Pour se venger de n'avoir pas les commodités indispensables, ces bons Français accumulent autour d'eux le superflu. Avec une capsule d'obus, ils font un bouquetier; avec une vieille caisse de munitions, ils imitent une horloge; avec un morceau de lainage, ils fabriquent une courtine; avec un peu de terre, ils modèlent un buste. « Ils s'amusent ainsi comme des enfants », murmure le colonel attendri. Et, ma foi ! le mot est exact. Comme de grands enfants qui risquent leur vie à chaque instant, les troupiers paraissent moins penser aux grenades qu'aux farces. Dans un coin, nous rencontrons quatre jeunes gens bruns, fébrilement occupés à couper des morceaux de bois, et qui nous disent, du ton le plus naturel du monde, qu'ils sont en train de faire un piano. Un peu plus loin, c'est un véritable orchestre qui nous accueille. Avec des pots de conserve vides les uns ont fabriqué des tambourins, tandis que d'autres ont tendu des cordes sur des boîtes à cigares pour faire des guitares. Et l'air qu'ils exécutent en notre honneur est si gai, si léger, que tous inconsciemment nous nous sentons émus devant cette gaminerie.

— Des enfants ! — répète le colonel.

Des enfants, en effet ; des enfants sublimes ; des enfants qui veulent mourir le rire aux lèvres ; des enfants qui sourient *même* quand ils pleurent !... Et ne vous figurez pas qu'il s'agisse de soldats de vingt ans, de ceux qui n'ont, suivant leur propre expression, « que la peau à perdre ». Non. Dans le grand effort de la guerre actuelle, les âges se sont confondus et, à côté des gamins de la dernière classe figurent les vétérans qui ont passé la quarantaine. Mais, à vivre la même vie, on dirait que tous ont pris le même caractère. La seule chose qui marque sur les parois l'âge de ceux qui dorment sur la paille du sol, ce sont les photographies. Vous voyez ici une femme âgée?... c'est la mère de celui qui repose à droite. A gauche les images de deux enfants font voir que c'est un père de famille qui a là son lit primitif.

Mes compagnons examinent avec grand soin les abris pour les cas de bombardement : des « modèles du genre », paraît-il. A 10 mètres de profondeur s'ouvrent, par intervalles, les entrées des cavernes. Quand commence la pluie des marmites, tout le monde s'y met.

Les postes d'écoute aussi sont admirables et vont par des tunnels qui serpentent jusqu'au niveau des tranchées ennemies.

— C'est la perfection, — s'écrie notre guide, en parlant de l'ensemble des tranchées.

Moi, pour ma part, je confesse que je ne remarque pas la différence qui existe entre elles et celles que j'ai vues sur d'autres points du front. D'ailleurs, quelques efforts que je fasse, les hommes qui vivent ici m'intéressent toujours plus que les fossés, les cavernes et les tunnels. Et après avoir beaucoup observé, ce que je pense est ce que je pensais hier en Champagne et dans le Nord : c'est que la guerre ainsi comprise, ainsi pratiquée est la plus triste, la plus lugubre opération de carnage que les hommes puissent exécuter, puisqu'ils n'ont même pas, pour excuser leurs instincts de cruauté, le prétexte des grands entraînements inconscients.

Divers officiers se sont joints à notre groupe de journalistes et nous parlent sur le ton le plus simple et le plus aimable, des mille prouesses dont les Vosges ont été le théâtre. A peine y a-t-il un mètre de terrain, entre les pins tronqués, qui ne conserve les traces fraîches du sang. Pas à pas, dans les défilés abrupts, les deux armées ont montré leur intrépidité et leur constance. Un capitaine de chasseurs nous raconte l'attaque de Stosswihr au milieu d'une tempête de neige.

— Cette attaque, — dit-il, — nous la prévoyions tous, puisqu'il s'agissait pour l'ennemi de nous couper la route sur les chemins qui mènent à Soultzbach et à Wintzenheim. Le mouvement des troupes indiquait jour par jour la préparation. Mais la vérité est que, bien fortifiés comme nous nous trouvions dans le village, nous n'éprouvions aucune crainte. Nous n'avions d'ailleurs pas idée de la folle témérité avec laquelle nous allions être attaqués. Nos services d'information nous avaient assuré que les troupes allemandes se composaient d'éléments hétérogènes et peu instruits. Parmi les prisonniers que faisaient nos patrouilles avancées, il y avait surtout des réservistes, hommes de quarante ans, riches commerçants, pères de famille, et aussi des garçons des dernières classes, encore imberbes. Un jour, tout d'un coup, la bataille commença. Combien de compagnies se lancèrent contre nous ?... Impossible de le calculer avec certitude. La plaine, sous nos regards, apparut couverte d'une véritable fourmilière humaine, et derrière cette horde, les collines aussi étaient pleines d'uniformes. Suivant leur tactique des cas désespérés, les chefs donnèrent ordre de lancer contre nos positions une masse compacte. Ce fut alors pour nous un spectacle invraisemblable. La main dans la main, les réservistes s'avançaient comme à la parade, présentant un front de 200 mètres de large sur 600 de profondeur. Et le plus terrible c'est qu'ils n'avaient même pas de fusils... Non... Les premières files du moins n'avaient que des grenades, en sorte que, pour en faire usage, il leur fallait arriver à quelques pas des nôtres. « Feu! » commanda notre chef. Et ils commencèrent à tomber, là, face à nos tranchées, par groupes, par grappes, sans que la masse en fût ébranlée... Et derrière ceux qui tombaient, d'autres files avançaient, marchant sur les morts, sur les blessés... De l'ensemble s'élevait un cantique qui n'était pas une marche guerrière et qui ne paraissait pas fait pour le combat, mais pour quelque cérémonie religieuse, pour un enterrement sacré. Les nôtres, en remarquant que l'ennemi était bien supérieur en nombre, multiplièrent leurs efforts avec une énergie, une habileté, un courage fantastiques. Pour atteindre le but, point n'était besoin de viser. Toutes les balles rencontraient quelque poitrine, toutes les bombes ouvraient des brèches dans la muraille humaine. Quand la masse fut à 50 mètres, notre tir de barrage fut splendide. La masse finit par s'ébranler, onduler, se rompre. Quatre fois l'ennemi recula... quatre fois il revint à la charge... A la fin, décimées, ces compagnies s'arrêtèrent, se dispersèrent, se fondirent dans l'espace... Nos chasseurs se mirent à les poursuivre et capturèrent les hommes les plus fatigués... Tous étaient ivres...; on les avait fait boire pour les mener à la boucherie...

Le capitaine achève en murmurant :

— Pauvres héros !... Leur intrépidité mériterait bien d'autres chefs...

Ce n'est pas la première fois que nous entendons, sur les lèvres d'un officier français, une phrase pareille. Il y a quelques jours, dans un campement aux environs de Saint-Dié, un vieux colonel d'artillerie nous signalait une machine étrange terminée par un tube rompu. C'était une mitrailleuse trouvée dans un blockhaus, sous les ruines d'une terrasse en ciment.

— Voyez si c'est infâme ! — criait-il, secouant entre ses mains crispées une chaîne rouillée.

Nous ne comprenions pas une telle indignation en présence d'une arme si vulgaire.

— Elle lançait des balles dum-dum ? — demanda quelqu'un.

— Non, — répondit le colonel, — non... La mitrailleuse en soi n'a rien de singulier. Mais quand nos soldats voulurent la tirer des décombres, ils remarquèrent avec horreur que les deux artilleurs chargés de la manier étaient enchaînés à l'affût... Voyez... avec ces chaînes... comme des galériens..., comme des forçats..., les forçats de la mort [1].

---

(1) Quelques journaux d'Europe ont mis en doute le fait des artilleurs enchaînés. Voici, comme preuve qu'il ne s'agit pas d'une fantaisie, la lettre adressée par un capitaine français à Gustave Téry : « Aux attaques de septembre, dans le secteur que nous occupons en Artois, j'ai vu de mes yeux un sous-officier allemand, chef de pièce, qui avait été attaché à sa mitrailleuse, par des chaînettes de fer cadenassées à ses poignets. Cet homme, quoique affolé par notre violent bombardement et par l'impétuosité de notre attaque, a servi sa mitrailleuse jusqu'au moment où il a été pris; nos troupes l'ont détaché, mais ont laissé à ses poignets les bracelets qui le liaient à sa mitrailleuse. Ce Boche, interrogé par moi, m'a déclaré que c'était sur sa demande qu'il avait été rivé à sa mitrailleuse, parce qu'on s'attendait à une attaque de notre part et que, craignant d'avoir peur, il avait demandé à être attaché, pour être certain de rester à sa pièce, quoi qu'il arrivât. Il a ajouté que c'était fréquent dans l'armée allemande. Inutile de vous dire que nous n'avons pas cru que ce fût sur sa seule demande qu'il avait été attaché, mais, que ce soit volontairement ou non, le fait n'en existe pas moins. J'ajouterai même un renseignement que vous ne connaissez probablement pas : nous nous sommes rendus compte ici que les Boches, lorsqu'ils prévoient une attaque, *emmurent* leurs hommes dans les tranchées de première ligne. Ils obstruent les boyaux de retraite avec des sacs à terre et des hérissons de fil barbelé ; leur garnison de première ligne ne peut donc s'échapper qu'en sortant de la tranchée, en escaladant le talus; dans ce cas, les hommes savent ce qui les attend : ils sont pris entre notre feu et celui de leur deuxième ligne de tranchées. »

Je pense à cette histoire terrible et qui n'est pas unique, qui n'est même pas rare, en observant la fraternité qui règne dans l'armée française. A chaque instant, dans nos longues promenades à travers les tranchées, les officiers qui nous guident s'arrêtent pour nous faire voir une arme ou une relique, pour nous présenter quelque humble héros, pour demander quelque indication sur les détails du service. Et jamais, nulle part, en aucune circonstance, pas même les jours où une attaque était en voie de préparation, jamais nous n'avons cessé de noter la douce familiarité de relations entre supérieurs et inférieurs. « Mes enfants », disent les chefs, et c'est en enfants qu'ils les traitent, sans la moindre dureté, sans le plus léger orgueil. Les soldats, de leur côté, montrent à ceux qui les commandent un respect sans crainte et sans bassesse et une affection tranquille et confiante. L'union dans l'effort et dans le péril établit, pour cette race d'hommes libres, un lien fort et flexible qui, sans avoir la rigidité de l'obéissance allemande, réunit le pays entier dans sa sublime volonté de vaincre ou de mourir.

Ici surtout, parmi les troupes à bérets, accoutumées à la vie des montagnes, la saine gaîté qui naît de la pratique des grands exercices physiques, permet d'apprécier les vertus de la démocratie militaire. Dire qu'un capitaine français ne croit pas s'abaisser en mangeant et dormant parmi les hommes de sa compagnie, ce n'est pas une nouveauté. Tandis que les simples lieutenants prussiens qui tombent prisonniers n'ont pas de requête plus pressée à présenter que d'être séparés de leurs hommes, les Français considèrent comme un honneur de partager la peine des leurs.

A un tournant, un cortège qui vient en sens inverse, précédé d'un officier, nous oblige à nous réfugier dans un abri latéral pour lui laisser le passage libre.

— Un blessé, — dit quelqu'un.

Le colonel s'avance à la rencontre du cortège.

Un soldat murmure :

— C'est un mort... un lieutenant...

En effet, voici sur une civière, très pâle, comme endormi, comme évanoui, mais avec encore une expression de vie et de chaleur, un officier qui nous a reçus, il y a une demi-heure, dans son poste d'observateur. Sur le visage, entre les deux yeux, on voit un petit cercle pourpre. Les mains, croisées sur la poitrine, se détachent sur le fond sombre de l'uniforme avec une blancheur macabre.

— Le pauvre enfant ! — s'écrie le chef, s'inclinant sur le cadavre pour le baiser au front.

Tous nous nous découvrons, émus. L'idée qu'il y a un instant à peine, cet homme jeune, gai, fort nous expliquait, de son terrier, la disposition des tranchées ennemies, nous fait sentir avec plus d'intensité douloureuse les tristes réalités de la guerre.

Un sous-lieutenant tout jeune, très rouge, au teint de soie, aux yeux de porcelaine, s'approche du colonel et lui parle à voix basse.

— Très bien, — répond celui-ci, — très bien... Remplacez-le... Soyez prudent... Vous savez que ce lieu est dangereux...

Le guerrier éphèbe sourit et s'écrie, plein d'orgueil :

— Merci, mon colonel, merci...

Quand il s'éloigne, léger et radieux, le rude chef qui nous accompagne hoche avec mélancolie sa tête blanche et murmure :

— Vous voyez, on dirait qu'il va à une fête... et probablement il va à la mort... Cet observatoire est celui qui gêne le plus les Allemands, aussi l'attaquent-ils sans discontinuer... Ils m'y ont déjà tué trois officiers... Dès que l'un succombe, les autres lieutenants du secteur veulent le remplacer... Et l'on ne peut dire que ce soit une mort brillante... Non... Toujours cachés, cherchant à voir sans être vus, évitant le moindre bruit... Non..., ce n'est pas un poste enviable... Mais dès qu'il y a des risques sérieux, tous désirent les affronter... Ils sont vraiment admirables, ces enfants...

Sur le noble front du chef passe, au milieu de nuages de mélancolie, un éclair d'orgueil. On voit que ce qu'il y a de sublime dans les officiers qui combattent sous ses ordres lui va au fond de l'âme et le comble d'une intime satisfaction, comme s'il s'agissait des membres de sa propre famille. Mais, au fait, ne le sont-ils pas? Avec une douceur résignée il les contemple quand ils marchent à la mort, et puis, s'il les voit revenir sur la terrible civière, la tête trouée d'une balle, il leur donne le baiser de l'adieu, plein d'émotion, plein d'affection, cachant les larmes qui accourent à ses yeux.

Cette affection, les inférieurs la rendent à leurs supérieurs, avec quelque chose que les Allemands ne goûteront jamais : avec une véritable tendresse, capable de tous les sacrifices, de tous les enthousiasmes, de toutes les délicatesses. L'obscure et monotone histoire de la guerre actuelle est bien remplie d'anecdotes qui l'illuminent des clartés divines du sacrifice. Pour sauver un chef blessé, à chaque instant les soldats s'exposent aux plus grands périls. Pour trouver des héros disposés à ces entreprises où, selon la phrase technique, il s'agit « d'aller et de ne pas revenir, » un officier n'a qu'à choisir parmi ceux qui s'offrent pour ce service. Pour dormir tranquilles, enfin, les chefs n'ont pas besoin de sentinelles à la porte de leurs tentes.

« Mais, — me direz-vous, — et les fameux antimilitaristes qui chantaient l'*Internationale* à la caserne et qui juraient que leurs premières balles seraient pour leurs colonels?... Et les innombrables mauvais sujets, qu'il fallait chaque année envoyer aux compagnies de discipline en Afrique?... Et les anarchistes qui traitaient de livrée l'uniforme?... »

Moi aussi j'ai eu parfois la curiosité de demander comment s'étaient comportés ces Français. Un capitaine me dit un jour, répondant à ma question :

— Beaucoup d'entre eux ont reçu la croix de guerre.

Et un autre capitaine, il y a une heure, ajoutait en riant :

— Il y en a quelques-uns par ici. Vous ne les distingueriez pas des autres. Nous, si. Comme ils sont presque tous des ouvriers des grandes villes, instruits, fiers de leur supériorité intellectuelle, ils dépassent en intelligence la masse des campagnards et se font remarquer tout de suite par leur esprit d'initiative dans les moments de péril. Avec une volonté extraordinaire, ils sont les premiers à se transformer en chefs de leurs camarades, leur donnant l'exemple de l'intrépidité, de la bonne humeur, de la patience, de la discipline... Il en est des hommes comme de certaines femmes : quand leurs maris sont riches et les font vivre tranquilles, elles les inquiètent et les tourmentent du danger de leur coquetterie ; mais que le mari tombe malade ou se ruine, du coup les voilà transformées en modèles d'épouses et bien souvent elles sauvent le foyer (1).

---

(1) M. Paul Flat, dans la *Revue Bleue*, fait la même observation en ces termes :

« Des personnes, en la parole desquelles on peut avoir la plus entière confiance, m'ont rapporté ceci : quand vous in-

L'officier qui me parlait ainsi est celui-là même qui nous raconte la fameuse attaque de Stosswihr et qui, après s'être attendri à la pensée de l'héroïsme des soldats allemands dignes d'être mieux traités de leurs chefs, s'écrie, en s'adressant à un simple soldat :

— Tu ne te trouvais pas avec nous ?

— Si, mon capitaine.

— Te souviens-tu comme ils étaient ivres, les prisonniers que nous avons faits ?

— Je crois bien !... Ils auraient mieux fait de garder pour nous la moitié de ce qu'ils avaient bu.

Ce simple dialogue, dans cette atmosphère de sang, de feu et d'héroïsme, fait voir ce qu'est la merveilleuse fraternité de la France qui lutte.

---

terrogez les chefs sur l'attitude aux tranchées des éléments jadis insociables, ou mieux *antisociaux*, qui dans le temps de paix fomentaient la guerre, tout au moins le trouble intérieur, ils sont presque unanimes à répondre : « Mais ce sont « nos meilleurs soldats ! Ceux qui le plus énergiquement se « battent et le plus volontiers acceptent la discipline néces- « saire !... » Comme si vraiment par une mystérieuse autant que soudaine interversion de l'ordre des choses, l'état de guerre chez nous devenait créateur d'une psychologie justement contraire à celle du temps de paix ! »

TROIS VILLAGES D'ALSACE

« Ceux-là, quel magnifique exemple de patience souriante ils nous donnent ! Ils ont attendu quarante-quatre ans ; hier la délivrance semblait toute proche, puis ils ont été replongés dans la misère et les tortures d'un régime affreux. Mais ni la terreur germanique ni les hurlements de victoire de l'oppresseur ne les ont ébranlés un instant. Ils se taisent et ils attendent. »

(Hansi, *Mon Village*.)

Qui dirait que nous nous trouvons dans les terres tragiques d'Alsace, en plein champ de bataille, au pied de collines converties en forteresses ! Là, au fond, est le Lingekopf que les troupes françaises viennent d'arracher aux troupes allemandes ; plus près, vers la gauche, s'élève le pic ensanglanté du Vieil-Armand, dont les canons ne cessent pas un instant de cracher leur terrible mitraille. Les bombes que vomissent les canons ennemis et qui cherchent les tranchées des envahisseurs passent souvent au-dessus de ces vallées. Mais par un miracle que nous devons attribuer à sainte Odile, presque tous les villages demeurent intacts et les flèches noires de leurs églises se dressent toujours entre les vertes cimes des arbres. A Thann, à Dannemarie, à Saint-Amarin, à Metzeral, dans toutes les localités de quelque importance, le feu a accompli son œuvre dévastatrice. Dans les bourgs champêtres, les maisonnettes demeurent sur pied, tapissées de lierre, et les humbles vergers s'animent, dès le matin, de la joie du travail quotidien.

I

Un historien français assurait, peu avant la guerre, que « l'Alsace populaire est comme en stagnation depuis 1870 ». En réalité, cette stagnation date de beaucoup plus loin, du fond des âges. Ceint de collines, sans communications faciles avec les centres actifs, le village des Vosges vit aujourd'hui de la même vie qu'à l'époque de Louis XIV. Il n'y a peut-être pas dans l'univers entier un pays où se marque mieux la différence entre le bourg et la cité. Toujours industrielle et commerçante, la cité, si petite qu'elle paraisse, palpite de toutes les palpitations du siècle. Dans des lieux comme Saint-Amarin, comme Dannemarie, qui ont à peine quelques milliers d'habitants, on est surpris du nombre de maisons riches, d'hôtels confortables, d'édifices communaux. Par contre, dans le bourg, toujours rural, on dirait que rien n'a bougé depuis les époques les plus lointaines. Aujourd'hui même, dans l'adorable coin où nous

nous arrêtons, tout vit comme dans les siècles évanouis.

C'est dimanche. Dans la tour d'ardoise d'une petite église consacrée à saint Fridolin, une cloche carillonne, de sa voix légère de sonnaille, appelant à la messe. Les femmes sortent de leurs maisons et, d'un pas grave, avec des ondulations pesantes, s'acheminent vers le temple. Toutes sont vêtues de toiles rayées rouges, vertes, bleues, à ornements d'or ou d'argent, et toutes portent sur la tête ce nœud sombre qui semble un grand papillon de deuil. Derrière elles vont les hommes, les vieux, j'entends, puisque les jeunes sont à la guerre, Dieu sait où. Dans l'embroussaillement des barbes blanches, les yeux clairs brillent de douces lueurs. On voit que chacun pense à l'être cher qui peut-être ne reviendra jamais. Mais il n'y a sur aucun visage la crispation rancunière qu'on remarque chez les habitants des villes. Le dur travail de la forêt est la meilleure école de patience silencieuse et résignée. Avec un peu de cet égoïsme qu'on appelle la philosophie du paysan, ces malheureux s'efforcent de ne pas perdre leurs espérances et goûtent, sans le dire, les joies humbles de l'existence. Puisque le jour est beau, que le soleil d'automne les caresse de ses tièdes rayons, qu'il n'y a dans le ciel aucune menace contre les vignes et les pruniers, pourquoi ne pas savourer le miel rustique de la vie ? Dans son contact constant avec la nature, le laboureur en vient à se familiariser avec les grands mystères de la vie et ne tremble devant aucun des spectacles qui épouvantent l'homme raffiné. Les officiers allemands ont observé, au cours de la guerre actuelle, durant leur marche envahissante par les terres françaises, la différence qui existe entre l'âme du paysan et celle du bourgeois. Dans les localités relativement importantes, l'arrivée de l'ennemi causait une terreur visible. Dans les fermes, dans les cabanes, nul ne montrait la plus légère crainte. Mourir, vivre, qu'importe ? quand on a conscience de faire partie d'un univers dans lequel les êtres les plus importants sont les plantes et les bêtes ! Les enfants qui s'en sont allés ?... Ils reviendront avec l'aide de Dieu et de la Vierge Marie. Et, s'ils ne reviennent pas, tant pis... Qu'y faire ? On ne les ressuscitera pas avec des larmes...

Oui ; il y a dans ce village une paix immense, une douceur infinie. Accoté au penchant d'une colline, au milieu d'une forêt de pins toujours verte, il n'a pour ses cultures et ses pâturages qu'une étroite bande de terrain dérobé au bois. Sur cet espace partagé comme un échiquier par des haies d'épines, les maisonnettes grises se détachent sur le vert des champs comme des jouets de Noël. Une seule rue tortueuse va de l'entrée du lieu jusqu'à la petite place de l'église. Au milieu de la rue, sous un petit pont fait de troncs séculaires, passe un ruisselet aux eaux bleues et écumantes qui se divise, en entrant sur les terrains de culture, en divers filets menus et serpentins. Une branche d'acacia qui pend à un petit balcon indique qu' « Ici l'on boit ». Un autre balcon est pourvu d'une enseigne qui dit : « Épicerie ». C'est tout le commerce local : la taverne et le magasin ; le vin qui réconforte, qui égaie, qui délie la langue, et les articles de première nécessité pour la vie de famille.

A cette existence primitive correspond une religion également primitive, composée de légendes où la mythologie et l'Évangile se mêlent dans une délicieuse incohérence. En chacune des petites localités que nous avons visitées depuis les portes de Belfort jusqu'aux hauteurs du Linge, quelque vieille paysanne nous a redit l'ingénu conte local. Ah ! le charme de ces lents récits que notre guide nous traduit peu à peu et qui nous font penser aux images décolorées de quelque livre gothique ! Entre maintes invocations à sainte Odile et à la sainte Vierge Marie, ce sont des dames blanches poursuivies par des dragons vomissant le feu et qui, après avoir dévasté le pays, s'arrêtent devant un enfant qui leur présente une branche de verveine fleurie ; ce sont des nymphes au fond d'un étang, qui appellent la nuit les laboureurs égarés dans le bois, et qui en leur offrant la trompeuse promesse de leurs lèvres, les changent en poissons que plus tard pêche une pastourelle ; ce sont des esprits qui vaguent dans l'ombre, cherchant le lieu où est enterré un trésor ; ce sont des vierges pensives qui demeurent des siècles entiers entre les vignes et qui, du reflet de leurs pupilles changeantes, font varier, suivant leur caprice, la couleur des raisins qui mûrissent et donnent au vin, au gré de leur bonne ou mauvaise humeur, des vertus mystérieuses qui lui font produire d'étranges ivresses ; ce sont des nains qui traient les vaches dans les étables ; ce sont des follets qui chevauchent sur les oies ; ce sont des êtres invisibles qui, au milieu de la cuisine, chantent des psaumes pour distraire les femmes et faire qu'elles laissent brûler la soupe...

Un de mes compagnons, après avoir entendu l'histoire d'un moine mort assassiné il y a mille ans et qui, depuis lors, vient toutes les nuits rôder aux environs du village, cherchant son assassin, demande à la bonne femme en la maison de laquelle nous nous trouvons :

— Mais le curé ne vous dit pas que c'est un péché de croire ces choses ?

La femme répond :

— Monsieur le curé est celui qui a le plus peur.

Et elle se met à rire avec malice.

Car ces paysans, auxquels le vent de la montagne et le murmure des sources inspirent des sentiments superstitieux, ont en même temps un fond réaliste qui leur permet de se moquer d'eux-mêmes. Il y a un peu d'ami Fritz en tout Alsacien : un peu de finesse tranquille, un peu de défiance ironique, un peu de sérénité égoïste. « Qui se souvient de Dieu au moment de boire? » dit un vieil adage germanique. Les gens d'Alsace oublient leur mysticisme superstitieux quand vient l'heure d'emplir leurs verres et d'allumer leurs pipes. Dans les villes, cette heure est celle de conspirer en famille contre les fonctionnaires allemands. Dans les villages où il n'y a ni Allemands ni fonctionnaires, c'est le moment de parler gaiement du prix du vin, des prunes, des choux, des porcs et du houblon. Le curé, oubliant son ministère, fait partie de ces gaies réunions, boit comme le plus luron et discute des affaires comme le plus habile. Parallèlement à l'idéalisme, il existe dans l'âme du peuple vosgien un matérialisme qui fait prendre autant d'intérêt aux événements de la cuisine qu'à ceux du ciel. Aujourd'hui même, en pleine tragédie, le bien-vivre n'a pas perdu ses droits. Les aubergistes nous préparent les repas avec des scrupules de gouvernantes de chanoines. Les mets ne sont pas très fins, mais en revanche ils sont succulents et abondants. Le vin, servi dans des flacons pansus de formes antiques, a des transparences de topaze. Les visages des filles qui nous servent respirent santé, énergie et bonne humeur.

— Quels gens gais et satisfaits! — s'écrie un Italien de notre troupe.

C'est vrai. Ici comme en Lorraine, plus peut-être ici, la force d'âme surprend et charme. Au milieu des plus terribles événements et des plus épouvantables périls, quand les troupes qui combattent se trouvent à quelques pas, quand nul n'est sûr de ce qui lui arrivera demain, l'humble peuple sait toujours conserver son optimisme riant, sa foi dans la vie, sa passion du travail. Un des spectacles les plus admirables de l'existence actuelle des Vosges est celui qu'offrent les paysans labourant sous la mitraille. « Il n'y a pas moyen de leur faire comprendre le risque auquel ils s'exposent », nous disait à Verdun le général Sarrail. Et après avoir contemplé les villages qui brûlaient au loin, il ajoutait : « Pour ces pauvres gens, quitter leurs terres est plus douloureux que mourir. » Dans les vallées que nous parcourons actuellement, ces paroles reviennent à chaque instant à ma mémoire. Comme leurs frères lorrains, les Alsaciens dédaignent le vol des bombes, quand il s'agit de soigner les vignes. Hier, aux environs de Metzeral, où la lutte est encore acerbe, nous vîmes avec stupeur une famille de laboureurs combler de terre les trous ouverts la veille par les obus et semer ensuite bien tranquillement des semences qui peut-être ne lèveront jamais.

II

Étrange sensation que j'éprouve, en pénétrant dans ce village alsacien ! « Quand, avant aujourd'hui, ai-je été ici? » me demandé-je. Et je réfléchis si ce ne serait pas il y a quatre ans en allant à Colmar et à Strasbourg. Mais ce n'est pas possible, puisque la voie ferrée passe loin, fort loin... Alors?... Jamais?... Jamais, en effet. Et pourtant mes impressions sont précises, exactes, scrupuleuses, presque minutieuses par ce qu'elles offrent de détaillé. Ainsi, par exemple, cette petite fenêtre avec son cadre de lierre et sa cage d'osier, je l'ai si présente à la mémoire qu'il me semble que c'est hier que je l'ai vue. Et ces hautes façades pointues qui se détachent sur le fond vert des jardins!... Et ces poutres qui forment d'étranges figures sur la chaux blanche des murs!... Et ces saillants qui donnent aux balcons un aspect extraordinaire!... Tout, jusqu'aux rideaux à bordures bleues et blanches qui se voient à travers les vitres, jusqu'aux portes étroites, jusqu'aux toits qui s'avancent en immenses auvents, tout ici, en un mot, m'est familier, bien que je ne l'aie jamais vu. Car je suis sûr de ne l'avoir vu jamais avant aujourd'hui ou, à mieux dire, de ne l'avoir vu que dans les vieilles estampes gravées par quelque illustrateur d'Erckmann-Chatrian. En effet, rien qu'en fermant les yeux, je revois ces chromos d'autrefois, dans lesquels j'appris à connaître et à aimer cette terre héroïque qui supporte, à travers les siècles, son martyre avec une bonne humeur tranquille et une douce résignation. Ah! et ainsi, les yeux clos, ce n'est pas l'extérieur seul des maisonnettes pointues que je contemple, c'est aussi l'intérieur; c'est l'âme du village avec sa douceur sereine, silencieuse et riante. Aujourd'hui, comme hier, comme il y a cent ans, chaque heure marque à ces foyers les mêmes gestes et les mêmes actes. La guerre, avec sa houle de sang et de feu, n'a pu modifier le rythme uniforme de cette existence lente et exacte ainsi qu'une pendule, qui commence le matin avec le trémoussement des basses-cours et puis continue tout le jour, placide et monotone, parmi les bruits de charrettes, les chants de bergers, les tintements de sonnailles, les aboiements de chiens, les cris de rouliers, les grincements de charrues, jusqu'au moment où, le soir, pour clore le cycle quotidien des humbles rumeurs, l'*Angelus* s'égrène, doux, tranquille, un peu mélancolique mais sans tristesse, du petit clocher de l'église...

Trois événements seuls amènent parfois du changement dans la vie de chacun de ces foyers : la naissance, le mariage et la mort. Le reste... Mais que peut être le reste dans un village où personne n'est entièrement riche ni entièrement pauvre, où personne n'est entièrement heureux ni entièrement malheureux ?...

A une extrémité du village, l'église, noircie par le temps, couronne une colline. C'est Sainte-Odile, non la grande, non celle au grand sanctuaire et aux grands miracles, mais une minuscule chapelle qui, elle aussi, malgré sa misère et son humilité, a voulu, pour justifier la légende de ses reliques, invoquer le nom de la patronne de l'Alsace. Car il faut que vous sachiez que, suivant les vieilles dévotes du lieu, il vint ici une nuit, monté sur un chameau, un chevalier chrétien et qu'il demanda à l'ermite qui vivait dans cette solitude un peu d'eau et un morceau de pain. Le solitaire donna ce qu'il avait. A son départ, le pèlerin lui remit une coquille sur laquelle on voyait une figure gravée : « Cette figure — lui dit-il — est celle de sainte Odile que je viens d'enterrer ; pour la conserver, il faut que toi-même, de tes mains, sans l'aide de personne, tu édifies un temple. — Je le ferai, si le Seigneur m'en donne la force », répondit le saint homme. Et il se mit sur l'heure à construire cette petite église qui ne frappe personne par sa beauté, mais qui a le charme fruste des bijoux villageois. A l'intérieur, l'artiste primitif a ciselé sur la pierre des murs la vie de la sainte de l'Alsace. Ah ! la douceur, la simplicité, la poésie de ces reliefs entourés de légendes latines, plus ingénues et plus attendrissantes que les phrases de Jacques de Voragine ! Dans un coin, une reine prend dans ses bras un enfant et le présente au Roi. Les lettres latines disent : « Quand le duc Adalric qui attend un héritier voit que sa femme lui donne une fille et que cette fille est aveugle, il pense que Dieu veut lui faire payer ses péchés. Et il commande de tuer l'enfant qui vient de naître, mais après l'avoir baptisée sous le nom d'Odile. » Dans le second tableau, nous voyons la duchesse Bereswinde courant au monastère de Baume-les-Dames pour y faire élever et éduquer sa fille sans que le duc sache qu'elle n'est pas morte. Entre le second et le troisième relief, bien des années se passent. Odile est déjà une dame belle et quelque peu majestueuse. Et comme elle sait qu'elle a un frère nommé Hugues, qui est brave, noble et gentil, elle lui écrit et le prie de demander à son père de lui permettre de revenir dans son palais. Dans le tableau suivant, nous voyons un souverain couronné, aux pieds duquel pleure un jeune homme. Et les lettres latines portent : « Quand Adalric apprend par son fils qu'Odile n'a pas été tuée, il entre dans une grande colère et dit : « Je ne veux même pas entendre son nom », et il tourne le dos à Hugues. Par bonheur ce jeune prince, loin de se résigner à ne pas voir sa sœur, la fait venir en un carrosse d'argent escorté de moines et de guerriers. » Le duc, en reconnaissant le carrosse, se met à blasphémer. Et quand son fils avoue sa faute, Adalric le frappe de son sceptre de fer. Et Hugues tombe mort. Alors, plein de douleur et de remords, le seigneur de l'Alsace consent à recevoir sa fille, qui bien qu'aveugle est fort belle. Mais, ne comprenant pas qu'une existence puisse être consacrée à Dieu notre Seigneur, il s'obstine à la vouloir marier avec un de ses plus riches vassaux. Sur un relief nous voyons la sainte fuyant à travers bois son père et l'homme qui veut en faire sa femme. « Au moment où elle va tomber aux mains de ses ennemis, — dit la légende, — un rocher s'ouvre et la sainte y pénètre. Le duc voit ce miracle, s'agenouille et jure de ne faire que ce que sa fille voudra. Et alors la roche s'ouvre à nouveau et Odile paraît. » A partir de ce jour, Adalric se change en le plus fidèle serviteur de Dieu, et la sainte se consacre corps et âme à la religion, fondant des couvents, des hôpitaux, des sanctuaires. A la fin, le moine artiste qui cisela ces scènes, met le fameux psaume de David : *Et nunc, reges, intelligite ; erudimini, qui judicatis terram*... Mais les rois ne viennent pas à cette église, et la leçon de sainte Odile n'est pas celle qu'ils aient le plus besoin de méditer aujourd'hui. L'époque où les tyrans tuaient leurs enfants a disparu. Dans notre siècle grandiose, quand un monarque tue, c'est avec ses canons, et alors la terre entière se couvre de cadavres... Mais à quoi bon des réflexions amères dans cette chapelle champêtre, où tout respire la paix, la douceur, la simplicité !...

Ah ! paix villageoise de l'Alsace, comme tu apparais extraordinaire et bienheureuse au voisinage des champs de bataille ! Ta modestie, qui en temps normal te pesait comme un opprobre de misère, a été ta sauvegarde dans la grande convulsion des heures tragiques. Nul n'est venu te troubler parce qu'aussi tu n'as jamais troublé personne. Autour de toi, depuis quarante-cinq ans, les conflits de races préparaient le grand choc des armes. Pour parler français et non allemand, les grands centres ouvriers de Strasbourg, de Colmar, de Mulhouse vivaient en perpétuelle effervescence. Pour s'appeler Français et non Allemands, les maîtres des fabriques perdaient le sommeil. A ton ombre, l'Allemand est toujours demeuré un étranger. Parce que pour toi, la véritable patrie finit où commencent les collines prochaines, la véritable langue est celle qui se parle à tes assemblées du dimanche dans la cour de l'église et que n'entendent ni les hommes de Paris ni les hommes de Berlin. Ton véritable culte, que personne ne trouble, à travers les âges, est celui de tes traditions locales. Sans doute, vaguement, très vaguement, le bruit de la querelle séculaire entre les deux nations rivales qui se disputent ton domaine arrivait parfois jusqu'à toi, mais sans réussir à t'éveiller de ta paisible tranquillité. Te faisant une cuirasse de ton ignorance, tu te contentais de végéter dans la mélancolie. Et quand quelqu'un, aux jours de lutte électorale, venait te dire de te décider pour ceux-ci ou pour ceux-là, tu te contentais de faire ton éternelle profession de foi, en murmurant : « Je suis Alsacienne, je suis la paix villageoise de l'Alsace, rien de plus. »

III

Mais où je sens le mieux la poésie et la douceur de la vie campagnarde de cette terre tragique et riche, c'est dans le délicieux Ballersdorf, aux environs de Dannemarie. Village prospère, village gai, village de jardins et de potagers, à peine peut-on le comparer dans son humble splendeur aux bourgs forestiers. Ses maisons sont relativement riches et ses boutiques nombreuses. On voit dès l'abord que ses habitants ne vivent pas isolés du reste du monde et qu'ils n'ignorent point les mystères de la politique franco-allemande. Mais, malgré cela, l'aspect du lieu est si vétuste, qu'après quelques heures passées dans ses rues on se figure être retourné à une époque très lointaine. Les maisonnettes pointues, à balcons en saillie, à fenêtres minuscules et à portes fort étroites ont un caractère bien curieux et semblent presque des reconstitutions d'une architecture disparue. Il y a en effet quelque chose d'artificiel dans cette grâce archaïque. Et néanmoins, dans ses grandes lignes, l'ensemble ne diffère point de celui des autres villages... Qu'est-ce donc qui nous surprend ainsi?... Peut-être seulement le voisinage de Dannemarie, déjà entièrement modernisée et européanisée... A la lueur vague du soir, surtout, Ballersdorf produit une impression inoubliable. Par le chemin du ruisseau, les troupeaux retournent aux étables, faisant tinter leurs clochettes. Sur les petites places, les oies se réunissent en groupes pour se donner la bonne nuit avant d'entrer dans les basses-cours. Les paysannes se montrent à leurs fenêtres pour arroser les pots de fleurs. Dans les coins, les laboureurs causent, en groupes, sans faire un geste, commentant sans doute de graves nouvelles. Montés sur des bœufs munis de rênes comme les chevaux, quelques enfants vont vers les granges, chargés de provisions. Et pour animer l'ensemble de son timbre voilé qui semble sortir du fond des siècles, une cloche laisse tomber sur les âmes la douceur apaisante de l'*Angelus*...

Ah! paix de l'Alsace, paix du village alsacien, avec combien de nostalgie je me souviendrai de toi toute la vie!

THANN

Louée soit sainte Odile !... Enfin je trouve une ville alsacienne qui donne une impression d'enthousiasme, d'ardeur, de vie, d'espérance, de tranquillité !... Et par un de ces absurdes phénomènes du sort, cette ville est justement celle qui a le plus souffert et qui continue à souffrir le plus de la guerre. A chaque pas les traces du bombardement apparaissent, visibles et palpables, dans ses rues. « Cette maison, — nous dit-on, à peine sommes-nous descendus d'automobile pour nous promener parmi ses ruines, — cette maison était encore intacte hier soir. » Aujourd'hui, hélas! la pauvre demeure n'est plus qu'un monceau de décombres. Celle d'à côté, qui reste debout, sera peut-être réduite au même état, quand nous repasserons par ici dans quelques heures. Mais que dis-je ?... A ce compte, il est aussi facile de nous demander si nous-mêmes nous ne succomberons pas ici, comme tant d'autres !... Et la vérité, c'est que ni moi, ni mes compagnons, ni les fonctionnaires qui sont avec nous, n'avons la moindre envie de caresser de funèbres pressentiments. En passant devant l'hôtel des Postes quelqu'un me dit : « C'est ici que mourut le fils du ministre Barthou. » Un peu plus loin, nous voyons la fontaine près de laquelle sont tombés hier, victimes d'une bombe, quelques femmes et quelques vieillards. Aux alentours de la villa Gerrer, enfin, on nous parle d'une hécatombe d'enfants qui ne remonte guère qu'à huit jours. Devant chacun de ces lieux sacrés, nous nous inclinons avec respect. Cependant, ce n'est pas l'idée de la mort qui nous domine, mais au contraire celle de la résurrection. Il y a tant de foi, tant de vie, tant de confiance dans ceux qui nous entourent et dont la familiarité nous fait souvenir que c'est ici le lieu de naissance de cette fameuse Catherine Hübscher, connue dans l'histoire sous le sobriquet expressif de Mme Sans-Gêne ! Les gens du peuple nous confient leurs souvenirs et leurs espérances. Ah ! ces bons Alsaciens ! il ne faut pas leur parler de la possibilité pour les Allemands de revenir s'emparer du lieu ! La reconquête pour eux est définitive.

— Et si, malgré tout, ils revenaient ! — demandé-je à un vieil ouvrier.

— Cela ne se peut ! — s'exclame-t-il.

— Enfin si, par malheur...

— Puisque c'est impossible...

Et après un moment de réflexion, il ajoute :

— Non... cela ne se peut... si cela arrivait, nous n'aurions qu'à émigrer tous, jusqu'au dernier !

Figurez-vous ce que seraient les Prussiens, après un nouveau triomphe !... Nous-mêmes, nous ne pourrions plus garder notre patience. Jusqu'ici, ce qui nous a donné des forces pour supporter le joug, ç'a été l'espérance... Si nous la perdions pour toujours, il ne nous serait plus possible de vivre...

Riches et pauvres, vieillards et enfants, font montre d'une tranquillité, d'une allégresse imperturbables. Rien de ce qu'ils souffrent ne suffit pour attiédir dans leurs âmes le feu de l'enthousiasme. Et l'on ne peut nier qu'ils souffrent beaucoup plus que les bons villageois énigmatiques et indifférents que nous avons vus et qui n'ont pas consenti à nous dire ce qu'ils pensent des circonstances. La moitié des boutiques sont fermées ; les flammes ont dévoré une multitude de maisons. Pour dormir tranquilles à l'abri des bombes, les habitants doivent se réfugier dans les caves. Les rues sont presque désertes. Les vivres coûtent cher. Mais qu'importe tout cela, puisque ces braves gens ont savouré le plaisir ineffable de voir fuir tremblants les fonctionnaires prussiens qui, durant tant d'années, les ont fait trembler eux-mêmes ! Quand on touche ce point tragicomique de la guerre, les visages s'illuminent d'une malice charmante. Ah ! les juges, les gendarmes, les maîtres d'école et les fonctionnaires impériaux ! Au début du conflit, la superbe de ces messieurs s'exalta. Connaissant la fidélité que la ville a toujours conservée à la France, ils considéraient chaque citoyen comme un criminel. Le moindre geste, la plus simple phrase suffisait pour provoquer d'odieuses persécutions. On n'avait pas le droit de parler des illustres patriciens du lieu qui, au temps passé, servirent dans les armées françaises. Pour avoir prononcé le nom de Théobald Ihler, un commerçant fut condamné à un mois de prison. Puis, pour troubler la population, la Kommandantur faisait publier toute sorte de fausses nouvelles sur l'attitude de Paris et du parti socialiste. Un jour, la Commune avait été proclamée, un autre, le Président de la République avait été assassiné, un autre encore, les Chambres avaient voté contre la guerre. Mais tout cela ne dura pas longtemps. Dès que les troupes du général Pau commencèrent à envahir la vallée de Saint-Amarin, les Allemands abandonnèrent la ville.

Un Alsacien, évoquant ces jours de terreur et d'espérance, nous dit :

— Dès le 7 août, cinq jours après la déclaration de guerre, une avancée française parvint à pénétrer dans la place qui n'était pas défendue. Un général se présenta au palais municipal, où un groupe de notables, ayant le maire à leur tête, lui fit un accueil enthousiaste. Tous voulaient arborer de suite le drapeau républicain et jeter par la fenêtre le buste de l'Empereur. Le général s'opposa à de telles mesures, disant qu'il ne fallait pas agir avec tant de précipitation. « D'ailleurs, — ajouta-t-il, —

les forces dont je dispose peuvent ne pas suffire en cas d'attaque de l'ennemi, et si les Allemands s'emparent de nouveau de la ville, il faut qu'ils ne trouvent pas de prétextes à exercer des représailles cruelles. » Le maire le remercia et l'embrassa en murmurant : « C'est vrai, c'est vrai... s'ils revenaient !... » Ils revinrent le 12, après la retraite des Français du côté de Cernay. Et avec quelle insolence !... C'étaient des Bavarois, autant dire le démon, et ils étaient commandés par le fameux von Rose, qui, revolver au poing, tirait sur les fenêtres fermées et excitait ses soldats à se montrer sans pitié, leur criant : « *Nur druff, Leute... nur druff, Leute...!* » Durant deux jours nous avons vécu dans un supplice perpétuel, soumis à des surveillances et à des interrogatoires humiliants, menacés de mort sans motif, emprisonnés sous un prétexte quelconque. Par bonheur, le 14, les choses changèrent, et le bruit du canon qui venait du côté de la frontière nous remplit l'âme d'espérance. « Ce sont eux », murmurait-on. C'étaient eux, en effet. La nuit, les Allemands s'enfuirent jusqu'à Mulhouse, sans attendre les avant-gardes ennemies, qui accouraient en hâte, au son de leurs joyeux tambours, par la route de Saint-Amarin... Comme ils se sauvaient !... Le fameux von Rose, ivre de champagne depuis le 12, ne pouvait tenir sur ses pieds et ses adjudants durent le porter à bras à la gare... Quelle tête il avait !...

Le brave Alsacien rit de bon cœur au souvenir de cette scène grotesque. Son visage illuminé s'empourpre, et dans ses yeux gris, petits et profonds, brille une clarté phosphorescente.

— Et ensuite? — lui demandé-je.

— Ensuite, — me répond-il, — ils ne se sont pas hasardés à tenter une attaque d'infanterie, et ils se sont contentés de se venger de leur déroute en nous bombardant sans relâche... De temps à autre ils semblent saisis d'une fièvre de destruction et, durant un jour entier, ils nous tiennent sous une pluie de feu... La plus terrible fut celle du 27 janvier pour célébrer la fête de l'Empereur... Ah! alors, quelle mitraillade!... Je crus que la ville tout entière allait brûler... Mais vous voyez, pas tout entière... Le malheur est que, sous ces décombres il y a bien des morts, bien des morts...

Ces dernières paroles me font souvenir que, selon la légende, Thann est bâtie sur un ancien champ de bataille, où les os des guerriers n'ont jamais trouvé le repos. Un tonnelier, — dit la tradition locale, — se perdit un soir, et au lieu d'arriver à sa maison, il se trouva tout d'un coup dans un terrain désert aux environs de la cathédrale. L'horloge de la tour sonnait en ce moment minuit. Au dernier coup de cloche un bruit étrange commença à s'élever du sol. Tremblant, l'homme égaré demanda : « Que se passe-t-il donc? » Un guerrier surgit de l'ombre et lui répondit : « Ce qui se passe ne te regarde pas, oh ! misérable mortel. Si tu n'es pas étranger, tu dois te rappeler que c'est ici que Louis le Débonnaire, fils de Charlemagne, fit la revue de ses troupes avant d'entreprendre la lutte contre ses adversaires. Le monarque, bien que fort vieux déjà, voulait combattre loyalement. Mais à l'instant suprême ses hommes le trahirent, et alors, lui, se dressant sur son grand cheval blanc, maudit les traîtres et maudit cette terre. Les traîtres sont enterrés ici et, toutes les nuits, en entendant l'écho de la malédiction que je viens répéter au nom de mon Roi, leurs ossements tremblent. Fuis, voyageur, pour que je puisse prononcer mes terribles paroles. »

Les nouveaux morts qui gisent sous les décombres actuels ne sont pas des soldats. Les troupes qui défendent cette place se trouvent dans des positions stratégiques lointaines, et ceux qui dans la ville tombent sous la pluie de feu des canons allemands sont de braves citoyens qui n'ont pas voulu abandonner leurs foyers.

— L'étonnant, — nous dit le fonctionnaire qui nous accompagne, — c'est qu'ils n'aient pas détruit la cathédrale.

— Peut-être qu'elle a peu d'importance artistique — observe un de mes compagnons.

— Comment ! — s'exclame notre guide — peu d'importance, le sanctuaire de saint Thiébaut d'Alsace !... Que les gens du lieu ne vous entendent pas!... Voyez-vous là-bas, au fond, par-dessus ces toits ruinés, le fameux campanile? Un couplet séculaire dit :

Celui de Strasbourg est le plus haut,
Celui de Fribourg est le plus gros,
Celui de Thann est le plus beau.

Et, ma foi! je suis tenté de croire que c'est vrai... Venez vous-mêmes en juger...

Par les ruelles étroites et sombres de la « vieille ville », que la Thur sépare de la ville neuve, nous nous acheminons vers la place de la Cathédrale, allant lentement sans penser au péril des obus. A chaque pas une porte curieuse, un toit étrange, une fenêtre pittoresque, nous font nous arrêter pour respirer l'ambiance légendaire de la bonne ville de saint Thiébaut. Il y a des toits capricieux qui semblent prêts à s'effondrer, tellement ils paraissent lourds et qui sont là néanmoins depuis des siècles ; il y a des galeries ouvragées qui saillent des murs entre des rideaux de lierre ; il y a des façades hautes et pointues comme des frontons de chapelles. Et ces petites fenêtres à travers lesquelles on voit briller sur un fond de boiseries sombres le traditionnel poêle de porcelaine !... Parfois il me vient des envies de m'arrêter pour essayer de surprendre indirectement quelque chose du mystère de ces existences provinciales qui glissent dans un silence perpétuel et qui continuent d'autres existences d'êtres disparus, existences pareilles à celles d'aujourd'hui, qui se mouvaient de la même façon, aux mêmes heures, sous l'impulsion des mêmes sentiments... Ah! le doux ennui qui s'exhale de tous ces quartiers poétiques!... Ah ! la suave vision d'intimité humble, somnolente, résignée et lasse !

La cathédrale ne se trouve pas dans l'antique faubourg, mais au centre de la cité industrielle et moderne que les bourgeois appellent avec orgueil : « une petite Mulhouse ».

— Voyez-la ! — nous dit avec orgueil notre cicerone.

La tour, oui, nous la voyons haute, svelte, aérienne, digne de rivaliser avec celle de Strasbourg, comme le dit le couplet populaire. Et nous voyons aussi le toit du sanctuaire, fait de tuiles émaillées de diverses couleurs qui forment des dessins capricieux. Mais quand nous voulons admirer la façade, nous nous apercevons que l'autorité militaire l'a fait couvrir de sacs de sable et de planches pour la sauver des outrages de la mitraille.

— Si nous n'avions pas pris cette précaution, comme celle de cacher les vitraux en couleur des fenêtres, — s'écrie le fonctionnaire, — voyez ce qui serait arrivé.

Et de la main il nous désigne, dans la place où nous nous trouvons, les pauvres maisons éventrées.

— Triste spectacle ! — murmurent quelques-uns de mes compagnons.

Mais, comme pour nous forcer à nous souvenir qu'ici la tristesse n'est qu'un vain mot, l'hôtelier qui nous prépare le déjeuner s'approche et nous dit que la table est servie et que les jarres de vin du pays nous attendent. « Venez vite ! » s'écrie-t-il. Et dans le trajet qui nous sépare de sa maison, il nous parle avec naïveté et orgueil de sa bonne cuisine, tout en s'excusant de ne pas pouvoir nous traiter comme il l'aurait fait en temps normaux. « A la guerre comme à la guerre... », dit-il en riant. Puis il nous récite le menu du déjeuner, avec sa choucroute sacramentelle, ses chapons en sauce, ses truites au beurre, son foie gras au naturel, ses pois à la parisienne...

— Mais, vous nous donnez un festin de Gargantua ! — lui dit notre guide quand nous rentrons dans l'auberge.

— Non, Monsieur, vous verrez que c'est un repas bien modeste... Un moment pour commencer le service... Pour patienter, voici une vieille bouteille.

Et en attendant le premier plat, un bourgeois alsacien, qui s'est joint à notre troupe, nous sert le meilleur des apéritifs en nous parlant des traditions de superbe gloutonnerie de la cité.

— Par ici, — dit-il avec orgueil, — la plus grave préoccupation de nos ancêtres fut de bien manger et de boire encore mieux. Les abbés de Murbach et les seigneurs d'Engelburg rivalisaient dans l'art de découvrir des recettes culinaires, et quand ils donnaient un dîner, c'était chose à ne pas finir de toute la nuit. Dans nos annales on conserve la mémoire de certains banquets, avec autant d'orgueil que s'il s'agissait de la date d'une victoire. Celui qui se donna à Thann même en l'honneur des ambassadeurs de Charles le Téméraire est digne de mémoire. Mais celui qui paraît le plus classique est celui du 6 novembre 1543 à Ribeauvillé... Ah! c'était là savoir vivre! Les dames occupaient sept tables et les chevaliers neuf, sans compter celles qui étaient réservées à la domesticité dans les corridors du château. La confrérie des musiciens jouait ses airs les plus gais. Une compagnie de pages servait les plats. Et savez-vous quel était le nombre de ces plats?... Eh bien! calculez : trois services de neuf plats chacun... Quant aux vins...

Le bon Alsacien s'arrête, élève sa coupe et se donnant une grande claque sur la cuisse, s'exclame :

— Mais oui! ici on ne peut rien faire sans ce liquide!... N'avez-vous pas lu l'histoire de la construction de la cathédrale?... Non... Bon... Eh bien! sachez que, selon le chroniqueur Kiefer, l'année où s'édifiait la tour, il y eut une sécheresse telle qu'on ne trouvait à aucun prix un pot d'eau. Par contre il y eut, la même année, une abondance de vin extraordinaire. Que croyez-vous que firent les maîtres maçons ? Ce que nous aurions fait, nous autres... Au lieu d'eau, ils employèrent le vin pour la fabrication du mortier. Et ainsi, apprenez qu'à l'époque de la vendange, il s'exhale du clocher le plus riche fumet de vin vieux... Pas vrai, patron ?...

L'hôtelier, en train de poser sur la table un plat énorme et parfumé, s'écrie :

— Oui, c'est vrai !...

Et aussitôt, versant dans les coupes le contenu d'une écumante jarre dorée, il murmure plein d'enthousiasme :

— Aux soldats de France qui nous ont délivrés pour toujours du joug allemand !

— A eux ! — répondons-nous tous.

RÉCITS ÉPIQUES

L'officier qui nous accompagne fait arrêter les automobiles au pied d'une colline et, nous en désignant la cime, il s'écrie :

— C'est ici que nos chasseurs des Alpes renouvelèrent l'exploit légendaire de Sidi-Brahim..., vous savez... On voit encore les traces de la lutte... C'est une terre terrible...

Dans la tiède douceur de cette matinée d'Alsace, à la lumière du soleil d'automne, bien plutôt que terrible, c'est enchanteresse que nous apparaît la région. La vallée s'étend, entre les collines, en ondulations harmonieuses. Les pins, toujours verts, donnent au paysage une richesse de velours sombre, rehaussé par les taches d'or des noyers et des chênes qui se rouillent. Dans les vergers, les pommiers chargés de fruits pourpres se détachent, comme des jouets, sur le tapis du gazon. A chaque pas on rencontre une ferme avec ses bâtiments blancs et étranges, avec ses balcons fleuris, avec ses treilles qui donnent de l'ombre aux bancs de pierre de l'entrée. Les troupeaux grimpent le long des pentes au son des flûtes rustiques, et les enfants courent, en chantant, par les sentiers. Ce n'est pas la tragédie qui palpite ici, c'est l'églogue. Comme Louis XIV, tous, nous sentons la tentation de crier : « Quel beau jardin ! » Et il faut que notre guide, peu sensible à la beauté des tableaux virgiliens, nous rappelle que nous nous trouvons sur un des plus rudes champs de bataille de la guerre d'Alsace, pour que nous nous rendions compte que ce n'est pas une promenade d'art que nous faisons, mais un pèlerinage historique.

— Toutes ces hauteurs que nous avons sous les yeux et qui nous séparent de Metzeral, — nous dit notre capitaine, — ont été converties par les Allemands en véritables forteresses, et l'une d'elles était si formidable, que ses défenseurs la considéraient comme inexpugnable. Un officier prisonnier, à qui nous demandâmes, quand nous préparions notre attaque, quelques détails sur les tranchées de Braunekopf et de Winterhagel, nous répondit avec la dernière insolence : « Quatre vieilles avec quatre escopettes suffiraient à défendre ces crêtes. » En tout cas l'état-major germanique ne s'était pas contenté d'y mettre des garnisons insignifiantes, mais tenait tout le pays plein de troupes d'élite. Comme nous l'avons su depuis, le Kaiser désirait que notre marche envahissante s'arrêtât dans cette plaine, devant ces montagnes. Mais nous, de notre côté, nous nous étions jurés de nous emparer de Metzeral. Durant de longues semaines, nous préparâmes l'attaque avec la plus grande patience. Il fallait faire des routes, nous les fîmes. Il fallait créer des places d'armes pour rassembler les munitions, nous les créâmes. Il fallait traîner jusqu'ici un grand nombre de canons, nous les traînâmes en dépit du feu de l'adversaire. Enfin, le 17 juin, quand il ne restait plus le moindre détail à prévoir, le général réunit tous les commandants et leur dit : « Messieurs, nous allons mettre nos montres à la même heure, sans nous tromper d'une minute... Il est 7 heures du matin...; y êtes-vous?... Bon : sur le coup de 10 heures, toutes nos troupes doivent se lancer à l'assaut des crêtes voisines... Adieu, Messieurs; à demain. » Chaque chef se rendit à son campement, pour donner ses derniers ordres en secret, afin d'éviter que l'ennemi ne remarquât les préparatifs de l'attaque. A 9h 30, le téléphone communiqua une dernière alerte convenue le matin. A 10 heures, au son des musiques, les régiments se mirent en marche... Ah! si vous aviez vu les chasseurs alpins!...

Les yeux de notre guide brillent comme deux charbons ardents, à l'évocation du combat où il gagna la croix de bronze qu'il porte sur la poitrine.

— Ah! — répète-t-il, — si vous aviez vu! Et l'insistance avec laquelle il contemple les rudes chemins qui grimpent le long des pentes est la preuve qu'il voit de nouveau le spectacle magnifique d'il y a quatre mois et qu'il s'enivre du souvenir vivant, palpitant et rouge des journées de lutte.

— Durant trois jours, — s'exclame-t-il, — nous ne cessâmes pas une minute de combattre... Les assauts succédaient aux assauts... En quelques points l'impétuosité de nos troupes fut si terrible que les Allemands n'eurent pas même le temps de se préparer à la défense. Cependant, dans les positions les plus fortes, nous nous heurtâmes à un système de fortifications véritablement cyclopéennes. A Eichwäldle, une fois les premières tranchées conquises, un mur énorme de granit nous ferma le passage. Sur d'autres points, les réseaux de fils de fer formaient, entre les troncs des arbres, des haies inextricables. N'importe... Au son de la *Marseillaise*, nos braves alpins faisaient des prodiges d'héroïsme et d'intelligence. Sur toutes les collines qui nous entourent, du Langenfeldkopf à Anlass, la lutte était épique... Mais le plus beau, le plus sublime épisode fut celui du Hilsenfirst, que vous connaissez.

— Certes, — répondent mes compagnons.

Moi seul, qui ne me souviens pas de l'action à laquelle fait allusion notre guide, je le prie de me la rappeler.

— Le premier jour de la grande attaque, — me dit-il, — une compagnie du 7e chasseurs se lança à l'assaut de la colline que ses chefs lui avaient d'avance indiquée. Avec une ardeur endiablée, elle arriva sans s'arrêter à la première ligne ennemie dont les défenseurs s'enfuirent vers l'épaisseur. Satisfaits de leur triomphe, nos soldats s'installèrent dans les tranchées abandonnées. Tout à coup, une patrouille partie en reconnaissance dans le bois, revint précipitamment et déclara qu'il n'y avait pas moyen de passer nulle part, parce que dans tous les sentiers se voyaient des troupes allemandes. Le capitaine courut examiner le terrain et se rendit compte qu'il se trouvait isolé et entouré de forces bien supérieures aux siennes. A ce moment, la compagnie se composait de 5 officiers et de 137 hommes. « Avec l'aide de Dieu, — s'écria le chef en s'adressant à ses soldats, — nous sortirons d'ici la vie sauve. Sinon, nous y mourrons tous plutôt que de nous rendre. » La nuit vint sans que les Allemands attaquassent les chasseurs. Le jour suivant, à peine le soleil levé, une colonne de Bavarois se précipita contre la tranchée occupée par la compagnie. La lutte fut rude. Les Bavarois étaient plus de 500 et avaient plusieurs mitrailleuses, mais les alpins se défendaient avec une telle énergie, qu'au bout de quelques heures d'assaut, l'ennemi se retira, laissant 50 morts sur le terrain. Le reste du jour s'écoula sans que les Allemands renouvelassent leur tentative. La nuit, craignant une surprise, le capitaine ordonna que nul ne se laissât gagner par le sommeil. Le matin suivant, une patrouille surprit quelques soldats bavarois et les fit prisonniers. « Le jour commence bien », crièrent les officiers, s'efforçant de rire. Mais la vérité est que la préoccupation des vivres commençait à être sérieuse. Comment se procurer quelques munitions de bouche ?... Le soir, les chasseurs entendirent les clairons de leur régiment qui sonnaient au loin. Une espérance de secours anima les assiégés. Mais le temps passait sans que la situation s'améliorât. Le 17, au point du jour, c'est-à-dire après trois jours d'isolement, le capitaine réussit à se mettre en contact avec les troupes françaises au moyen de signaux convenus. « Demain, — lui dit-on, — nous essaierons de vous sauver ; pour cela il nous faut bombarder la colline ; tâchez de vous cacher. » Ainsi firent les alpins, mettant à profit les abris des tranchées. Et le lendemain, grâce à l'artillerie, nos braves soldats furent enfin sauvés.

Le capitaine qui me raconte cette aventure ajoute :

— C'est un épisode comme il y en a peu... Ne croyez-vous pas ?

— Oui, — lui répliqué-je.

Mais, en réalité, il me semble qu'il y a dans la guerre actuelle maints épisodes plus beaux, plus tragiques, plus héroïques que cette défense de quatre jours.

— Vous étiez ici, — demandé-je à notre guide, — durant les combats du début de la guerre, quand la grande chevauchée atteignit Mulhouse ?...

— Non, — me dit-il, — je suis venu en mai, à la veille de l'offensive qui nous ouvrit les portes de Metzeral... Avec ma compagnie, je fis le chemin d'ici à Altenhof en trois jours... La bataille commença le 14... Le 17, nous occupâmes les fabriques de Steinabrück... Le 18, nous entrâmes à Altenhof... Les Allemands néanmoins se maintenaient à Metzeral, attendant des renforts. En nous approchant des premières maisons de l'endroit, nous fûmes reçus à coups de feu... Sur tous les points stratégiques, il y avait des mitrailleuses, beaucoup de mitrailleuses... Nos chasseurs attaquaient le village en chantant et occupaient les rues une à une... Quand ils se virent perdus, les ennemis firent ce qu'ils font toujours : ils mirent le feu... Oui... Tout fut brûlé... Nous entrâmes parmi les flammes... Et il restait encore quelques mitrailleuses... Je me souviens d'une, retranchée derrière un mur, dans un jardin... Dès qu'elle voyait venir quelque patrouille, tac, tac, tac... Il n'y avait pas moyen de la capturer... A la fin, deux alpins, en rampant, s'approchèrent du mur sans être vus, bondirent... La mitrailleuse ne recommença plus à nous gêner... Mais les pauvres alpins ne sortirent pas du jardin..., ils savaient d'ailleurs qu'ils allaient à la mort...

— Et cela ne vous paraît pas plus sublime que la défense de la compagnie, qui, en fin de compte, ne pouvait autrement agir qu'elle n'a fait?

L'officier me regarde avec étonnement comme s'il ne comprenait pas. Puis il s'écrie :

— Ce n'est pas la même chose... La défense de la compagnie est une opération militaire admirable, tandis que l'autre fait... l'autre fait... ce n'est rien...

Il répète :

— Rien... rien... Ce sont des choses sans importance... La guerre moderne...

Et, reprenant le récit des opérations militaires autour de ces collines, il poursuit ainsi :

— Depuis que nous nous sommes emparés de Metzeral, les Allemands n'ont point laissé passer un seul jour sans bombarder furieusement la pauvre ville, comme s'ils la voulaient détruire. Au début, ayant sans doute des espoirs de reconquête, ils n'en attaquaient que les environs. Mais depuis l'assaut désespéré du 30 juin, qui fut pour eux un véritable désastre militaire, ils se vengent de leur impuissance en nous maintenant sous une pluie de feu. Nous leur répondons à peine. A quoi bon dépenser en vain les projectiles? Quand nos observateurs découvrent la position de quelqu'une des batteries qui nous attaquent, un de nos canons se charge de la faire taire pour toujours. Seulement, ici, dans la montagne, il n'est pas aisé de distinguer les antres où se cachent les pièces d'artillerie... En fin de compte, l'important est d'avoir la certitude que, quelques efforts qu'ils fassent, ils n'arriveront jamais à nous arracher ce qu'aujourd'hui nous possédons... Au fond il me paraît même fort douteux qu'ils se décident à tenter un nouvel assaut, après la rude leçon de l'été... Ah! Ce fut une belle chose... et bien combinée... et savamment exécutée!... Vous verrez...! A 5 heures du soir, l'attaque d'artillerie, dirigée contre nos tranchées, nous fit comprendre que les Allemands préparaient un de ces assauts comme ils savent les faire : en masses profondes, sacrifiant les vies humaines comme s'il s'agissait d'une marchandise méprisable. Laisser nos troupes dans leurs positions, c'eût été les condamner à mort. La sagesse commandait de les tirer de leurs tranchées et de les mener en arrière... Mais parfois le plus sage est une folie et notre chef ordonna de sortir des abris, dans le plus grand secret, et de s'avancer en rampant jusqu'aux réseaux de fils de fer. Là, où l'adversaire ne pouvait nous supposer, nous restâmes des heures entières, couchés bouche à terre, sans faire le moindre mouvement. A 8 heures du soir, il était tombé sur les tranchées plus de 6.000 obus de gros calibre. Alors sûr d'avoir tout détruit, l'ennemi fit avancer deux régiments qui marchaient en colonnes serrées, précédés des musiques militaires. On remarquait à l'air satisfait des officiers qu'ils étaient sûrs de trouver un terrain balayé par la mitraille et couvert de cadavres. La surprise fut bonne. Eux qui abusent tant des espions, n'eurent même pas la précaution d'envoyer quelques hommes pour reconnaître d'avance le chemin. Aussi quand ils entendirent les premiers coups de fusil, ils étaient à 50 mètres de nous. Comme ils tombaient, justes cieux ! Aux extrémités de notre ligne de chasseurs nous avions placé les mitrailleuses de façon que les Allemands se trouvèrent pris de flanc entre des feux croisés. Dans la pénombre du crépuscule, nous voyions cette masse palpiter, s'avancer, se rompre, se reformer, se rompre à nouveau, onduler dans un tourbillon formidable et tout cela sans reculer d'un pas. Une rumeur d'hymnes arrivait à nos oreilles malgré le bruit des décharges. Tout à coup, nos batteries de campagne se mirent à tirer, non sur les colonnes, mais derrière elles, dans le dessein de rendre impossible leur retraite. Les deux régiments se trouvèrent ainsi dans un cadre de feux infranchissable et, comme nous le dirent plus tard les officiers prisonniers, dans un cataclysme, dont personne ne croyait pouvoir sortir vivant. Et, ma foi ! peu nombreux furent ceux qui échappèrent à cette souricière du diable. Les nôtres brûlaient du désir de se lancer, baïonnette en avant, contre les hordes ennemies. Les chefs les retenaient et les calmaient. « Il ne faut pas se presser, il ne faut pas s'exalter ! Du calme, du calme ! » C'était la consigne. Et avec un calme terrible, avec une froideur méthodique, le tir continuait, le triple tir de l'artillerie, des fusils et des mitrailleuses, et le flot palpitait toujours devant nous, diminuant, se fondant, haletant. Une telle hécatombe faisait peine... Je me trouvais des premiers de notre ligne et je pus voir, à peu de mètres, une scène extraordinaire. Deux chasseurs, chargés de porter à une compagnie une caisse de grenades à main, se rencontrèrent, au sortir d'une maison où était un dépôt de munitions, face à une centaine d'Allemands. L'un des deux monta sur le mur et se mit à bombarder ceux qui l'assiégeaient, tandis que l'autre lui passait les grenades par paires. Les Allemands n'avaient presque plus de cartouches et essayaient de s'approcher pour se servir de leurs baïonnettes. Tout à coup, l'officier qui les commandait tira son revolver et visa le chasseur; mais le coup n'était pas parti qu'une grenade en pleine poitrine le partagea en vingt morceaux, sans exagérer. Enfin une de nos patrouilles put s'approcher pour défendre le dépôt, et les cent Allemands se rendirent prisonniers... Je dis les cent, non... Notre grenadier à lui seul en avait tué plus de quarante et sûrement il aurait achevé les autres...

— Et cet homme, — lui dis-je, — ne vous paraît pas admirable comme un héros de légende?

— Je remarque, — me répond-il, — que vous avez tendance à ne voir dans les batailles que les actions individuelles, et cela fausse complètement la vision de la guerre moderne... A notre époque il n'y a pas de héros... Tous sont des héros... Ce dont il s'agit, c'est que l'ensemble anonyme, la masse, l'armée enfin, manœuvre avec tant de soin, obéisse aux ordres du chef d'une façon si scientifique, si mécanique, si harmonieuse, que personne ne soit supérieur aux autres ni en courage, ni en force, ni en habileté... Aujourd'hui les Bayards ne sont plus possibles... Non... non... Le peuple entier est un Bayard discipliné, silencieux, patient... Cela n'est-il pas plus grand que les hauts faits des mousquetaires?...

— Plus grand, — lui répliqué-je, — peut-être... Mais non plus beau...

SOUVENIRS DE MULHOUSE

Aux environs de Thann, dans un village où se sont réfugiés de nombreux habitants de Colmar, de Munster et de Mulhouse, on nous reçoit avec musique, bannières et chansons.

— C'est en votre honneur, — murmure l'aimable capitaine qui nous guide.

Mais au même moment, un autre officier, qui vient à notre rencontre, nous ôte nos illusions en nous disant :

— Ces braves gens célèbrent l'anniversaire de la seconde prise de Mulhouse, après la bataille de Dornach... Nous avons ici quelques familles qui furent condamnées à mort par les Allemands, pour avoir manifesté dans ces circonstances leurs sympathies envers nos troupes... Le mal, c'est que tous les condamnés ne purent pas s'échapper... Les représailles, dans cette terre qui n'inspire pas confiance à ses maîtres actuels, sont toujours implacables... Aussi actuellement, quand nous ne sommes pas sûrs de pouvoir conserver un village en notre pouvoir, nous évitons les démonstrations affectueuses, sachant qu'au cas où nous aurions à l'abandonner aux Prussiens de nouveau, il ne manquerait pas de délateurs pour dénoncer ceux qui se seraient distingués par leur bienveillance ou leur enthousiasme... Dans l'affaire de Dornach, quand je réussis à placer mes batteries face à la colonie ouvrière, je remarquai que l'ennemi se servait des familles comme d'un bouclier, les empêchant de sortir de leurs maisons et de se réfugier dans les quartiers tranquilles...

Un de nos compagnons s'écrie, interrompant l'officier :

— Vous fûtes à la bataille de Dornach?... Ce doit avoir été terrible..., n'est-ce pas?... D'ici où nous nous trouvons, la ligne de combat s'étendait jusqu'à Pfastatt...

Le militaire sourit dédaigneusement.

— Cette action, — répond-il enfin, — cette action de Hochstatt et de Dornach?... une escarmouche... La véritable lutte fut le combat d'artillerie qui se livra la veille entre la vallée de la Mer-Rouge et Morschwiller... L'ennemi avait établi ses canons sur les hauteurs de Hosenrein et nous dominait de son feu... Par bonheur, le tir était si mal réglé que nos batteries purent lui répondre sans se cacher... Après ce combat, la défense allemande fut brisée... Ceux qui réussissaient à fuir de Mulhouse nous disaient que les autorités civiles et militaires avaient abandonné déjà la ville...

A mesure que l'officier parle, quelques vieux

Alsaciens que leurs redingotes archaïques et leurs chapeaux de pasteurs protestants font ressembler à des personnages de Hansi, viennent se ranger à ses côtés et, sans pouvoir se contenir, approuvent à haute voix ses paroles.

— Mille Prussiens seulement, — dit l'un d'eux, — demeuraient dans la ville, sûrs de pouvoir s'échapper au dernier moment... Vous vous rappelez, mon capitaine ?... Mais ils furent cueillis comme des rats dans une souricière...

Le bon bourgeois rit bruyamment au souvenir d'une scène qui sûrement fut tragique.

L'officier lui demande :

— Vous étiez à Mulhouse, lors de l'entrée de nos troupes ?

— Je vous crois !... Dès que nous vîmes se sauver les autorités, nous comprîmes que les Français allaient arriver de nouveau et nous les attendîmes avec impatience. A mesure que se rapprochait le bruit des canons, la joie faisait s'épanouir notre cœur. « Cette fois, pensions-nous, ils ne s'en retourneront pas comme en août. » Et nous rêvions d'une vie nouvelle sans casques prussiens, sans conseils de guerre, sans espions de toutes classes... Les militaires du conseil de guerre, qui cependant n'avaient pas fini de juger et de condamner ceux qui, à la première prise de la place, s'étaient montrés enthousiastes des Français, furent les plus pressés de filer, à la nouvelle que la bataille de

Dornach était un désastre pour leurs troupes. Comme ils couraient, justes cieux!... Le colonel que nous appelions « mille kilos », tant il était gras, suait et soufflait, dans la rue d'Altkirch, à la recherche de son automobile... Les autres étaient livides... Il restait encore néanmoins le bataillon retranché dans les établissements Ducommun, au faubourg de Colmar, et nous redoutions qu'en pénétrant dans la ville les soldats vainqueurs ne fussent surpris par le tir de cette embuscade. Heureusement, les chefs français n'ignoraient rien de ce qui pouvait constituer un péril. A 5 heures du soir, un officier tout jeune, presque un enfant, se présenta devant le colonel allemand et lui dit : « Si dans une heure vous ne vous êtes pas rendus avec vos mille hommes, nous bombarderons ce point. » Le colonel ne répondit pas un mot. Une heure après, le premier obus tomba sur les établissements Ducommun, et immédiatement les Allemands arborèrent la bannière blanche. Si vous aviez vu, mon capitaine, la joie de mes compatriotes en se rendant compte que les Français pouvaient entrer sans avoir besoin d'entamer une lutte dans les rues!...

L'officier sourit à l'évocation de cette journée fameuse.

— Oui, — murmure-t-il, — oui... Les Mulhousiens nous reçurent fort bien... Sans doute, les représailles antérieures avaient rendu plus prudente la bourgeoisie... Mais le peuple nous accueillit avec une tendresse de compatriotes, de frères...

On a, en France, la conviction que Mulhouse, comme Colmar, comme Metz, est toujours disposée à tous les sacrifices pour secouer le joug allemand et redevenir une partie de la patrie française. « Malgré son extraordinaire développement industriel, — dit Wetterlé, — la noble cité hait ses nouveaux maîtres et n'oublie jamais la situation qu'elle occupait avant 1870. » Ceux qui étudient les âmes dans les livres répondent nonobstant que, pour savoir si cela est exact, il serait nécessaire d'examiner à fond, en se plaçant au point de vue commercial, municipal et positif, ce que les Mulhousiens ont perdu ou gagné depuis qu'ils sont Allemands. Est-il vrai que jamais il n'y eut plus de fabriques, que jamais les affaires n'ont été plus prospères que dans ces toutes dernières années ?... Alors il est probable que l'esprit local est satisfait... Mais vous me dites qu'en même temps la rigidité de la discipline prussienne blesse ses sentiments traditionnels de ville libre ? En ce cas, il est possible qu'il lui manque quelque chose pour être heureuse...

En réalité, si Mulhouse n'a jamais eu, comme Metz, la flamme magnifique du sacrifice guerrier, qui fait dédaigner tout ce qui peut être richesse à condition de voir briller le soleil de la revanche, elle ne manque pas du moins d'un sentiment profond de germanophobie. Montaigne qui la visita vers la fin du seizième siècle a parlé avec enthousiasme de ses mœurs tout ensemble nobles et patriarcales. Il vit, dit-il, « son hoste du Reisin revenir du conseil de la ditte ville et d'un palais très magnifique et tout doré, où il avait présidé, pour servir ses hostes à table ». Et il ajoute : « La ville est une belle petite ville de Souisse, quanton de Bâle. » Cela, ma foi, continue d'être vrai aujourd'hui. Suisse, Mulhouse l'est toujours, avec sa fraîcheur de montagnarde saine et un peu rude, avec son étalage de républicanisme patriarcal, avec son amour des assemblées et des plébiscites, avec ses préoccupations plus humaines que divines, avec sa religiosité sérieuse, paisible et tolérante, avec son manque de grands idéals, enfin, et avec son instinct de négociant passionné. Ah ! le caractère de Mulhouse ! Ceux qui croient l'offenser en disant : « Ce n'est pas une ville, mais une fabrique d'indiennes », disent simplement la vérité. Jusqu'aux derniers jours du dix-huitième siècle, la fabrique devait être suisse pour prospérer. Louis XIV avait interdit à ses métiers de tisser le coton, sans doute parce qu'il trouvait tout à fait indigne d'une grande monarchie cette industrie venue de l'Asie. Mulhouse profitait des circonstances pour inonder les foires et les marchés français de belles toiles couvertes de fleurs imprimées. A la mort du Roi Soleil, les Français purent commencer à tisser à leur gré le coton. Alors Mulhouse, sans vaines plaintes, médita sur la ruine qui la menaçait, à cause des droits de douane. Après cette méditation elle prit son parti qui fut, sans le moindre trouble, de se séparer de la Suisse et de se livrer à la France. « Depuis ce moment, — dit un historien alsacien, — commença une ère de richesse prodigieuse pour la bonne ville. Les guerres napoléoniennes ouvrirent les marchés du monde entier à nos tissus ; les manufactures se multipliaient ; aux indiennes s'ajoutèrent les mousselines. » A l'honneur des Mulhousiens, il faut avouer que, loin de s'endormir sur leurs lauriers et sur leurs sacs d'or, ils ne se reposent pas un moment, s'efforçant toujours de perfectionner leurs produits et d'en diminuer le prix. Fondée en 1826, la Société industrielle se mit dès le début à créer des écoles professionnelles, des laboratoires chimiques pour l'étude des teintures, des collections géologiques, des musées technologiques, historiques et artistiques. Avez-vous entendu parler des galeries mulhousiennes d'étoffes exotiques ? Tous les modèles de l'Inde, paraît-il, s'y trouvent réunis, non à titre de simples curiosités, mais comme pouvant inspirer les industriels dans leurs recherches de nouveautés.

— A Mulhouse, — nous dit le bourgeois qui tout à l'heure nous parlait de l'entrée des troupes françaises, — il n'y a personne qui ne travaille avec passion... Des cent et quelques mille habitants de la cité, il n'en est sûrement pas mille qui, pouvant faire quelque chose, vivent sans rien faire... C'est une ruche...

— Maintenant, cependant, — dit l'officier.

— Que voulez-vous que fassent les pauvres sans coton?... Toute notre vie tourne autour du coton... Nos fabriques de droguerie ne produisent que des matières pour blanchir ou teindre les tissus. Nos meilleures écoles sont des centres d'enseignement professionnel destinés à perfectionner l'impression des indiennes. Il n'y a en aucun point du monde, pas même dans l'Amérique du Nord, une série d'institutions industrielles comparables aux nôtres. Nos ouvriers sont les plus instruits, les mieux payés, les plus heureux du monde. Nous avons une société de constructions hygiéniques qui donne une maisonnette à chaque famille à moindre prix que ne lui coûte ailleurs le loyer d'un seul appartement... Et l'on ne peut dire que l'État allemand nous ait aidé en rien... Nos principales écoles datent d'avant la guerre de 1870... Les maisons ouvrières commencèrent à se bâtir en 1852... Tout ce qui se fait en notre ville est dû à notre propre effort... Nos millionnaires savent donner leur argent, et quand l'hôpital a besoin, par exemple, de 400.000 francs pour changer de local, plus de six manufacturiers se disputent l'honneur d'offrir la somme... Mais aujourd'hui, c'est clair! n'ayant pas de coton... c'est la misère... Ici nous recevons souvent des nouvelles en dépit des Allemands... Les déserteurs nous les apportent... La terreur et la ruine, voilà ce qui se voit à Mulhouse depuis que les Français durent l'abandonner une seconde fois !...

Le bon Alsacien qui, nous dit notre guide, était propriétaire d'une des maisons incendiées par l'artillerie allemande, se tourne vers le capitaine et, hochant mélancoliquement la tête, murmure :

— Il aurait mieux valu ne pas entrer une seconde fois, si l'on n'était pas sûr de pouvoir se défendre dans la place... Ainsi, du moins, l'on aurait évité ces représailles. Nous tous qui sommes connus pour nos sentiments français, vous voyez dans quelle condition nous nous trouvons... Ou fuir ou nous exposer à être fusillés... Et quant à nos maisons détruites...

— C'est vrai, — murmure l'officier, — c'est vrai...

Puis, tout à coup, voyant les bannières qui ondoient entre des accords de *Marseillaise,* il s'écrie :

— Pourquoi célébrez-vous l'anniversaire d'une date qui vous paraît si funeste ?

Riant d'un rire malicieux, l'Alsacien murmure :

— Pour les faire enrager ; vous savez que tout ce qui se passe ici, ils le regardent avec grande attention... Si nous ne célébrions pas l'anniversaire de la deuxième prise de Mulhouse, ils oublieraient la déroute de Dornach... Et il ne faut pas leur laisser oublier ces choses...

SOUS LE VOL DES OBUS

Le lieu vers lequel nous nous acheminons péniblement est une de ces hauteurs qui ont à peine un nom géographique, une simple crête de montagne, une de ces « cotes » quelconques qui, sur les cartes de l'État-major, répondent à un numéro mystérieux et qui, avant la guerre actuelle, étaient à peu près aussi vierges qu'une jungle de l'Inde. En effet, notre sentier pratiqué dans le roc est si rude que nous avons peine à nous figurer que d'autres hommes y ont passé. A chaque moment il faut nous accrocher aux racines et aux branches basses des pins pour ne point glisser parmi les ronces et la boue. A droite et à gauche le fourré s'étend, inextricable, en un labyrinthe de ravins.

— C'est dur, — murmurent mes pauvres compagnons.

Et le capitaine qui nous guide, et qui toujours s'efforce de sourire, de nous animer, de nous distraire, répond :

— Oui, c'est un peu dur... mais pas beaucoup...

Et il ajoute :

— Figurez-vous le travail qu'a exigé le transport des canons que nous avons sur la cime.

Pour ma part, je ne me le figure pas du tout. Monter par ici avec d'énormes pièces d'acier me paraît si invraisemblable que la réalité même ne me convainc pas.

— Est-il possible qu'un char, pour léger qu'il soit, passe par de telles pistes? — lui demandé-je.

— Un char! — s'écrie-t-il. — Non..., en aucune façon... Tout se transporte à dos de mules... les petites mules d'Espagne...

Quelques-uns de mes compagnons, désireux de montrer la force de leurs jarrets, plaisantent, assurant que l'ascension est agréable et qu'ils ne sont pas même fatigués. Seulement, parmi le murmure assourdi des torrents cachés et des noires ramées, notre respiration sans rythme trahit le harassement que tous, plus ou moins, nous ressentons. Un Suisse nous donne des conseils pratiques. Pour monter, paraît-il, il faut allonger le pas et le rendre très lent, tandis que pour descendre il y a lieu d'aller vite, avec un pas court. En outre, il est bon d'incliner le corps en avant...

Notre guide nous console enfin en nous indiquant une planchette clouée à un arbre, sur laquelle une flèche marque la direction du nord.

— Nous voici arrivés, — nous assure-t-il.

Et, en effet, peu à peu nous commençons à percevoir l'éclaircie finale et à sentir la caresse glacée de l'air des hauteurs. La tranchée, l'inévitable tranchée commence sur un plateau dont les pins, comme ceux de l'Hartmannswillerkopf, ont été tronqués et hachés par la mitraille.

Nous sommes sur une « cote » fameuse, que les Allemands ne crurent même pas nécessaire de fortifier, estimant sans doute qu'elle se défendrait par sa propre élévation, et qui sert actuellement aux Français à dominer les défilés et les vallées du voisinage. Il y a bien des points importants, paraît-il, qu'on aperçoit d'ici. Mais ce qui nous intéresse le plus, c'est un promontoire lointain sur lequel se trouvent les batteries ennemies. A l'aide de nos jumelles de campagne nous essayons en vain de le distinguer.

— S'il était possible de voir exactement où les pièces qui nous bombardent se rencontrent, — nous dit l'officier, — nous les aurions déjà détruites...

Puis, nous guidant par une tranchée, il nous conduit à l'endroit où se cachent les observatoires d'artillerie. Dans le trajet, un lieutenant qui sort d'une caverne se joint à notre groupe et nous assure avec mélancolie que, depuis hier, il n'a pas entendu une seule décharge. « Si vous étiez venus il y a trois jours, — ajoute-t-il, — vous auriez entendu un joli concert... Plus de mille obus tombèrent sur le secteur dans l'espace de quelques heures... Mais, maintenant, nous nous mourons d'ennui. » Ces paroles me remettent en mémoire certaine lettre sur la nostalgie du combat, dans laquelle un soldat disait à sa mère : « Le ronflement familier des obus et les mille petits ou grands bruits du front, on s'y attache si vite et si passionnément que, lorsqu'ils viennent à manquer, l'existence paraît insipide comme une marchandise qui a perdu son prix courant... » Tout, dans le lieutenant, indique le dégoût. Mais subitement, quand notre capitaine lui dit qu'il faut faire quelques tirs en notre honneur, sa physionomie s'anime et s'éclaire.

— Allons les réveiller, — s'écrie-t-il.

Un moment plus tard, à l'abri derrière un mur d'observatoire, nous essayons de voir au loin la fumée des obus qui éclatent. D'avance notre guide nous indique le point précis où nous devons fixer nos jumelles. C'est d'abord sur un bosquet isolé, au penchant d'une colline... ; puis sur un terrain nu qui paraît désert et dans lequel il y a une tranchée ennemie... ; ensuite sur un toit noir au milieu d'un champ... Et mathématiquement les bombes vont tomber là où nous avons posé notre regard et les colonnes de fumée montent l'une après l'autre en même temps que les éclatements lointains arrivent à nos oreilles. C'est un sergent qui transmet par téléphone les indications du lieutenant.

Enfin, aux rugissements éloignés répond un déchirement de l'air à peu de distance de l'observatoire où nous nous trouvons.

— Ils se sont réveillés, — s'écrie le jeune officier d'un air joyeux, comme s'il nous donnait une excellente nouvelle.

Puis il ajoute :

— Allons voir les batteries... Vous ne connaissez pas nos pièces de montagne ?... Par ici...

Après quelques minutes de marche dans un boyau fangeux, nous arrivons à une caverne où nous trouvons trois bouches à feu.

— Le voilà, notre 75, — murmure-t-il.

Et sa voix et son geste dénotent dès l'abord l'espèce de tendresse avec laquelle les Français considèrent leur fameuse pièce légère. Car il n'y a point de doute que ce que nul homme jusqu'ici n'a obtenu dans ce pays, la popularité absolue et la gloire familière, le « petit canon » y est arrivé dès le début de la guerre. Il faut voir à Paris les vitrines des boutiques pour le comprendre. Où y trouve-t-on les parfums Joffre, les encriers Joffre, les cigares Joffre ? Nulle part. Le silencieux conducteur des armées républicaines, on le respecte et on l'admire, on ne le tutoie pas. Par contre, le 75 sert à tout, aux broches comme aux pendants d'oreilles, aux étiquettes de bouteilles comme aux marques de caisses, aux objets les plus frivoles comme aux plus indispensables. Il y a des sardines 75, des gâteaux 75, du champagne 75, des bijoux 75. « La Banque de France devrait émettre des billets de 75 francs pour rappeler notre canon victorieux », disait récemment un député. Dans les music-halls, la chanteuse qui incarne, couverte de mailles de cuivre, le 75, est toujours la plus svelte, la plus belle.

Les chansonniers de Montmartre, enfin, ne chantent que le 75.

Eh bien ! petit canon, qui n'es plus une chose,
Mais un être agissant, digne d'apothéose,
Quand, à force de parler haut,
Ta voix imposera silence
Au croassement du corbeau,
Comme c'est toi sur le plateau
Qui feras pencher la balance,
Comme l'univers à jamais
Te devra l'éternelle paix
Et la France un nouveau prestige,
Il faudra que, sous l'Arc de Triomphe, on t'érige
Un piédestal en marbre de Paros,
Où, fondu tout en or, d'un or sans alliage,
Tu dresseras ta grande image
Dans cette armure de héros !

Et cette strophe populaire n'exagère pas : plus qu'une « chose », plus qu'une machine de mort, le 75 est un être, un protecteur, un compagnon, un je ne sais quoi de profondément français et de terriblement vivant qui a une âme et qui se confond et s'identifie avec le peuple qui l'a créé.

Notre capitaine s'approche d'une des pièces de la batterie et la caresse d'un geste plein de tendresse, comme les seigneurs qui, dans les tableaux de la Renaissance, passent la main sur l'échine de leurs chiens de chasse ou de leurs coursiers de bataille. Long, effilé, haut sur ses roues légères, l'illustre canon a dans la silhouette quelque chose qui fait penser aux lévriers castillans. Un maréchal des logis, brun, mince et nerveux, le tire au moyen d'une corde pour l'approcher du lieu où nous nous trouvons. Et les explications enthousiastes commencent.

— Le plus curieux, — nous dit l'officier, — c'est que cette arme, qui peut être regardée comme la plus parfaite qui soit, n'est pas le résultat de modifications successives, mais eut dès sa naissance ses principales qualités. A la fin de la guerre de 1870, en effet, constatant les avantages de l'artillerie qui se charge par la culasse, nous nous mîmes à étudier le moyen de fabriquer quelque chose de supérieur à ce qu'avaient jusqu'alors imaginé les Allemands. Le grand problème consistait à supprimer le recul après chaque coup afin de maintenir le pointage fixe durant tout le temps de l'action. Notre premier essai pratique fut la pièce de 90 qui, bien qu'exposée à des reculs sensibles, était aisément remise en sa place à chaque coup. Sa rapidité paraissait, il y a vingt ans, bien supérieure à celle de ses rivales allemandes de la même époque. Mais ce ne pouvait encore s'appeler la perfection. Ce fut le général Langlois qui le dit en toute franchise, préconisant l'emploi de canons qui ne reculeraient pas et signalant les travaux scientifiques exécutés par le capitaine Sainte-Claire-Deville et le colonel Deport, pour trouver un frein pneumatique applicable à l'artillerie. En 1897, Sainte-Claire-Deville soumit à l'examen d'une commission officielle un canon du calibre de 75mm, l'offrant à titre d'essai. L'essai était si impeccable qu'il fut adopté sur l'heure. C'est celui-là même que nous avons sous les yeux. Pour que vous vous rendiez compte de sa légèreté et de sa stabilité nous allons tirer quelques obus.

En un instant, le sous-officier qui manie la pièce et ses deux servants placent en batterie et commencent la manœuvre. Le premier servant ouvre la culasse et introduit le projectile, l'autre tire une ficelle et provoque le tir. Le maréchal des logis, debout près de l'affût, meut une roue pour corriger le pointage. Et tout s'exécute avec une légèreté, une précision, une propreté, peut-on dire, telles qu'on n'en éprouve presque aucun effet tragique. Les obus volent à travers l'espace pour aller provoquer, fort loin, on ne sait quelles hécatombes. Nous n'y pensons pas. Nous sommes devant un mécanisme admirable et nous n'en voyons que la valeur scientifique. Seconde par seconde, avec une rapidité qui déconcerte, on entend l'explosion, on voit la manœuvre et on perçoit le recul du tube d'acier dans son berceau.

— Halte ! — commande l'officier au bout d'une minute.

Et, se tournant vers nous, il nous dit :

— Nous avons tiré vingt-deux obus... c'est la moyenne... Parfois nous arrivons à vingt-cinq à trente... Avec un pareil frein il n'y a pas de danger que le tir se dérègle... Voyez... C'est un frein hydropneumatique à récupérateur, fondé sur la résistance qu'offrent le liquide et l'air combinés à un piston en mouvement... Le principe est très simple... Tout le monde le connaît... tout le monde peut l'appliquer... Pourtant notre 75 est toujours une pièce sans rivale.

Dès que le tir cesse, le sous-officier qui manœuvre la pièce s'en approche, la palpe, la secoue, la remue légèrement, passe les mains sur le tube, l'examine avec sollicitude, avec amour. On voit qu'homme et arme se sont identifiés grâce à un long commerce. Les roues des appareils de pointage obéissent presque automatiquement à ses moindres pressions.

— Il est chaud? — demande quelqu'un.

L'artilleur met sa main droite sur la culasse et, caressant l'acier, fait un geste qui veut dire : « Il est tel qu'il doit être. » Son visage respire la satisfaction et l'orgueil comme si le canon était son enfant.

Un de mes compagnons me dit :

— Ne trouvez-vous pas que ce maréchal des logis et sa pièce se ressemblent physiquement?

— C'est vrai, — répliqué-je.

Car, en réalité, le 75 est le symbole du guerrier français comme le 420 est l'image du soldat allemand. Je ne sais si quelque poète a eu l'idée d'incarner dans les deux merveilles de l'artillerie moderne l'âme des deux peuples qui les ont créées. Énorme et terrible, le 420 possède toutes les qualités mécaniques du militarisme teuton, avec ses innombrables roues rigidement combinées, avec sa robustesse sans mobilité, avec son aspect colossal. Sa voix de tonnerre ébranle l'espace et sa marche fait trembler la terre. Quand il arrive à un point stratégique, il faut des légions pour l'armer, pour le consolider, pour l'alimenter. « J'y suis, — semble-t-il dire, — et jamais plus je n'en bougerai. » Par contre, le 75 se glisse par les défilés, s'installe en un point quelconque, rugit, incendie, se remet en route, se cache dans le moindre pli de terrain, et soudain, quand nul ne remarque sa présence, reprend son œuvre dévastatrice; deux garçons robustes suffisent à le manœuvrer; ses aliments pour toute une journée de combat tiennent en un char; ses mouvements ont quelque chose de féminin et de félin; son cri même est joyeux, aigu, léger... C'est une panthère enfin, au lieu que son rival est un éléphant.

Au sortir de l'abri à canons, nous nous trouvons sur une ample terrasse d'où l'on découvre un immense panorama de collines et de plaines. A l'aide de nos cartes d'état-major, nous nous évertuons à mettre un nom à chacun des points qui saillent dans l'espace.

Notre guide se tait devant le tableau magnifique de la tragédie alsacienne.

Tout à coup, nous montrant dans le lointain un point vague, il dit :

— Là-bas, par derrière ces bois, les Allemands se défendront comme des démons... L'Empereur a plus d'intérêt à garder cette terre que n'importe laquelle de ses grandes forteresses... L'Empereur est un homme qui, au milieu de son mysticisme, ne perd jamais la notion des intérêts matériels... Et cent milliards de francs lui paraissent valoir la peine d'exposer la vie de 100.000 grenadiers.

Cent milliards! personne dans notre groupe ne paraît comprendre ce que cela signifie.

— Oui, Messieurs, — poursuit l'officier, — cette terre vaut 100 milliards, à ce qu'on prétend... Et il me semble que la prétention est assez jolie... N'est-ce pas?... Il s'agit d'une forêt et de deux ou trois plaines..., rien en apparence..., 20 kilomètres de long sur 12 de large..., un bois de pins traversé par la Thur..., quelques petits chemins poétiques..., quelques villages..., 100 milliards...

— Ce sont des mines de diamants? — s'écrie en riant un journaliste américain.

— Non, de charbon, sans doute, — dit avec beaucoup de sérieux un Hollandais.

— De sylvinite, — répond notre cicerone.

Et remarquant que nous ne sommes pas assez savants pour comprendre ce que cela signifie, il nous récite un merveilleux conte de fées qui n'est que la pure réalité.

Il y a dix ans à peine, paraît-il, ce lieu fantastique n'était qu'une forêt, la forêt de Nonnenbruck, et n'avait ni plus ni moins de valeur que n'importe quelle autre de ces forêts alsaciennes que l'imagination populaire a peuplées de gnomes et de sylphes. Les bûcherons y taillaient les pins avec parcimonie, et leur production totale donnait à peine de quoi vivre à dix ou douze hameaux. Mais un jour, un certain Vogt s'imagina qu'il pouvait bien y avoir sous la terre quelque filon carbonifère et il se mit à creuser les environs de Wittelsheim avec le concours matériel d'une petite vieille de Mulhouse. Ses premiers sondages ne révélèrent que du sable. A 300 mètres, à 400 mètres, à 500 mètres, du sable et rien de plus. Les campagnards se riaient de si vains efforts et les gens pratiques se demandaient si ces deux fous ne finiraient pas par faire un trou qui traverserait le globe de part en part. Seuls la petite vieille et Vogt continuaient à rêver de charbon et à creuser. Enfin, à 585 mètres, le sable disparut et fit place à une substance étrange, brillante, rougeâtre, cristalline. « Ah! désillusion des désillusions! » s'exclama la petite vieille. Mais son associé, après avoir analysé le minéral inattendu, pensa devenir fou de joie. Au lieu de houille vulgaire, le sol lui donnait des sels potassiques comme il n'en existait nulle part ailleurs au monde... Je ne sais si vous avez entendu parler de ces mines... Suivant un mémoire publié il y a trois ans, la couche minière entière comprend 172 millions de kilomètres carrés en profondeur et 84 en superficie, ce qui permet d'estimer à quelque 700 millions de mètres cubes la masse exploitable. Le professeur Forster compte sur 300 millions de tonnes pour la quantité de potasse pure, ce qui, au prix de cette matière en 1912, donnerait une somme de 65 milliards. Mais il faut noter que ce prix augmente chaque année, en sorte que le chiffre de 100 milliards n'a rien d'exagéré...

Quand notre cicerone achève de nous donner ces détails, je crois remarquer que mes compagnons contemplent avec un intérêt passionné la forêt lointaine, et l'on dirait même qu'avec leurs jumelles de campagne ils cherchent à découvrir non la terre même, mais le reflet des milliards. Le Hollandais surtout demeure comme halluciné devant les fourrés qui cachent le trésor, et par instants me murmure à l'oreille, de sa voix ingénue et pratique :

— Ça vaut la peine de faire la guerre...

Et sans doute, si la guerre était une opération commerciale comme au temps des Argonautes, où l'on n'avait point encore inventé les grands sentimentalismes humains, ou comme au siècle de Vasco Nuñez de Balboa, où l'on semblait les avoir oubliés, il faut avouer qu'il n'y a place en Europe qui vaille, plus que celle-ci, la peine de la conquête. Mais notre siècle est si étrange, dans son contraste intime entre idéalisme et positivisme, que l'officier à la fin s'écrie avec une noble sincérité :

— Tout cela ne nous paiera ni la cathédrale de Reims ni les vies des malheureux assassinés par les hordes du Kaiser...

Soudain une salve d'artillerie qui nous semble toute proche nous tire de nos rêves d'or. Dans l'espace, vers la droite, confondant leurs sifflements angoissants, passent plusieurs obus. Au loin, comme un écho, s'entendent de longs frémissements qui déchirent l'air.

Puis, un instant de silence...

Puis, répondant aux canons qui viennent de parler, d'autres canons, là, dans le fond, ouvrent leurs bouches de feu.

— Voilà le concert ! — s'écrie l'officier dont le visage s'anime.

Mais ensuite, avec un peu de mélancolie, il ajoute :

— Dommage que nous ne puissions entendre la voix des grosses pièces. Ici, sur ces hauteurs, les gros calibres sont rares et ce sont surtout les petites pièces qui abondent. Le 75 même, que l'on se figure le plus léger, le plus maniable, le plus menu, est énorme, comparé à son frère cadet, le 37. Celui-ci est un joujou...

Et c'est, en effet, en apparence, un joujou, un objet pour enfants, une machinette à faire sourire. Seulement ce joujou est la plus terrible machine de guerre quand il s'agit de tirer sur les formations compactes ou de défendre les défilés. A l'attaque d'une de ces collines, une batterie de 37 se comporta de si admirable façon et coopéra si bien au triomphe français, que les officiers allemands prisonniers ne purent que se demander s'il ne s'agissait pas de quelque nouvelle invention diabolique.

— Il ne s'agit que d'une vieillerie, — leur répondirent les Français.

Plus vieux que ces pièces qui ne datent que de quinze ou vingt ans sont les mortiers du début du dix-neuvième siècle, qu'on emploie actuellement dans la guerre de tranchées et qui, avec leurs gueules de bronze et leurs corps ramassés, semblent des trophées de quelque campagne très ancienne. Car cette guerre, entre autres absurdités, a celle de mettre à profit tous les instruments de mort inventés par nos arrière-grands-pères depuis la coulevrine féodale jusqu'à l'arbalète gothique.

— Et ce qui est étonnant, — m'assure un des journalistes de notre groupe, — c'est que le plus vieux est toujours le plus terrible.

Notre guide s'excuse d'avoir à le contredire.

— Le plus terrible, — murmure-t-il, — est le plus nouveau... Arbalètes et mortiers ne servent que pour lutter de tranchée à tranchée, et je suis assez tenté de dire que cette lutte ce n'est qu'un simple amusement. Les pièces modernes, au contraire, sont extraordinaires. N'avez-vous pas vu, près de Dannemarie, le viaduc rompu? Un seul coup de canon tiré à plus de 15 kilomètres suffit pour mener à bien ce chef-d'œuvre de destruction. Ce fut un 420, paraît-il... Ce n'est pas que la colossale pièce allemande soit la plus grande qui ait été construite jusqu'ici. Il existe à Gand un canon fondu au quinzième siècle, dont le calibre est de 620^{mm}, et au Kremlin de Moscou on voit le fameux mortier de 1.148^{mm} qui date de 1586. Que sont ces deux armes, cependant, comparées à un Rimailho? L'effrayant, c'est de penser à la puissance des explosifs et à la résistance des aciers actuels. Avec une bouche à feu de 30 ou 40^{cm}, forgée par Schneider ou par Krupp, on peut en peu de temps détruire n'importe quelle forteresse. La poudre noire est trois fois moins puissante que la nitroglycérine. Voyez...

Feuilletant son aide-mémoire de poche, l'officier nous lit quelques données qui, pour un artilleur, sont l'a b c de la science, mais qui, pauvres ignorants que nous sommes, nous surprennent et nous passionnent : 1 kilo de nitroglycérine peut soulever à 1 mètre de haut un poids de 620.000 kilos; la température de l'explosion est de 2.600° et jusqu'à 3.100° de chaleur.

Notre guide sourit en remarquant notre étonnement et, pour nous montrer qu'il n'y a rien d'exagéré dans les indications de l'aide-mémoire, il nous parle des effets d'un canon de 155^{mm}, système Rimailho.

— Avant la guerre, — nous dit-il, — cette pièce avait peu de partisans en France, bien que tous les techniciens reconnussent la perfection de son mécanisme. L'opinion générale était que ce que l'on pouvait faire avec elle, comparé à ce qu'on pouvait faire avec le 75, ne répondait pas à l'augmentation de poids et de dépense. En pratique, on a observé le contraire. Relativement léger, puisqu'il est facilement transportable par tous les chemins et ne nécessite pas de plates-formes spéciales, le 155 court est un instrument qui mérite bien d'être qualifié d'impeccable. Un jour, dans le Nord, un de nos observateurs nous signala, dans un village de Flandre, la présence d'un état-major prussien. Je commandais la batterie de Rimailho qui dominait l'endroit. Dès que je reçus l'ordre de tirer, j'ouvris le feu et j'envoyai cinquante-sept obus en quatre minutes. Quand je cessai le feu, le village avait disparu avec tous les militaires qui s'y trouvaient. Une autre fois, on nous signala un bosquet où venait de se masser un régiment bavarois entier. Ma batterie de 155, appuyée à droite et à gauche par deux batteries de 75, reçut l'ordre de bombarder la position. Six heures après nous pûmes compter 1.800 cadavres sur ce point. Le plus intéressant...

Un bruit étrange interrompt le discours de notre aimable cicerone. Sur nos têtes, à une hauteur considérable, un projectile vient de passer, déchirant l'air d'un sifflement lugubre. Durant quelques secondes nous pouvons suivre le vol sinistre, et tout à coup, à une distance que nous ne réussissons pas à calculer, la bombe éclate.

— Nous sommes dans la trajectoire du feu, — s'écrie l'officier.

Et remarquant sans doute que quelques-uns des nôtres paraissent tout à coup inquiets, il ajoute :

— Il n'y a pas de danger... Le tir n'est pas dirigé sur nous, mais sur un village qui se trouve à plus d'un kilomètre... Écoutez... Ce sont les nôtres... C'est le 75...

Un par un, de seconde en seconde, avec une régularité mathématique, les vols lugubres se succèdent dans l'espace clair. Un par un vont vers le nord les terribles oiseaux d'acier, laissant dans l'air qu'ils fendent un frémissement léger... Un par un les sifflements s'allongent tristement... Et je pense, avec une émotion profonde, que là-bas, à mille pas, les chaumières brûlent, les hommes meurent, la terre tremble.

— Ils ont trouvé le point exact, — s'écrie notre officier en voyant tous les projectiles suivre la même ligne.

Son visage s'anime d'une joie diabolique, et je me demande si dans son esprit s'agitent les mêmes visions de sang et de douleur qui me tourmentent chaque fois que j'entends le bruit d'une explosion. « Ce n'est pas possible, — pensé-je, — non, ce n'est humainement pas possible, que cet homme si fin, si doux, se réjouisse en imaginant des scènes d'épouvante. » Mais lui-même me répond, comme s'il avait lu dans mes yeux le doute qui m'oppresse :

— C'est admirable l'effet produit par un obus au milieu d'une troupe... Il semble briser une boîte de soldats de bois... Les jambes sautent en l'air, les têtes roulent sur le sol... Quel malheur que nous ne puissions voir d'ici !...

LES ALLEMANDS A SAINT-DIÉ

Comme Lunéville et comme Raon-l'Étape, Saint-Dié souffrit longuement de l'occupation allemande. Après une bataille terrible dans un bas-fond que les gens du pays appellent le « Trou de la Mort », les troupes de von Knoerzer réussirent, à la fin d'août 1914, à s'emparer de Sainte-Marguerite et à y installer leurs batteries dans de si fortes positions qu'elles eussent pu, sans grand effort, détruire en quelques heures la vieille cité épiscopale. Devant ce grave péril, le maire abandonna son poste, laissant ses malheureux concitoyens sans conseil et sans appui.

— Qu'allons-nous faire, s'ils se présentent sous nos murs? — se demandaient-ils tous.

Et les histoires de localités, dans lesquelles, ne trouvant pas d'autorités, les uhlans avaient fait prisonniers les notables pour les obliger à répondre de l'ordre public et des réquisitions, commençaient à circuler de bouche en bouche. Les plus peureux prirent alors le chemin du sud pour se réfugier à l'abri des forts d'Épinal. Les plus énergiques se réunirent et délibérèrent. Mais ils n'avaient pu s'arrêter à une résolution à la fois légale et pratique quand un parlementaire se présenta à la mairie avec une lettre, dans laquelle le chef des troupes ennemies disait :

« Monsieur le Maire, j'ai le devoir de vous communiquer que demain nous occuperons, au nom de Sa Majesté l'Empereur et Roi, la ville que vous administrez. Aucun civil ne sera molesté s'il ne porte des armes. Par contre, les maisons d'où l'on commettra des attaques ou des hostilités contre mes hommes seront brûlées. »

Perplexes, les conseillers municipaux ne savaient qui devait recevoir cette lettre et y répondre.

— Celui qui prendra la charge de la mairie, — observa quelqu'un, — sera responsable, et la responsabilité dans de pareils cas entraîne le risque d'être fusillé.

Un conseiller, M. Burlin, se leva et très tranquille répondit :

— C'est à moi que revient le devoir d'occuper le poste de maire, et je l'accepte comme le plus grand honneur de ma vie.

Puis il fit placarder une affiche recommandant le calme à ses compatriotes et donna ordre de hisser une bannière blanche sur l'Hôtel de Ville.

Tout ceci nous est raconté par un fonctionnaire à longue barbe blanche, qui se charge de guider dans la ville notre caravane de journalistes. A chaque pas, dès que nous pénétrons dans le faubourg de la Bolle, nous trouvons les traces du bombardement et de l'incendie.

— Les flammes, — murmure notre cicerone, — ça nous connaît...

Il n'y a ville, en effet, qui ait été aussi souvent détruite par le feu que l'aimable Saint-Dié. Depuis le onzième siècle, quand son insigne chapitre de chanoines dut, une nuit, se transformer en corps de pompiers, jusqu'au dix-huitième, quand le roi Stanislas pleura la ruine de ses nobles maisons conventuelles, chaque étape de son histoire correspond à un incendie. Sa grande rue actuelle, avec ses belles façades seigneuriales, fut construite, grâce à la munificence du bon monarque polonais, sur les ruines de 1757. Et le plus remarquable, c'est que, par une espèce de miracle séculaire, les flammes respectent toujours ici les monuments vénérables et les saintes reliques. Dans notre rapide promenade nous voyons le porche de la cathédrale six fois centenaire; la maison des Sages de Grèce, un des joyaux de l'architecture lorraine; le palais épiscopal, dont les antiques jardins ont un charme claustral...

Notre guide s'arrête devant chaque porte illustre et nous donne les dates.

— Ce qui est vraiment admirable, — nous dit-il, — c'est l'église de Notre-Dame-de-Galilée, commencée au douzième siècle.

Et certes, s'il y a un sanctuaire enchanteur dans

sa petitesse simple, c'est bien celui que les gens du lieu appellent avec tendresse la Petite Église. Mais je préfère m'arrêter devant un mur vétuste et sans beauté pour y lire une inscription qui rappelle la fondation de l'imprimerie du *Gymnasium Vosogense*.

— Pourquoi? — me demandent non sans ironie mes compagnons.

— Parce qu'ici s'imprima en 1507 un atlas dans lequel on donna pour la première fois au continent découvert par Christophe Colomb le nom d'Amérique, — répliqué-je.

Colomb, l'Amérique, le gymnasium, l'église même, que leur importe tout ceci à MM. les correspondants de guerre?... Une quelconque des maisons brûlées par les Allemands leur paraît, sans présenter même rien de particulier dans son noir éboulis, bien plus digne d'attention que les vieilles pierres ouvragées par les maîtres de jadis. Dans cette ville, à laquelle ils venaient avec l'espoir de contempler un tableau de désolation absolue, on dirait qu'il leur déplaît de voir tant d'édifices intacts et de ne pas entendre quelque histoire tragique d'assassinats. Ce doit leur paraître si pâle, à ces bons chroniqueurs d'horreurs, le récit d'une occupation militaire qui dure quinze jours et qui ne laisse aucun reflet de mélodrame!...

— Ils n'ont fusillé personne? — demande un Anglais.

— Personne, — répond notre guide.

Et il nous conte alors ce qui se passa du 27 août au 11 septembre.

— Après un bombardement qui dura quarante-huit heures, — dit-il, — tuant une pauvre femme et détruisant quelques maisons, les Allemands pénétrèrent dans la ville par la rue Thiers. Nos troupes avaient résisté avec une ardeur admirable jusqu'à ce que l'énorme flot de l'envahisseur les submergeât. Dans les faubourgs, les rues étaient couvertes de cadavres et, sur le chemin de Sainte-Marguerite, le nombre des morts était si grand que les chars n'y pouvaient passer. Plus de 2.500 Allemands furent enterrés par nos campagnards pendant ces journées. Le temps était chaud et les corps se décomposaient, remplissant l'air d'émanations asphyxiantes. Quels moments! Les nouvelles que nous recevions du Centre nous attristaient autant que notre propre situation. A leur entrée, la première chose que les Allemands nous racontèrent, c'est que M. Poincaré avait été fait prisonnier et que Paris était assiégé. Puis, en dépit des assurances qu'ils nous donnaient que personne ne serait molesté, nous eûmes la triste surprise de voir notre nouveau maire parcourir les rues entre deux gendarmes, comme un criminel. « Que feront-ils aux autres, — nous demandions-nous, — s'ils traitent ainsi le représentant de l'autorité?... » Mais, en justice, il faut dire que nos craintes n'étaient pas fondées (1). A part quelques menaces et quelques humiliations infligées aux notables, les habitants n'eurent à se plaindre d'aucune violence! Le 28,

(1) Le rapport officiel sur les atrocités allemandes nous fait voir que, contrairement à ce que l'on nous avait dit lors de notre visite à Saint-Dié, les hordes du Kaiser s'y montrèrent aussi barbares qu'en Belgique. Voici quelques extraits de ce rapport :

« C'est le 27 août qu'eut lieu l'envahissement de Saint-Dié. En arrivant, un officier arrêta le comptable Visser, qui sortait d'une cave de l'usine Blech, lui mit son revolver sous le menton en disant : « Vous nous conduire ! » et le fit emmener par ses hommes. Tout près de l'usine, M. Visser rencontra, encadré par des Prussiens, le sieur Chôtel, qu'on venait d'arrêter sur la route, et, quelques instants après, les soldats, qui pénétraient dans toutes les maisons, se saisirent d'un jeune sourd-muet, nommé Louzy, ainsi que du manœuvre Léon Georges. Tout à coup, un Allemand qui traversait la rue du Breuil ayant reçu une balle au visage, l'officier, furieux, s'écria : « Les voilà, vos sales Français ; ils tuent nos « soldats au coin des rues. » Puis il donna un ordre à ses hommes et dit brusquement aux prisonniers : « Vous, sur le « front ! Et en avant ! » Placés dès lors devant les troupes, les quatre otages arrivèrent bientôt en face d'une barricade derrière laquelle tirait un groupe de chasseurs alpins ; là ils se trouvèrent pris entre deux feux. Chotel s'affaissa sur les genoux ; se retournant vers les Allemands, il leur cria : « Lâches « assassins ! » et tomba mort. Peu après, Georges fut tué à son tour ; Louzy eut le poignet droit traversé et Visser reçut au ventre une balle qui, déviant sur deux pièces de 5 francs placées dans une poche de son gilet, lui fit une blessure grave, mais non mortelle.

« A l'hôpital dans lequel il a été soigné, M. Visser s'est rencontré avec deux jeunes garçons très grièvement blessés. L'un d'eux, Charles Perrin, âgé de quatorze ans, avait été atteint de deux coups de feu tirés par les Allemands pen-

les fonctionnaires municipaux réunis à l'Hôtel de Ville se mirent d'accord pour éviter ce qui pourrait donner prétexte à des représailles inutiles. M. Burlin, avec une énergie qui impressionna tout le

---

dant qu'il allait, en courant, faire une commission ; il est mort le 20 septembre 1914. L'autre, Paul Luquer, qui est également décédé, avait été frappé par un projectile, dans des circonstances qui sont demeurées mal déterminées.

« Vers 1h30 de l'après-midi, à l'angle formé par la rue de la Prairie et celle du 10e Bataillon, un soldat ayant aperçu le nommé Lafoucrière, âgé de dix-huit ans, le mit en joue et l'abattit, bien que ce jeune homme n'eût ni prononcé une parole ni fait le moindre geste de provocation. Un vieillard du nom de Tihay reçut aussi la mort sur la voie publique pendant qu'il était entouré d'ennemis ; mais il est possible que la balle qui l'a frappé ne lui ait pas été destinée et qu'il ait été victime de la bataille qui sévissait à ce moment.

« Pendant leur séjour à Saint-Dié, les Allemands ont donné libre cours à leurs habitudes de pillage et de dévastation. On les a vus briser, sous le péristyle de la mairie, un coffre-fort qu'ils avaient apporté à cet endroit ; ils ont dévalisé des caves ainsi que des magasins, et M. Badier, négociant en vins, à qui on a pris pour 35.000 francs de marchandises, a reçu d'eux un certain nombre de bons de réquisition, signés par des officiers de la 26e division de réserve et du 71e régiment de landwehr prussien. Le 29 août, ils ont mis le feu au quartier de la rue de la Bolle, et, pour empêcher toute possibilité de secours, ont fait rigoureusement garder pendant l'incendie les ponts qui relient ce quartier au reste de la ville. Quarante-cinq maisons et cinq usines ont été brûlées. Le même jour, deux soldats français d'infanterie de ligne et deux chasseurs alpins, surpris dans une cave par les Allemands, ont été conduits à l'angle de la rue de la Bolle et de la rue des Cités pour y être fusillés. Leurs cadavres sont restés pendant quatre jours sur la voie publique. »

monde, reçut la visite du général Knoerzer et lui présenta ses collaborateurs, lui rappelant sa promesse de faire respecter les vies et les biens des habitants. Le général lui répondit qu'il n'avait rien à craindre, à condition que les habitants, de leur côté, ne commissent aucun acte hostile contre les troupes. En conséquence il dicta l'avis suivant que le maire dut signer et placarder : « Quelques actes d'hostilité que le chef des forces impériales me signale m'obligent à prévenir : 1° que toute personne qui commettrait un attentat contre les Allemands sera fusillée ; en outre, sa maison sera brûlée ; 2° que les armes doivent être déposées aujourd'hui même à la mairie, avant 4 heures de l'après-midi ; 3° que la nuit, à partir de 8 heures, il est interdit de sortir et les sentinelles ont ordre de tirer sur les personnes qui circuleraient hors de leurs habitations ; 4° que les rassemblements sont défendus ; 5° qu'il est interdit de sonner les cloches et de faire des signaux pouvant être vus de loin ; tout cela sous peine de mort ; et 6° qu'il est interdit de sortir de la localité. » Quand cet avis eut été envoyé à l'imprimerie, von Knoerzer prit la parole et, s'adressant aux fonctionnaires, leur dit : « Les Français, en entrant en Alsace, prirent à Saales comme otages treize familles qui ont été internées dans le territoire de la Lorraine. Chacune de ces familles a droit non seulement à la liberté, mais à une petite indemnité. Comme je ne suis pas exigeant, je demande qu'on me donne pour répartir entre elles 39.000 francs. — Vous les aurez demain, répondit le maire. — Très bien, — s'écria le général, — mais il me faut aussi les familles. — Cela est impossible, puisqu'elles ne sont pas ici. — En ce cas, je prendrai treize familles de Saint-Dié. » En entendant cela, M. Burlin, désireux de défendre ses concitoyens à tout prix, offrit d'envoyer un de ses amis au quartier général français pour demander où étaient les otages alsaciens et essayer de les ramener à Saales. Souriant, le chef allemand murmura : « Je vois que nous nous entendons et que nous serons bons amis. — Bons ennemis, voulez-vous dire, — répondit le maire. » Peu après, un colonel bavarois décida d'envoyer une reconnaissance aux environs, où les troupes françaises continuaient de se défendre. « Un de vous, — ordonna-t-il, — accompagnera mes hommes et ainsi les Français n'oseront pas les attaquer. » Le conseiller Ferry s'offrit pour cette promenade périlleuse. Le lendemain, deux capitaines se présentèrent pour recouvrer les 39.000 francs et prétendirent qu'on leur donnât 39.000 marks. « La somme convenue, — leur dit le trésorier, — est en francs. Nous autres Français nous n'avons qu'une parole. » Tout s'arrangea. La vie de prisonniers de guerre des Déodatiens s'inaugurait, en somme, sous des auspices relativement bons. Les Prussiens ne se permettaient aucun acte de violence. Quand ils entraient dans les cafés, ils payaient ce qu'ils demandaient. Dans les rues ils ne molestaient personne. La population, au bout d'une semaine, commençait à perdre la crainte que les récits d'atrocités commises en d'autres lieux avaient fait naître en son âme. Mais subitement, sans que nul pût s'expliquer pourquoi, les incendies commencèrent à éclater. Un jour, c'était une maison du centre ; le lendemain, toute une rue des faubourgs, puis un édifice public. Et avec les incendies commencèrent mille vexations mesquines, mille humiliations incompréhensibles, mille exigences tyranniques. La population n'avait le droit d'acheter du pain, de la viande ou des légumes que quand les soldats avaient choisi le meilleur. Sans aucun prétexte on perquisitionnait dans les domiciles. Pour une phrase, pour un geste, on emprisonnait les notables. Et quand le maire courait à la Kommandantur se plaindre de tels abus, les chefs se contentaient de lui dire que les habitants se montraient hostiles et qu'il était nécessaire de les châtier. Les derniers jours surtout furent insupportables. Mais l'on avait, pour soutenir l'énergie morale, la certitude que l'occupation ne pouvait plus durer longtemps, puisque les nouvelles de la bataille de Nancy et du triomphe des troupes républicaines trouvaient leur confirmation dans l'inquiétude visible des Allemands eux-mêmes. Le premier qui disparut fut le général avec son état-major. Ensuite s'en allèrent quelques personnages mystérieux qui devaient être de hauts fonctionnaires civils. Enfin, le 10 septembre, le colonel Hoffmann, commandant de la place, convoqua le Conseil à une assemblée nocturne et lui fit comprendre que le moment était venu de quitter la ville. « S'il se commet un acte hostile, — ajouta-t-il, — je vous fusillerai tous. » Les conseillers, sûrs que les habitants désarmés ne tenteraient aucune attaque contre la masse formidable des envahisseurs, ne prirent pas la menace au sérieux. D'ailleurs, la joie de savoir que la ville allait se voir libre, que probablement les troupes françaises ne se trouvaient pas loin, que, du côté de Paris, la tragédie avait changé de face, leur firent oublier les humiliations et les périls pour leur permettre de penser à un avenir riant. Ils passèrent la nuit entière enfermés, avec des sentinelles à la porte et, le matin suivant, éprouvèrent une joie immense à voir les Allemands formés en colonnes qui commençaient à défiler par la route de l'est. Quelle allégresse dans toute la cité ! Le maire et les conseillers ne purent se contenir et exhalèrent leur enthousiasme devant les sentinelles. Quand vint le tour du colonel de se mettre en route, un officier fit sortir les fonctionnaires et les contraignit d'accompagner l'état-major jusque hors la ville. A chaque pas les Allemands disaient aux otages : « Si l'on nous attaque, nous vous fusillons. » Mais il ne se passa rien. La population regarda le défilé avec une ironie silencieuse. Les soldats étaient encore relativement loin. Enfin le maire et ses compagnons furent mis en liberté. Le chef ennemi descendit de cheval, appela M. Burlin et, lui serrant les deux mains avec effusion, le remercia de sa conduite. Un capitaine s'approcha ensuite de nos compatriotes et, les larmes aux yeux, murmura : « Dieu protège votre beau Saint-Dié... »

Le vieillard à la barbe fluviale qui nous raconte cette histoire s'écrie, après avoir contemplé les tours qui se dressent au loin :

— Au fond, Saint-Dié a été favorisé dans son malheur... Vous voyez...

Dans la ville, en effet, la vie ordinaire paraît s'être renouvelée, et de l'invasion il ne reste pas de traces sanglantes, comme celles qui, dans d'autres lieux de la région, produisent une sensation ineffaçable d'amertume et de haine. Les Allemands, sans doute, sont pour ces gens les ennemis séculaires, les voisins terribles et détestables, les Boches, en un mot. Mais ce ne sont pas les bourreaux d'enfants et de vieillards. Et d'ailleurs, pour embellir les plus tristes souvenirs, il y a un magnifique reflet d'orgueil qui illumine tous les regards.

— Le Trou de la Mort — disent-ils en désignant le nord — est là.

Et avec une éloquence rare dans les terres lorraines, ils parlent de cette bataille terrible, dans laquelle les chasseurs alpins, récemment arrivés des montagnes du Midi, défendirent pouce à pouce, dans une lutte légendaire, les défilés que les Allemands avaient décidé d'occuper. Les tombes ici sont innombrables pour attester l'ardeur de la lutte, et les simples inscriptions qui se lisent sur les croix, noircies par la pluie, constituent un des plus beaux chapitres du livre d'or dans lequel l'Histoire conservera pour les siècles des siècles les noms de ceux qui offrirent leur vie avec une magnifique générosité sur les autels des holocaustes sacrés et qui, animés du souffle sublime du patriotisme, donnèrent, en chantant, à la Patrie, le sang de leurs jeunes veines...

LES CAMPS DE PRISONNIERS

LES OFFICIERS

Avant de pénétrer dans l'antique forteresse qui sert de prison ou, pour mieux dire, de logement à une centaine d'officiers allemands, le capitaine français qui nous accompagne nous fait quelques recommandations pleines d'exquise générosité :

— Je vous supplie — murmure-t-il — de ne pas perdre de vue une seule minute que, pour un militaire captif, de quelque race qu'il soit, il est toujours humiliant d'apparaître comme un objet de curiosité. Déjà le chef du dépôt a annoncé votre visite aux prisonniers, avertissant ceux qui ne veulent pas être vus qu'ils peuvent rester dans leurs habitations et rappelant aux autres qu'ils ont parfaitement le droit de ne pas répondre aux questions qu'on leur adressera. Je m'en remets à votre courtoisie pour ne blesser en rien la dignité de ces officiers. Il y en a parmi eux qui non seulement sont incapables d'imiter la conduite de ceux qui ont incendié Louvain et Senlis, mais qui méritent, par leur héroïsme, le respect de tout le monde. D'ailleurs, Messieurs, il ne faut jamais oublier qu'un vaincu est un être sacré...

En ce lieu désert, au pied de ces vieilles tours gothiques, les paroles de notre guide acquièrent une importance morale qui nous impressionne. Sans doute, aucun de nous n'aurait été capable de blesser par des questions insidieuses les Allemands que nous allons visiter. Tous nous avons le respect des prisonniers, tous nous désirons être dignes des grands journaux que nous représentons. Mais il est certain qu'après avoir parcouru les régions incendiées et saccagées par l'envahisseur, nous n'attendions pas d'un officier français un discours si chevaleresque.

— Je ne sais si, en Allemagne, — s'écria un confrère italien, — on nous aurait parlé de la même façon dans un cas semblable.

— Oui, — réplique le capitaine, — oui... les Allemands, quoique barbares, ont dans le sang le respect des soldats ennemis.

— Pourtant, — insiste notre compagnon, — les plaintes des prisonniers français...

Notre guide ne le laisse pas achever :

— Ce n'est pas le moment de penser à cela, — conclut-il.

Bientôt, nous précédant, il nous fait entrer dans la vaste cour d'armes de la forteresse. Un silence de mort règne dans l'enceinte qui semble abandonnée. A côté du pont-levis une sentinelle s'immobilise près d'une guérite. Un colonel de réserve sort à notre rencontre et, après nous avoir salués, nous dit que « presque tous ces messieurs » sont disposés à nous recevoir, à converser avec nous, à satisfaire nos curiosités professionnelles.

— Il ne faut pas s'offenser, — ajoute-t-il, — de l'arrogance habituelle de leurs réponses. C'est une attitude qui leur est naturelle. Venez par ici...

Dans les galeries voûtées que nous parcourons, nous commençons à rencontrer des groupes qui se promènent. Tous les grades, tous les types, tous les uniformes, sont représentés ici, depuis le lieutenant élégant, récemment sorti de l'école, jusqu'au vieux major à barbe blanche. Les uns sont vêtus de la longue tunique grise sans galons; d'autres se cabrent, sanglés dans les dolmans bleus; quelques-uns étalent avec orgueil les uniformes clairs des gardes princières. Les bottes au vernis brillant abondent. Il n'y a guère de poitrine sur laquelle ne resplendissent quelques croix.

En se trouvant face à notre guide, les prisonniers saluent d'un geste rigide; mais aussitôt ils se hâtent de baisser la main, comme s'ils craignaient que nous autres, simples pékins, nous nous figurions que le salut s'adresse aussi à nos méprisables personnes sans uniforme. Nous, en effet, nous n'avons point d'importance pour eux. Sans effort, sans obéir à une consigne, il passent à notre côté sans tourner les yeux vers nous. Est-ce parce que notre curiosité les offense? Peut-être. Mais c'est aussi que l'exaltation produite dans leurs âmes par la guerre et par le malheur pousse au paroxysme leurs instincts de caste. Il y a quelques jours, le préfet du département, avec la plus grande courtoisie, demandait à un officier prussien d'un autre dépôt s'il n'avait besoin de rien.

— Vous n'avez pas le droit de m'adresser la parole, n'étant pas militaire, — répondit le prisonnier.

Que cela provoque de l'irritation on se l'explique. Mais comment ne pas avouer aussi qu'il y a quelque chose d'odieusement admirable dans une caste qui pratique et proclame ainsi, jusque dans les jours de plus grande humiliation, sa supériorité sociale, son orgueil sans limite, sa force de caractère?

— Voulez-vous que je vous présente à quelques-uns de ces messieurs? — nous dit notre guide.

Si nous le voulons? nous le voudrions tous... seulement nous craignons, non seulement pour nous, mais pour les officiers français qui nous accompagnent, qu'ils ne nous accueillent avec arrogance. Que ferions-nous si ce capitaine qui passe à côté de nous nous tournait le dos? Même nos compagnons « yankees », peu portés à s'arrêter à des scrupules psychologiques, paraissent hésiter avant d'accepter la présentation.

Et les Allemands continuent à se promener, tranquilles, durs, dédaigneux. Quelques-uns s'ajustent bien le monocle sur l'œil comme pour nous faire comprendre que, s'ils voulaient nous regarder, ils nous verraient. D'autres exécutent un pas analogue au fameux pas de parade, parcourant en quelques instants l'immense corridor. Beaucoup parlent haut, d'une voix où se décèle l'habitude du commandement.

— On dirait une gravure de Hansi, — murmure à mon oreille l'Italien.

Comme dans les caricatures du bon dessinateur alsacien, en effet, dans ce tableau triste et étrange de la réalité, les corps et les visages ont un allongement et une rigidité qui ne semblent pas naturels. Plutôt que par un système nerveux on croirait ces hommes mus par un mécanisme. Il y a quelque chose d'automatique dans leurs gestes, il y a quelque chose d'uniforme dans leurs traits, il y a beaucoup d'impersonnel dans leurs manières. Mais ce ne sont pas des sourires ironiques qu'ils nous inspirent, non, ce sont des réflexions graves et tristes. Est-il possible, — nous demandons-nous, — que la discipline en vienne à modeler ainsi toute une race en un moule de fer? Est-il vraisemblable que l'orgueil de caste arrive à effacer de cette façon dans un peuple entier les nuances qui constituent le caractère?

Notre guide nous dit :

— Nous avons un général...

Et il ajoute :

— Quand il a su que vous veniez, il s'est enfermé

dans sa chambre. C'est un Saxon, jeune d'ailleurs, de belle apparence et de nom aristocratique. Jusqu'ici nous n'avons pu obtenir qu'il nous parle de sa carrière, de sa famille, de son existence. Avec une simplicité admirable il se contente de la vie des autres officiers et jamais il ne se plaint, jamais il ne proteste. A diverses reprises nous lui avons rappelé qu'il a le droit d'écrire, de recevoir des lettres, de se faire envoyer les objets dont il a besoin. Il ne répond même pas aux lettres qu'il reçoit. Un jour il m'a demandé s'il était permis d'avoir des journaux. « Oui, — lui répondis-je, — anglais ou français. » Un sourire énigmatique se dessina sur ses lèvres, et je compris que les nouvelles de la presse alliée ne lui inspiraient aucune confiance. C'est le plus silencieux de tous... C'en est aussi le plus poli, le plus correct... Nous n'avons pas contre lui la moindre plainte...

— Et contre les autres ?...

— Non plus, — s'écrie notre guide, — non plus... Ils connaissent le règlement et s'y tiennent avec une exactitude d'horloge. Mais le règlement n'est pas très sévère... Vous verrez... C'est d'ailleurs le même auquel sont soumis nos officiers en Allemagne... L'espace dont ils disposent pour se promener, vous le voyez, est vaste. Pourvu qu'ils n'essaient pas de franchir la porte, tout le château leur appartient. Ils emploient le temps de la façon qui leur semble la meilleure : ils lisent, écrivent, chantent, jouent du violon ou de la flûte, font de la gymnastique, jouent aux cartes, aux dominos, aux échecs... La solde qu'ils reçoivent, selon les grades, est égale à celle que l'on donne aux nôtres en Allemagne. A la cantine, ils peuvent dépenser jusqu'à 25 francs par semaine. Ils peuvent recevoir de leurs familles vêtements, objets d'usage personnel, argent et provisions... Pour qu'ils ne croient pas que nous essayons de leur cacher la vérité, nous leur donnons tous les jours le communiqué officiel allemand et le communiqué officiel français... Il me paraît inutile de dire qu'ils affectent de ne prêter crédit qu'au premier...

— En ce cas, — dit quelqu'un, — ils doivent être sûrs de la victoire...

— Oui... en apparence... L'orgueil de race ne leur permet pas d'accepter, devant leurs adversaires, l'hypothèse d'une défaite... Mais, au fond, ils ont déjà perdu, en grande partie, leur belle confiance des premiers jours. Ceux surtout qui sont tombés prisonniers dans ces derniers mois montrent, quand ils sont seuls, une inquiétude très grande. Plus d'une fois, les sentinelles ont vu pleurer, en se cachant dans un coin, ceux qui manifestent le plus d'arrogance quand ils se trouvent en notre présence...

L'officier français s'éloigne un instant pour parler à un groupe de prisonniers, puis il nous fait signe de nous approcher.

— Ces Messieurs, — nous dit-il en nous présentant, — ont grand plaisir à saluer les journalistes des pays neutres.

Les Allemands font une légère inclinaison de tête. Puis l'un d'eux demande s'il y a parmi nous des Américains du Nord et, quand notre guide les lui indique, il s'avance vers eux et leur serre la main, en leur disant en anglais :

— Ma famille vit à New-York... Moi-même je suis né à New-York...

Profitant de l'occasion, le correspondant du *Herald,* qui ne perd jamais de vue son rôle de reporter, essaie de s'assurer de ce que son interlocuteur pense de la guerre :

— Êtes-vous au courant des nouvelles russes et françaises ? — lui demande-t-il. — Savez-vous les difficultés intérieures dont souffre l'Allemagne ?

Le prisonnier paraît réfléchir un moment. Ensuite il se tourne vers ses compagnons auxquels il parle en allemand. Enfin, très posément, il répond :

— Malgré notre captivité, nous sommes informés de ce qui se passe et, bien que les Anglais s'efforcent de faire croire que notre situation soit désespérée, nous ne la trouvons pas mauvaise. Non. Sur notre territoire il n'y a pas de troupes ennemies. Nos forces sont si énormes que nous pouvons envoyer des renforts à la Turquie. Sur le front oriental nous gagnons du terrain et nous nous approchons tous les jours davantage de Varsovie.

En France, nos tranchées sont inexpugnables et, si nous ne réussissons pas à avancer, nous ne reculons pas davantage. Une guerre comme la guerre actuelle n'est pas chose facile à terminer, et jamais nous ne nous sommes dissimulé les difficultés d'une campagne que nous ne désirions pas et que les Anglais nous ont imposée. Si nous ne nous trompons pas, tout l'effort futur consistera à s'approcher de Calais pour envahir l'Angleterre ; et, si Dieu nous vient en aide, la paix sera signée à Londres. Nous ne haïssons pas la France, dont les soldats se battent avec un héroïsme admirable ; en échange, nous haïssons l'Angleterre...

— Mais, et la bataille de la Marne ? — lui demande l'Italien.

Sans paraître l'entendre et s'adressant toujours au Yankee, l'officier allemand ajoute :

— Les Français, un jour ou l'autre, seront nos amis, quand ils se convaincront que l'Angleterre nous trompe tous et exploite notre sang...

Puis, les lèvres crispées, d'un ton rauque, il termine :

— Que Dieu châtie l'Angleterre !

Un grand silence règne dans notre groupe. Même le correspondant du *Herald*, en dépit de son aplomb, ne trouve pas une parole à dire. Le ton grave, convaincu, douloureux et quasi religieux de cet homme qui, bien que né à New-York, conserve par la seule force de son sang teutonique, au milieu de ses malheurs personnels, une foi invincible et inébranlable dans les destins de sa race, nous impose à tous le respect. Le premier à le manifester est l'officier français, qui, rompant le silence, nous dit en nous désignant le prisonnier qui nous a parlé :

— Monsieur est un des officiers qui ont le plus héroïquement lutté pour sa patrie.

Les deux militaires se saluent et leur attitude dénote la profonde estime que les guerriers, quand ils ont un noble caractère, savent avoir pour leurs adversaires.

Notre promenade par les galeries continue, lente, silencieuse. Nous voyons un réfectoire fort propre ; nous voyons quelques chambres meublées avec une simplicité monacale, mais d'une impeccable propreté ; nous voyons une vaste cuisine, d'où sort une odeur savoureuse de soupe saine ; nous voyons une salle dans laquelle jouent aux cartes quelques prisonniers... Et de tous côtés l'impression de bonté de la part des Français nous surprend et nous ravit, comme un reflet de siècles plus beaux et plus nobles que le nôtre.

— Si je pouvais vous présenter au général ! — murmure notre guide.

Tandis qu'un de ses officiers va demander en notre nom au général prisonnier s'il veut nous faire l'honneur de nous recevoir, le commandant du camp nous invite à entrer dans une salle vide.

C'est la bibliothèque, — nous dit-il.

Et nous montrant du doigt une centaine de volumes alignés dans un casier de sapin, il nous traduit quelques titres et nous indique quelques noms. Ici figurent, dans une intimité qui les aurait étonnés eux-mêmes, Heine et Xénophon, Homère et Nietzsche, Maeterlinck et von Bernhardi, Goethe et d'Annunzio, von der Goltz et Salluste.

— On ne peut dire que ces messieurs soient frivoles dans leurs lectures, — murmure en souriant le colonel.

Puis, reprenant son sérieux :

— Réellement, comme officiers, je ne crois pas qu'il y en ait au monde de plus studieux, de plus appliqués, de plus décidés à se consacrer corps et âme à leur carrière. Ah ! je sais bien qu'il y a parmi eux le militaire de salon avec sa montre d'or au poignet, sa brosse d'argent pour la moustache, son sourire perpétuel, ses manières presque féminines. Celui-là, sans doute, pense plus à faire un riche mariage qu'à consumer ses nuits dans la lecture de traités de stratégie. Mais il ne constitue pas la majorité, à beaucoup près. Le militaire allemand a ses défauts, qui peut le nier? Seulement il ne lui manque ni la solidité de l'instruction ni l'amour du métier. Le seul danger pour l'avenir, étant donnée l'importance qu'acquiert de plus en plus la démocratie jusque dans les pays les plus rétrogrades, c'est l'entêtement que met l'Allemagne à n'avoir que des officiers aristocrates. Il y a ici quelque cent militaires de tous grades depuis le lieutenant jusqu'au général. Eh bien ! je n'en ai pas rencontré, parmi ceux de l'active s'entend, plus d'une douzaine qui n'aient point de titres nobiliaires. La proportion n'est pas la même, malheureusement, dans l'armée entière. En 1907, suivant la statistique officielle, il n'y avait en Allemagne que deux colonels de famille bourgeoise. Parmi les capitaines et les lieutenants, le nombre est beaucoup plus grand, c'est clair, car le difficile est d'arriver aux grades supérieurs sans appartenir à l'aristocratie. Sur ce point, l'empereur Guillaume a fait tout le possible pour voir servir dans l'armée les fils de ses bons fonctionnaires et de ses admirables commerçants. Mais la puissance de la tradition est si formidable que la volonté impériale s'est brisée contre elle. Le militarisme, en dépit de tous les conseils, continue d'être dans l'Empire germanique une caste privilégiée, dont tous les membres se croient, sauf de rares exceptions, supérieurs au reste de l'humanité.

L'officier qui est allé solliciter une audience du général, revient nous dire qu'il n'a pu obtenir qu'il nous reçoive.

— Et pourtant, — s'écrie notre colonel, — c'est un de ceux qui ne se croient pas d'essence divine... Non... C'est un bon chef, instruit, plein de foi, loyal serviteur du Kaiser et patriote ardent... Il n'est cependant pas pangermaniste ni de ceux qui méprisent le reste du monde... Je l'estime beaucoup...

N'ayant plus rien à attendre dans la bibliothèque, nous continuons notre promenade à travers les corridors et les dortoirs. Tout brille de propreté; partout règne un ordre parfait; tout paraît neuf.

— Les officiers prisonniers ont-ils des ordonnances? — demandons-nous.

— Oui, — nous répond notre mentor, — un pour dix officiers... Allemands, bien entendu, choisis parmi les soldats des dépôts voisins... Et ne croyez pas qu'il soit facile d'en trouver... Volontairement peu s'offrent à servir leurs chefs... Il faut les y obliger, en les assurant que, tant qu'il sont en France, ils n'ont pas à craindre d'être maltraités... Ah! non!... La première chose qu'ici nous ayons exigée de tous ces messieurs, c'est qu'ils renoncent à leur manière de traiter leurs inférieurs. Un jour, un major, exaspéré que son ordonnance ne sût pas faire briller le vernis de ses bottes, lui lança une bouteille à la tête et lui fit au front une blessure. Conformément à la loi, on jugea cet énergumène et on le condamna... Peu après, un jeune lieutenant donna un coup de pied à son serviteur, et lui aussi fut condamné avec la plus grande sévérité. Depuis lors, il n'y a plus eu la moindre plainte à cet égard... Parce que, quand un militaire allemand sait qu'on ne lui permet pas de commettre un abus, il se garde bien de s'exposer à un châtiment humiliant pour son orgueil... L'orgueil, voilà leur grand ressort à tous... Par orgueil, ils se laisseraient brûler à petit feu sans exhaler la moindre plainte...

En écoutant notre colonel, que nous avions tous pris d'abord pour un réserviste et qui est, nous disent ses adjudants, un des plus éminents professeurs de l'École de guerre, nous arrivons à une cour dans laquelle quelques jeunes prisonniers se livrent aux exercices de la plus violente gymnastique. Pendu par les jambes à une barre fixe, un fort jeune homme roux supporte de ses bras le poids de deux de ses compagnons. A un trapèze, deux garçons sveltes se balancent et de temps à autre l'un d'entre eux se glisse à une corde jusqu'à rester suspendu dans l'espace par une seule main. Un homme déjà mûr sue et souffle en essayant de grimper à un mât lisse.

En nous voyant, les gymnastes suspendent leurs exercices, comme ennuyés que nous les ayons surpris ainsi, en manches de chemise, suant et peinant.

— Continuez, — leur dit le chef français.

Mais aucun d'eux ne paraît disposé à poursuivre ses exercices violents. L'homme au mât, surtout, donne des marques d'ennui et murmure entre ses énormes moustaches quelque chose que nous n'entendons pas, mais qui n'a sûrement rien d'aimable.

— Vous cherchez toujours à vous faire maigrir ? — lui dit notre guide.

L'autre salue sans répondre.

— Ils sont très attachés aux sports ? — demande le correspondant du *Herald*.

— Non ; il y en a peu qui se consacrent à ces exercices. En général, ils préfèrent l'étude, le travail, les calculs, le jeu, la causerie. S'ils le pouvaient, il est probable qu'ils prendraient plaisir à se réunir pour boire du champagne et célébrer bruyamment les triomphes que l'agence Wolff annonce tous les jours... Ah ! mais voici que depuis quelques jours... je ne sais pourquoi..., je ne suis pas parvenu à m'expliquer ce brusque changement..., mais ce qui est sûr, c'est que, depuis une semaine, on note parmi les plus francs un grand découragement... Les plus intelligents, les plus studieux sont ceux qui paraissent aujourd'hui les plus abattus... Je ne dis pas que ce soit qu'ils se croient vaincus, non... C'est une idée qu'on ne pourrait leur faire entrer dans le cerveau. Mais c'est sans doute qu'après avoir espéré que, l'hiver une fois fini, les troupes impériales prendraient de nouveau l'offensive, ils voient au contraire qu'elles ne sortent pas de leurs tranchées. D'ailleurs, avant la guerre, il n'y avait pas un seul officier allemand, non, pas un, qui ne fût assuré du triomphe... Tandis qu'aujourd'hui...

Le colonel s'arrête devant une porte et nous dit :

— Voulez-vous voir un des dix ou douze officiers qui n'appartiennent pas à l'aristocratie ?... C'est un capitaine de Hambourg, d'une famille de négociants, probablement juif, sinon de religion, au moins d'origine, et qui a fait de très sérieuses études. A la bataille de la Marne, il se conduisit admirablement et plus d'une fois sauva sa compagnie. Son héroïsme est de ceux qui inspirent le respect à ses amis et à ses ennemis.

Le colonel appelle à la porte et nous fait pénétrer dans une pièce étroite où il y a deux lits et une table. Un homme brun, beau, d'une quarantaine d'années, est là debout, près de la fenêtre, un livre à la main.

— Mon colonel! — dit-il en excellent français.

Et aussitôt, se tournant vers nous :

— Messieurs, je sais que vous êtes publicistes... Je n'ai pas voulu sortir pour vous voir, parce que voici longtemps que je me suis condamné moi-même à la prison cellulaire...

Le colonel sourit et nous assure que nous pouvons parler en toute confiance avec le capitaine.

— La preuve qu'il n'a pas les mêmes idées que ses compagnons, — ajoute-t-il, — c'est qu'il s'est battu vingt fois en duel pour des discussions relatives à sa carrière.

— Il ne faut pas tant généraliser, — dit l'Allemand. — Non... Ce n'est ni la totalité ni même la majorité de nos officiers qui répond à ce type grotesque et odieux popularisé par les caricaturistes de Munich. Non..., non... Il y a, même parmi les aristocrates, même parmi les plus fanatiques de leurs privilèges féodaux, des hommes à l'âme noble, à l'intelligence claire et d'une bonté infinie. N'avez-vous pas vu le général von H..., qui se trouve ici prisonnier? Il est d'une famille princière, appartient au parti conservateur prussien, est fils de militaire, pére de militaire..., enfin il n'y a pas dans tout l'Empire plus militaire et plus aristocrate que lui. Et pourtant, c'est un parfait gentleman, un chef doux, un admirable ami et un soldat d'une intelligence extraordinaire. Le malheur est que parmi nous, comme dans tous les corps très nombreux, ce qu'on voit le plus est ce qu'il y a de pire. Ah! ces officiers à monocle, grossiers, cruels, ambitieux, pleins de vanité extérieure, quel mal ils nous font! Dans nos petites villes de garnison, en Allemagne, ils sont arrivés par leurs intrigues, par leur insolence, par leur orgueil, par leur mépris de la population civile, à faire haïr l'armée entière. Si la paix avait encore duré vingt ans, notre peuple...

L'Allemand s'arrête, comme s'il redoutait de dire une parole trop risquée. Puis, changeant brusquement de conversation, il s'adresse au colonel français et murmure à voix basse :

— Mille remerciements... vous êtes vraiment aimable...

— De rien..., de rien...; ce n'est pas la peine d'en parler...

De quoi s'agit-il? Sans doute d'un de ces services qu'en passant gentiment et généreusement par-dessus les règlements, les officiers de tous pays savent rendre à leurs adversaires dans les moments de malheur.

Un de mes compagnons demande au prisonnier :

— Que pensez-vous de la guerre?...

Le colonel intervient et fait remarquer combien il est difficile à un militaire captif de parler de ce sujet. Mais l'Allemand s'écrie :

— Non..., non... ; ce n'est pas difficile... Je ne cache rien... Pour ne pas dire un mensonge, je me laisserais tuer... Je n'ai rien à taire, rien à craindre, rien à espérer...

Et regardant en face notre curieux compagnon, il l'interroge à son tour :

— Que désirez-vous savoir exactement?

— L'opinion générale des officiers allemands sur la fin de la guerre. Croient-ils encore au triomphe?... Acceptent-ils l'idée d'une défaite?...

Le prisonnier médite longuement, et les légères crispations de ses paupières, de ses lèvres, de ses mains, laissent voir qu'il cherche non une formule pour exprimer ses idées, mais une synthèse des multiples réflexions que la situation lui doit inspirer. Enfin, très lentement, d'une voix forte et claire, il dit :

— L'opinion générale, celle des jeunes officiers surtout, n'a point changé depuis le premier jour de la guerre jusqu'à aujourd'hui... Notez que, pour avoir la certitude du triomphe, ils ont leurs raisons... La Belgique occupée... une partie de la France occupée..., en Russie, une campagne heureuse. Mais il y a une autre catégorie de militaires, plus sérieux, plus instruits, plus âgés, plus estimables en somme, qui comprennent la difficulté de l'entreprise... Non... Un triomphe tel que nous l'espérions, il n'est plus personne ayant une idée exacte de ce qu'est la guerre qui le puisse espérer... Moi, pour ma part, je ne crois pas à un triomphe allemand... Mon âme de patriote souffre à dire cela... Mais ce n'est pas possible... La lutte s'allongera, durera des mois, voire des années... A la fin, ceux qui auront le plus à souffrir, ce sera nous. On ne peut lutter contre les coalitions... Napoléon... C'est une tristesse !... Un chagrin !... Un chagrin !...

Le prisonnier se tait et sur ses joues roule, silencieuse, une larme.

— C'est un brave ! — murmure le colonel français ému.

Et nous nous en allons. Nous nous en allons sans prendre congé, préoccupés, inquiets, déconcertés...

Nous nous en allons sans avoir vu ce que nous espérions voir, quelque chose d'animé et de pittoresque... Et de notre visite, quand demain nous voudrons l'évoquer, la seule chose peut-être qui reparaîtra devant notre esprit, avec un relief profond de vie et de passion, sera la larme de l'officier qui pleura devant nous les malheurs de sa patrie.

LES SOLDATS

Notre première vision est d'une tristesse infinie. Dans un immense espace ceint de hautes murailles grises, les tentes forment un campement désolé. On ne voit pas un être humain; on n'entend pas une voix. La pluie froide nous fouette au visage et nos pieds s'enfoncent dans la boue.

L'officier qui nous guide soulève la toile qui sert de porte à la première tente et sur-le-champ, comme mus par un ressort, les prisonniers qui s'y trouvent assis autour d'un poêle se mettent debout et s'immobilisent, rigides, faisant le salut militaire. Ce sont huit jeunes hommes blonds, grands, robustes, dont les yeux ne révèlent ni mélancolie ni orgueil, mais une résignation passive.

Sans dire un mot, nous passons à la tente suivante, puis aux autres tour à tour... Partout le même mouvement automatique se répète avec la même rapidité sèche, dans le même silence pénible.

— Vous pouvez les interroger, — nous dit notre guide.

Mais personne ne s'avise de le faire, par la crainte vague d'entendre des plaintes déchirantes s'exhaler de ces lèvres pâles ou de voir trembler une larme dans ces pupilles grises.

On a dit tant de choses navrantes sur la vie des malheureux captifs! Il y a peu de jours, l'édition espagnole des *Hamburger Nachrichten* publiait une série de lettres dans lesquelles les prisonniers allemands se plaignaient de la faim, du froid et des mauvais traitements. Dans ces mêmes dépôts de Touraine, suivant une de ces lettres, la vie était si cruelle que, « sans la certitude d'une prompte victoire et, avec la victoire, de la liberté, les malheureux guerriers du Kaiser aimeraient mieux se donner la mort que de continuer à porter un joug si douloureux ».

Ce que nous voyons, à dire vrai, nous montre du premier coup la fausseté de ces accusations. Des vastes cuisines établies dans des baraques en planches monte une saine odeur de bonne soupe. Les boulangeries de campagne travaillent en plein air. Les brasiers brillent sous les tentes. Mais, comme ce n'est pas seulement de pain que l'homme vit, nous sentons toujours la crainte des lamentations.

— Mettons-nous à leur place, — pensons-nous. Et rien qu'à nous imaginer que nous faisons partie du grand troupeau vaincu, un frisson secoue nos nerfs.

— Ces soldats, — nous dit l'officier, — travaillent habituellement dans les champs et sur les routes; mais, quand il pleut comme aujourd'hui, ils restent sous leurs tentes.

Puis, contemplant le campement, il ajoute :

— Ce sont les tentes mêmes de nos soldats... Ici, avant qu'on nous envoyât des Allemands, nous avions un régiment français...

— Et la discipline? — demande l'un de nous — c'est la française ?

— Non, c'est l'allemande, un peu adoucie. Les sous-officiers allemands continuent d'exercer leur commandement, et ils répondent de l'ordre. Le soir, ils font leurs exercices militaires comme s'ils étaient dans leurs casernes. Mais, heureusement, les sergents ne peuvent plus, comme s'ils étaient chez eux, traiter à coups de pied les soldats. Quand l'un d'eux oublie qu'il se trouve en France et frappe un de ses hommes, on lui retire son commandement et on le condamne à quelques jours de prison. Les pauvres soldats, au début, ne comprenaient pas ce système. Ils sont si habitués à être maltraités par leurs supérieurs ! Peu à peu, néanmoins, un sentiment général de dignité humaine a pris naissance dans leurs âmes, et actuellement aucun d'entre eux ne tremble quand un sous-off lui adresse la parole. L'exemple de notre discipline démocratique les a changés complètement. Voyant que, chez nous, même la plus humble recrue parle affectueusement à ses supérieurs et que, hors du service, l'égalité est un dogme, ils vont acquérant peu à peu la conscience du respect d'eux-mêmes. Les seuls qui ne veulent rien entendre sont les sous-officiers, pour lesquels un homme sans galon est un être inférieur, presque un esclave. Et le curieux est qu'ils sont sincères... Oui... La méthode prussienne leur a inculqué une telle idée de la hiérarchie qu'il n'y a pas moyen de les convaincre qu'il est infâme de frapper un inférieur. Avec une franchise pleine de mélancolie, ils nous disent : « Vous ne connaissez pas nos soldats qui n'obéissent que par crainte. » Et c'est nous qui avons à leur démontrer que le soldat allemand, bien que dénué de la vivacité et du sens d'initiative des soldats de race latine, est intelligent et subordonné. Ici, dans ce dépôt, par exemple, nous avons mille et quelques Prussiens, gardés par quelques-uns de nos officiers de territoriale, déjà blancs, très doux, parfois jusqu'à la faiblesse, comme de bons bourgeois pères de famille. Eh bien ! jamais nous n'avons eu à réunir le Conseil de guerre pour juger un acte d'insubordination ou une faute grave. Avec un sentiment un peu mécanique de la vie, ils accomplissent exactement leur devoir, puis s'enferment dans leur tentes et demeurent des heures tranquilles, presque sans parler. Leur demander de faire quelque chose à quoi ils ne sont pas accoutumés est inutile. Il n'y a point d'initiative en eux. Même pour les petites commodités de la vie, ce sont les nôtres qui ont à s'ingénier en leur faveur. Mettez-leur leur paillasse sur le sol, ils l'y laisseront sans penser à chercher une planche pour s'en faire un lit ! Que dis-je ! Leur grande passion à tous est la gourmandise. Quand ils mangent, leurs yeux pâles s'animent, leurs visages s'égaient... Eh bien! avec les provisions qui servent aux nôtres pour apprêter des plats variés, ils feraient toujours le même rata, et de la même façon, sans nos cuisiniers qui leur donnent des conseils.

— Ce n'est pas vrai qu'ils se plaignent de la nourriture comme insuffisante et mauvaise?

L'officier se met à rire.

— Avez-vous jamais vu des soldats qui ne se plaignent pas de la nourriture? — s'écrie-t-il.

Puis, reprenant son sérieux :

— J'ai un frère, simple soldat, qui est prisonnier en Allemagne au camp de Ludwigsburg, près de Mannhein. C'est mon unique frère, mon unique famille, mon unique affection. Pour lui je donnerais ma vie avec plaisir. Eh bien! la seule chose que je souhaiterais pour pouvoir dormir tranquille, c'est de savoir que nos ennemis le traitent et le nourrissent comme nous nourrissons et traitons les Allemands que vous voyez ici.

L'un après l'autre, timidement, quelques prisonniers sont sortis de leurs tentes et nous contemplent, à vingt pas de distance, étonnés de nos vêtements civils. Dans la clarté grise du jour, leurs silhouettes grises se détachent lamentablement. Des mois de captivité ont usé leurs uniformes, et leurs bonnets de police n'ont plus de forme. Quand ils ne s'immobilisent pas dans leur salut rigide, ils n'ont rien de martial. Chaussés de sabots, engoncés dans des cache-nez improvisés avec des lambeaux de couvertures, ils ont du spectre dans leur silence perpétuel.

— Interrogez-les, — nous dit l'officier en s'éloignant pour que nous ne nous figurions pas que sa présence peut influer sur les réponses que nous obtiendrons.

M. Cohen, journaliste hollandais, adresse la parole en allemand à un groupe. Les prisonniers se mettent au garde-à-vous.

— Êtes-vous satisfaits ? — leur demande-t-il.

Aucun d'eux ne répond; mais un triste sourire se dessine sur les lèvres du plus jeune.

— Les Français vous traitent-ils bien ?

La réponse en chœur est nette :

— *Ja.*

Et ils le disent en toute franchise, à voix haute, sans la moindre réticence.

— *Ja... Ja...*

— La nourriture?

Arrivés à ce point, les regards semblent se consulter un peu inquiets, un peu incertains. Enfin l'un d'eux s'écrie :

— Nous recevons des colis postaux de nos familles.

— Oui, — insiste Cohen, — je le sais. Mais ce qu'on vous donne ici, est-ce bon?... est-ce abondant?...

— Le pain est abondant... Une livre et demie par jour... La viande, non, depuis qu'on a diminué les rations...

— Mangiez-vous mieux dans vos régiments, en Allemagne ?

Nouveau silence, durant lequel tous paraissent en quête d'une formule pour exprimer leurs idées. Puis un geste vague ; enfin, un « non » timide, suivi de cette phrase significative :

— Ce n'est pas la même chose quand on est dans son pays...

L'officier s'approche alors et nous invite à visiter les bureaux où se trouvent les archives du camp.

— Elles sont curieuses, — nous dit-il.

Et elles le sont, en vérité : elles sont terriblement, sinistrement curieuses. En y entrant, la seule chose que l'on voie est une vaste table de pin, devant laquelle un militaire feuillette une collection de carnets malpropres. Puis, en regardant mieux le fond de la pièce, on découvre quelques étagères légères sur lesquelles s'accumulent des cartes postales et des lettres fermées.

— Avant de mettre à la poste la correspondance des prisonniers, — nous dit notre guide, — on la lit ici. Par ici passent également les lettres que leurs familles leur écrivent d'Allemagne... Mais ce n'est pas le plus intéressant...

L'intéressant, en effet, ce sont les fameux carnets qui se trouvent sur la table.

— Nous pouvons les feuilleter ? — demande l'un de nous.

— Je crois bien ! — s'écrie l'officier.

Parmi les manies militaires de l'Allemagne, l'une des plus anciennes et des plus enracinées est d'écrire jour par jour les impressions de la vie de campagne. Le fameux livre de Goethe que tous nous nous sommes mis à relire dans ces moments tragiques, avec un intérêt passionné, n'est qu'un carnet comme ceux-ci. Ainsi que le plus humble grenadier prussien, le grand poète de Weimar allait notant, à mesure que les troupes avançaient en territoire ennemi, les péripéties de son existence guerrière, sans omettre ni les incendies, ni les fusillades, ni les pillages. Car les Allemands ont toujours eu la coquetterie de leurs crimes. Le 5 octobre, à Sivry, Goethe écrit : « Cris d'angoisse et de détresse : nos soldats, sous prétexte de chercher du fourrage au grenier, s'étaient mis à piller et fort maladroitement, enlevant à un tisserand ses outils, parfaitement inutiles pour eux. » A Verdun, ce ne sont pas les soldats seuls qui pillent. Logé dans une maison élégante, le grand poète s'installe dans la bibliothèque et, après avoir examiné quelques brochures curieuses, il note : « Je lus ces ouvrages avec une véritable émotion et j'en emportai quelques-uns. » Comment, après cela, nous étonner de ce que nous découvrons aujourd'hui dans les confessions des envahisseurs de la Belgique ?

— Le pillage n'est rien, — nous dit l'archiviste du camp. — Je ne crois pas avoir rencontré un seul carnet qui ne parle d'objets dérobés. Il semble qu'ils auraient honte de ne s'être pas emparés de quelque chose. D'un ton fort naturel, comme s'ils marquaient leurs achats, tous notent scrupuleusement ce qu'ils volent. Voyez...

Et, ouvrant quelques cahiers, il nous traduit les confidences de rapines, toutes pareilles, toutes ingénues dans leur absolu cynisme, toutes vulgaires, d'une vulgarité sans goût et sans jugement. Ils volent pour voler, et ils ne s'attristent que quand il leur est impossible d'emporter ce qu'ils ont volé. Un sergent bavarois s'attendrit devant une machine à coudre qu'il voulait envoyer à sa femme et il écrit : « C'est un chagrin que de devoir laisser ici ce qui aurait tant plu à Marguerite. » Un autre s'enthousiasme devant un lit et pense comme ses fils y seraient bien pour dormir. Mais la plupart se montrent plus pratiques et bourrent leurs sacs d'objets légers qui se peuvent vendre.

— Le chapitre le plus divertissant, — ajoute l'officier, — est celui du boire et du manger.

Devant les caves pleines de bouteilles, en effet, il n'est guerrier germain qui ne s'extasie. « Heureux pays, — écrit l'un, — où partout il y a de bonnes choses à boire ! » Un autre dit : « Dans la cave, quand nous arrivâmes, le vin des barriques rompues nous arrivait aux chevilles et rien qu'à respirer on se sentait renaître à la vie. » Quelques réservistes s'élèvent jusqu'au lyrisme en contemplant les interminables galeries d'Épernay et de Reims, dans lesquelles les bouteilles étaient alignées comme des régiments. Et les jambons, Seigneur mon Dieu ! Et les saucisses !... Ceux qui peuvent prendre d'assaut une vénérable cuisine de vieille hôtellerie lorraine et caresser de leurs mains ensanglantées les pâtés et les boudins, oublient les fatigues de la campagne et s'abandonnent, des heures durant, à l'ineffable plaisir de bâfrer. Les plaisanteries de Heine sur le ventre allemand s'éclairent aujourd'hui d'une clarté grotesque et tragique. « Tous mes hommes, — confesse un médecin dans ses notes sur Liége, — sont malades d'avoir bu et mangé. » Mais comme, pour être médecin, il ne laisse pas d'être tudesque, quelques pages plus loin, à propos de la prise de Namur, il parle avec une véritable volupté d'une magnifique dinde rôtie et de l'abondance du vin : *unmenschlich viel Wein...* Pourtant, à côté des notes pantagruéliques sur les caves pillées et les cuisines conquises, apparaissent les plaintes des jours de pénitence. Et il faut voir la sèche irritation des éveils sans pain et sans lard ; il faut entendre le ton amer, désolé, presque tragique dont ils pleurent le manque de victuailles; il faut s'arrêter longuement aux méditations pessimistes que leur suggère l'appétit. C'est après un de ces jours où il n'a pas été possible d'allumer les fours de campagne, et où la répartition du pain n'a pu avoir lieu, que les plus ardents chanteurs du *Deutschland über Alles* avouent que les choses ne vont pas aussi bien qu'ils se le figuraient au sortir de l'Allemagne. « Notre capitaine, — écrit un réserviste ingénu, — nous assure que nous nous trouvons aux portes de Paris ; ce qui est certain, c'est que voilà trois jours que nous passons sans recevoir notre ration complète. » Le mirage illusoire de la cité sainte ne suffit même pas en effet à calmer les inquiétudes du terrible ventre germanique.

L'archiviste sourit à la lecture de ces confessions culinaires. Mais son sourire ne dure qu'un instant. A peine tourne-t-il quelques pages, voici les visions macabres qui commencent.

— Écoutez, — nous dit-il.

Et le martyrologe débute, froid, méthodique, implacable, incroyable.

« Nous avons fusillé les habitants d'un village par ordre supérieur. »

« Le 30, nous étions à Louvain ; l'aspect était triste ; la ville entière brûlait ; les étudiants tentaient de s'échapper, mais nous n'en laissâmes pas fuir un seul ; nous chassions à coups de fusil ceux qui couraient. »

« Les habitants de Courtacon reçurent nos troupes d'un air hostile ; toutes les maisons furent brûlées ; quelques villageois fusillés. Les femmes aussi. »

« Une fillette, sur la porte de sa maison, où se cachaient des soldats belges, fut traversée d'une baïonnette et sa tête faisait des grimaces qui excitaient le rire. »

« Les habitants s'assemblèrent à l'église pour ne point répondre à nos ordres de réquisitions; c'est pourquoi nous dûmes mettre le feu à l'église sans les en laisser sortir. Tous périrent dans les flammes. »

« Des femmes mortes sur la route de Vareddes avaient l'aspect de grenouilles, bouches bées. »

« La ville semble riche à en juger par les maisons et les boutiques. Dans les rues cependant il y a de nombreux cadavres de civils fusillés, qui exhalent une horrible odeur de putréfaction. L'odeur nous poursuit sans nous laisser respirer. Devant une porte on voit les cadavres de toute une famille : père, mère, enfants. Au milieu des cadavres il y a aussi des chevaux morts. Des porcs en liberté vaguaient par ici quand nous arrivâmes et semblaient manger les cadavres. Nous les tuâmes. Actuellement on ne voit plus que quelques lapins qui courent de tous côtés. Dans les rues, meubles, vêtements, châssis brisés. Les ruines du château sont aussi en feu. »

« Nous avons également détruit huit maisons avec leurs habitants. Dans une seule maison ont été tués à coups de baïonnette deux hommes avec leurs femmes et une jeune fille de dix-huit ans. La jeune fille avait un regard si innocent !... Mais il n'y avait rien à faire contre la foule surexcitée, car alors ce ne sont pas des hommes, mais des brutes. Nous sommes sur la route de Sedan. »

« A Langervillier, les Saxons avaient pendu aux arbres quelques femmes; trois étaient jeunes et belles et, en passant près d'elles, les soldats les tiraient par les pieds. Quelques-uns les faisaient se balancer, leur passant les mains sous les jupes. »

« Le soir, à 10 heures, le 1er bataillon du 178e arriva au bourg incendié, au nord de Dinant. Spectacle triste et d'une beauté terrible. A l'entrée gisaient une cinquantaine de bourgeois, fusillés pour avoir tiré contre nos troupes traîtreusement. Dans le cours de la nuit, on en fusilla beaucoup d'autres et nous pûmes en compter plus de deux cents. Femmes et enfants, lanterne en main, se virent obligés d'assister à l'horrible spectacle. Puis nous mangeâmes notre riz parmi les cadavres, parce que, depuis le matin, nous n'avions rien mangé. »

« Parux (Meurthe-et-Moselle) est le premier bourg que nous brûlâmes; ensuite commença la danse : les bourgs, l'un après l'autre; à travers champs, nous fûmes en bicyclette jusqu'à un fossé au bord du chemin et nous y mangeâmes des cerises. »

— Voulez-vous que je poursuive? — demande l'archiviste.

Et il ajoute :

— Il y a des choses aussi horribles que l'épisode des femmes de Langervillier.

Personne ne répond. Une atmosphère de malaise et d'angoisse remplit la pièce froide. Malgré notre curiosité professionnelle, nous ne nous hasardons pas à demander que l'on continue de nous montrer cette horrible galerie de tableaux de guerre. Tant qu'il s'agissait de cuisines et de caves pillées, nous souriions tous et tous nous cherchions des notes comiques dans le monceau des carnets. Maintenant que nous nous trouvons en face de la réalité des crimes, nous sentons une crainte instinctive de découvrir quelque chose de plus cruel que ce que nous avons déjà vu. Si c'étaient des scènes de lutte, même de lutte féroce, nous pourrions toujours y trouver des héroïsmes à admirer. Mais il paraît que les batailles tiennent bien moins de place dans les confidences allemandes que les massacres de villageois, les exploits de pillage, les souvenirs d'incendie.

— Pourquoi le Gouvernement français ne publie-t-il pas ces confessions ? — demande enfin quelqu'un.

L'officier répond :

— Probablement, il les publiera plus tard... Après la victoire... Elles sont si nombreuses !...

Au sortir de la salle des archives, en nous retrouvant dans l'immense campement, notre première pensée est de nous demander si ces soldats tranquilles qui se promènent mélancoliquement autour des tentes sont réellement les mêmes qui ont écrit sur le champ de bataille les confessions que nous venons de lire. A les voir sans leurs armes, sans leurs casques, passifs et résignés comme un troupeau, rien en eux ne révèle les farouches instincts de leur race. Et ce qu'il y a de plus extraordinaire, c'est que, durant les longs mois passés ici, jamais aucun d'eux n'a donné la moindre marque de rébellion ou de violence. « Ce sont de vrais enfants », nous disent les officiers qui les gardent. Avant d'être des enfants captifs, cependant, ils furent des héros, et ils furent des bêtes fauves. Leurs mains se tachèrent du sang non seulement d'adversaires armés comme eux, mais aussi de malheureux vieillards sans défense, qui s'agenouillaient implorant leur pitié. Ah ! les sinistres confessions des carnets ! Leurs auteurs sont ici, leurs auteurs sont parmi ces hommes... Je les vois maintenant un à un, cherchant sur leurs visages quelque chose qui indique des passions fortes, et la seule chose que je découvre est la placidité uniforme des lèvres, le calme clair des pupilles, le fatalisme alangui des attitudes... Est-ce ce blond anguleux, à la barbe rousse, qui célébra avec des rires le martyre d'une enfant belge !... Est-ce ce colosse hirsute qui brûla l'église où s'étaient réfugiés les habitants d'un village ?... Est-ce cet éphèbe rose qui comparait les femmes mortes à des grenouilles!... Non..., aucun d'eux n'a l'aspect féroce. En les observant avec attention, ce qui paraît en eux le plus caractéristique, au contraire, c'est la timidité. Lents et taciturnes, ils se promènent, caressant en apparence des souvenirs nostalgiques de la patrie lointaine. Quelques-uns nous sourient avec douceur. Tous semblent tranquilles, comme si aucun remords ne tourmentait leurs nuits. Ce sont eux néanmoins qui ont écrit les notes que nous venons de lire. Et je pense, attristé, à l'insondable mystère de l'âme humaine, au mensonge de chaque visage que nous contemplons, à la folie sanguinaire qui peut sommeiller dans les êtres les plus paisibles...

CEUX QUI TRAVAILLENT

Sont-ce vraiment les mêmes prisonniers que nous avons vus il y a trois jours dans un dépôt des environs?... Comme le temps, jusqu'à hier gris, froid, pluvieux et aujourd'hui rayonnant de soleil, leurs visages se sont complètement transformés. Ils ne se promènent plus, d'un air de résignation douloureuse, autour des tentes obscures. Ils n'inclinent plus la tête, comme courbés sous un accablement infini. Ils ne se montrent plus hermétiques et énigmatiques dans leurs paroles. Mais ce n'est pas le temps, non, qui a opéré cette métamorphose, c'est la généreuse gentillesse de leurs compagnons français. Là-bas, dans le campement, isolés comme un troupeau, sans autre communication avec l'extérieur que les lettres plaintives qu'ils reçoivent de leurs familles, sans autre horizon que les hautes murailles de leur geôle, sans autres plaisirs que ceux de l'heure de la soupe, ils paraissaient réellement des êtres vaincus pour toujours et pour toujours incapables d'un sourire, d'un enthousiasme, d'une joie. Ici, dans les magasins de l'intendance, travaillant comme leurs adversaires et avec leurs adversaires, ils éprouvent l'orgueil de vivre la même vie que les êtres libres !

Un sous-officier marseillais, franc et cordial, nous guide à travers le labyrinthe des charrettes, des wagons et des barriques qui remplissent les interminables galeries. Il y a dans ces dépôts de quoi équiper et nourrir une armée entière. Et il faut tout compter, mesurer, diviser, empaqueter pour le mettre dans de grandes caisses de bois qui vont sans cesse vers le front. Un essaim de soldats travaillent jour et nuit à cette manœuvre sans gloire et sans péril, mais non moins utile que celle des artilleurs qui détruisent des tranchées. Légers et bavards, les Français grimpent par les montagnes de fardeaux, en chantant. Le système, en ceci, ainsi que dans la lutte, consiste à faire comme si l'on ne donnait pas une grande importance à l'effort. Un peu plus sérieux, un peu plus rigides, un peu plus pesants aussi, les Allemands les imitent, les aident, se confondent avec eux. Et il est curieux et consolant, en pleine tragédie, de voir la manière si naturelle, si fraternelle pourrait-on dire, dont un garçon blond, vêtu de gris, et un garçon brun, à pantalon rouge, unissent leur énergie pour soulever une caisse et la faire rouler sur un plan incliné jusqu'à la plate-forme d'un train.

— Bravo ! — crie le Marseillais, s'adressant à un prisonnier de port herculéen.

Puis il l'appelle et nous le présente sur un ton de plaisanterie :

— Celui-ci, — dit-il, — est mon préféré... Pas vrai, toi?... Parfois nous parions à qui lancera les paquets le plus loin et, quand il gagne, je lui donne un paquet de tabac... Il préférerait une bouteille de rhum... Dis si je mens, toi... Seulement le rhum, interdit... Touchez-lui les bras ; ils paraissent forgés par Krupp. Mais à Marseille aussi, nous avons des forces et quand nous nous tâtons le pouls, ce n'est pas toujours lui qui a le dessus... Allons, avoue-le...

Le colosse allemand rit des lèvres, des yeux, des joues et murmure en sa langue des paroles qu'on devine cordiales.

— Parlez-vous allemand? — demandons-nous au sous-officier.

— Ah ! ouiche ! — répond-il. — Pas un mot...

nich... nich... Cependant nous nous entendons fort bien... Pas vrai, toi?

— *Ja,* — assure l'Allemand.

Un de mes compagnons, un Hollandais, murmure :

— Il a une bonne tête, ce *Boche*...

Le Marseillais prend son sérieux et nous fait observer qu'il est interdit aux soldats français de prononcer le mot *boche* dans les dépôts, pour ne pas blesser les prisonniers.

— Nos poilus qui travaillent ici, — ajoute-t-il, — n'ont pas le droit de parler aux Allemands... Cela ne les empêche pas de s'entendre bien avec eux... Au début, je suppose que cette interdiction obéit au désir d'éviter des disputes... Aujourd'hui on pourrait les laisser causer sans craindre les querelles... Il n'y a pas un seul des prisonniers de ce magasin qui ne se déclare content de son sort. Interrogez-les et vous verrez. Beaucoup avouent que, si on leur permettait de retourner aux tranchées, ils n'iraient pas.

Et se tournant vers le colosse, qui marche à nos côtés, il lui demande :

— N'est-il pas vrai que tu es mieux ici que dans les tranchées?

Le Hollandais traduit la question et l'Allemand répond par un grand éclat de rire malicieux.

Puis, essayant de faire le grave, il murmure :

— *Nein, nein...*

— Pas de mensonge, pas de mensonge, — répète le Marseillais. — Je sais bien ton contentement de t'être sauvé des marmites...

Parmi les prisonniers qui nous entourent, un adolescent, au visage très fin et très sérieux, paraît s'intéresser à notre conversation.

— Parlez-vous français? — lui dis-je.

— Oui, Monsieur; j'ai vécu cinq années à Paris, employé de banque, et j'ai plus d'amis en France que dans ma patrie. Si la guerre n'avait pas éclaté, à cette heure je serais marié à une Parisienne...

Un nuage de mélancolie voile ses belles pupilles bleues.

— La paix se rétablira, — dit pour le consoler un de mes compagnons.

— Pour moi, non, — murmure l'Allemand, — pour moi tout est fini... Ma fiancée n'a même pas voulu recevoir mes lettres... Mon seul regret est de n'être pas mort...

Sur ses joues roses une larme coule lentement jusqu'aux lèvres presque enfantines.

Pour nous soustraire à la pénible sensation que nous cause cette scène rapide, nous continuons notre promenade parmi les montagnes de fardeaux, précédés du sous-officier qui nous sert de guide et qui ne cesse pas de parler.

— Ceux-ci, — nous dit-il, en nous désignant quelques garçons blonds qui remplissent une caisse, — sont des réservistes bavarois et, parmi eux, il y en a un qui est noble et riche... Ce qu'on lui envoie de chez lui il le partage entre ses compatriotes : quant aux Prussiens, ils mourraient qu'il ne leur donnerait rien... Il est curieux pour nous de voir la différence qui existe entre les diverses populations d'Allemagne. Un jour, un sergent badois fut sur le point de m'injurier parce que je lui demandais s'il était Prussien... Aucun ne veut être Prussien... Quand on leur parle des atrocités commises en Belgique, les Bavarois et les Saxons assurent que seuls les Prussiens sont capables de tels actes... En réalité, ils ont tous été les mêmes... Mais ici nous n'avons point à nous plaindre d'eux. Je ne me souviens pas d'avoir puni personne depuis trois mois que je suis à l'intendance. Ils travaillent bien, obéissent bien, se conduisent bien. Au commencement on décida qu'on leur donnerait 20 centimes par jour et 40 à ceux qui se conduiraient le mieux et travailleraient le plus. Actuellement, tous gagnent 40 centimes parce que tous sont égaux. Parmi les nôtres qui ne touchent que leurs 5 centimes quotidiens, il y a des différences marquées entre les meilleurs et les moyens. Les Allemands sont uniformes... Ainsi, cet athlète que je vous ai présenté, croyez-vous qu'il fasse plus que ses compagnons faibles?... La même chose, exactement la même chose... Ils sont identiques jusque dans le manger, et entre un petit gringalet maigre et un gros gaillard monté en couleurs, ils peuvent lutter à qui achèvera le premier son kilo de saucisses...

Autour de nous, le mouvement général continue, ordonné et rythmique, dans un effort commun de sain labeur. Et moi je ne puis qu'admirer la générosité des Français, qui, oubliant les aveux trouvés dans les carnets de ces hommes vêtus de gris, ne paraissent voir en eux, avec une pitié pleine de délicatesse, que des adversaires vaincus et dignes de respect.

UNE CASERNE

Ici ce n'est pas un camp de prisonniers ni un dépôt de l'intendance que nous trouvons, mais une caserne allemande. Oui, vraiment, sans ce drapeau français, qui continue à flotter sur la façade, les soldats du Kaiser pourraient se croire encore dans une de leurs garnisons de province, en temps de paix. Un régiment entier, composé de troupes de l'active et de la réserve, campe et manœuvre sous nos regards, tout comme dans une ville quelconque des bords du Rhin. Un sous-officier prussien, élevé par les circonstances au rang d'officier supérieur, exerce le commandement par délégation du chef français. Et avec quelle autorité, avec quelle dignité il accomplit son devoir! Il suffit d'un cri de lui pour que, en notre honneur, les mille et quelques Allemands se forment en colonnes dans la cour. « Halte ! » Et la masse s'immobilise avec une impeccable rigidité. « Demi-tour ! Marche ! » Et, mues par un ressort secret, les files changent de front et s'avancent au pas de parade, comme si elles étaient actionnées par un ressort d'acier.

— Vraiment, c'est admirable !

Celui qui prononce cette phrase à haute voix est un capitaine français.

— C'est admirable, — répétons-nous tous, quand, obéissant à un autre cri du chef, la masse entière s'arrête subitement et s'immobilise à nouveau dans un repos rigide.

— Pensez que ces gens ont la discipline dans le sang ! — me dit un compagnon anglais, à qui ne semble pas plaire le spectacle d'une force aussi parfaite.

Ce à quoi je pense avec ironie, c'est à autre chose. Je pense aux grandes revues allemandes passées durant des années et des années ; je pense à l'orgueil avec lequel l'Allemagne entière doit avoir vu ses magnifiques régiments manœuvrer ainsi ; je pense à la formidable puissance que représente cette machinerie humaine ; et en y pensant je m'explique la folle confiance avec laquelle le Kaiser lança au monde entier son défi insensé.

Le sous-officier allemand est venu s'installer à notre côté, attendant les ordres du commandant français. Dans ses yeux bleus brille une flamme d'orgueil, et ses narines de superbe bête guerrière palpitent fébrilement.

L'Anglais s'approche de lui et lui parle des dernières nouvelles.

— Je ne les connais pas, — répond l'Allemand.

— Les Russes avancent par l'est et les Français par l'ouest...

Sans donner le moindre signe d'impatience ni de surprise, le sous-officier allemand fait un geste vague, dans lequel il y a du doute et de la tristesse. Puis, très sérieux et très simple, il murmure :

— Dans la guerre il y a toujours de mauvais moments ; mais cela ne nous fera jamais douter du triomphe. Tous les Allemands sont sûrs de la victoire.

Le commandant français ne semble même pas entendre ces paroles. Cependant, quand l'Allemand s'éloigne, il nous dit :

— Ce qu'affirme ce Prussien n'est pas exact... Au début on ne peut nier qu'ils n'eussent une confiance absolue. Maintenant, non. Seulement, chez les officiers l'orgueil est si grand qu'ils n'avouent jamais leurs inquiétudes. Les soldats de réserve, par contre, se montrent plus francs. Les derniers que nous ayons reçus et qui ont été faits prisonniers en Alsace révèlent un découragement lamentable. Et si vous voyiez les lettres que nous trouvons dans leurs poches ! En voici une écrite par un soldat à son frère : « Ce n'est pas chose facile qu'une guerre comme celle-ci dans laquelle on a des ennemis de tous les côtés. Quand nous croyons avoir battu les Russes sur un point, ces diables apparaissent sur un autre avec des forces encore plus considérables, et il nous faut reculer. Je suis un des plus heureux, si je me compare à mes camarades des tranchées qui jeûnent et meurent de froid. Ce que nous désirons tous, c'est que la guerre finisse de quelque manière que se soit. » Cette autre est d'un professeur de Hambourg à un de ses fils qui luttait près de Verdun et qui aujourd'hui se trouve ici. Écoutez : « Nous ne pouvons nous dissimuler que le moment est venu des plus terribles épreuves pour l'Empire et que tous nous avons à souffrir plus encore que nous n'avons fait. Nos dernières réserves de landsturm ont été appelées et il n'y a plus un foyer où il reste un père, un mari. Pourquoi ce suprême effort? Le spectre de la faim commence à nous épouvanter. Ne pouvant rien importer, je ne sais comment nous allons vivre jusqu'à la récolte, à moins que cette raison ne décide le Gouvernement à voir clair et à penser à une paix qui ne serait pas seulement honorable, mais glorieuse, après les efforts surhumains que nous avons réalisés. Dans le pays l'unique aspiration est la paix, la paix; la fin des horreurs qui ruinent le monde ; et pour y arriver nous donnerions jusqu'à notre dernier écu. Je te bénis tristement et je t'avoue que les militaires qui parlent sans hypocrisie me remplissent de bonheur en me disant que tu reviendras bientôt, parce que la guerre ne peut plus se prolonger. » Je pourrais vous montrer des centaines de lettres pareilles.

— Comment vous expliquez-vous, — demande quelqu'un, — que les Allemands laissent passer de telles correspondances ?

— C'est ce que nous nous sommes demandé plus d'une fois, — répond le commandant.

Puis il ajoute :

— Interrogez vous-même les prisonniers arrivés ces derniers jours.

Dans la cour, le régiment demeure immobile sans qu'on remarque le plus léger mouvement dans la masse. Les têtes dressées forment des files parallèles qui semblent tracées avec une scrupuleuse égalité mathématique. Pas un pied qui s'avance, pas un bras qui sorte de la formation...

Le chef français contemple le spectacle avec une respectueuse ironie, et enfin, faisant un signal, ordonne la dispersion.

— Braves troupes ! — exclame-t-il.

Peu à peu l'immense espace compris entre la grille de la cour et la façade de la caserne se remplit de groupes qui circulent, lents, indifférents et silencieux. En passant près de nous, les soldats se mettent au garde-à-vous et saluent. Le commandant en interroge quelques-uns d'un ton paternel.

— Avez-vous des réclamations à faire ? — demande-t-il de temps à autre.

— *Nein..., nein..., nein...*

L'un, enfin, se décide à répondre d'une manière affirmative.

— Eh bien, parle.

En excellent français, le Prussien expose qu'il y a plus de huit jours il a remis à son sous-officier 30 marks pour être changés en monnaie française et qu'on ne lui a encore rien rendu.

— C'est qu'il faut les envoyer à Genève, — lui explique le chef français. — Tu n'as pas d'autre plainte à formuler ?

— Si.

— Continue.

— Le pain blanc ne nous plaît pas... Nous n'y sommes pas habitués...

— Il est meilleur pourtant que celui qu'on mange à Berlin...

Sur les lèvres de l'Allemand passe un sourire de terrible mépris. Meilleur que celui de Berlin !... Il n'y a sûrement en France, pour lui, rien qui se puisse comparer aux choses de son pays.

— Quoi encore ? — insiste le commandant.

Le soldat se tait, songeant sans doute qu'il serait bien inutile de continuer à parler à un homme qui ne le comprendra jamais. Et je me rappelle trois lignes de Goethe qui renferment toute la philosophie des sentiments populaires : « Les mots :

pain blanc et pain noir, — dit le poète de Weimar, — sont un véritable schibboleth entre Allemands et Français. »

Le commandant nous fait visiter les réfectoires, les boulangeries, les cuisines.

— Goûtez, — nous dit-il.

Tous nous mangeons un morceau de pain, tous nous prenons une cuillerée de soupe.

Un Anglais murmure :

— Jamais ils n'ont eu d'aussi bonnes choses dans leur pays.

Sur un mur nous voyons un règlement imprimé et nous en copions quelques paragraphes.

Les voici :

Traiter les prisonniers non seulement avec humanité, mais encore avec une justice et une correction absolues (Circulaire du 18 septembre 1914).

Tous les objets appartenant personnellement aux prisonniers restent leur propriété. Les armes, les chevaux, les papiers militaires seuls leur sont retirés (Circulaire du 18 septembre 1914).

Les prisonniers de guerre ne peuvent correspondre que par cartes postales ou par lettres ouvertes. Elles doivent être examinées et visées par le commandant du dépôt ou par l'officier ou sous-officier délégué par lui à cet effet.

Ces lettres et cartes peuvent être écrites en allemand ; dans ce cas, la vérification en est faite par un des interprètes attachés au dépôt...

Les prisonniers peuvent recevoir et expédier par la poste des sommes d'argent...

Les billets de banque allemands possédés par les prisonniers, ou à eux envoyés, devront être changés en monnaie française dans la mesure du possible, soit directement par le vaguemestre, soit par l'intermédiaire des sociétés de secours dûment accréditées dans les conditions sus-indiquées, si elles y consentent (Circulaire du 14 octobre 1914).

L'État peut employer comme travailleurs les prisonniers de guerre, selon leur grade et leurs aptitudes, à l'exception des officiers. Ces travaux ne seront pas excessifs et n'auront aucun rapport avec les opérations de la guerre.

Les prisonniers peuvent être autorisés à travailler pour le compte d'administrations publiques ou de particuliers, ou pour leur propre compte.

Les travaux faits pour l'État sont payés d'après les tarifs en vigueur pour les militaires de l'armée nationale exécutant les mêmes travaux ou, s'il n'en existe pas, d'après un tarif en rapport avec les travaux exécutés.

Lorsque les travaux ont lieu pour le compte d'autres administrations publiques ou pour des particuliers, les conditions en sont réglées d'accord avec l'autorité militaire.

Le salaire des prisonniers contribuera à adoucir leur position, et le surplus leur sera compté au moment de leur libération sauf défalcation des frais d'entretien.

En voyant les prisonniers qui nous entourent, il me paraît presque impossible que ce soient les mêmes qui, il n'y a qu'un instant, nous surprirent par leur air martial. Hors des rangs, en effet, on ne remarque rien en eux qui décèle l'orgueil, l'énergie, la fierté. Humbles d'aspect, ils vont et viennent, toujours silencieux, toujours sérieux. Dans leurs yeux clairs on ne distingue aucun rayon de haine, d'enthousiasme ou d'espérance. Ils ne paraissent même pas tristes. Quand nous leur adressons la parole, ils nous répondent avec indifférence. Quand nous leur demandons s'ils désirent quelque chose, ils haussent les épaules, indécis. Quand nous les interrogeons sur ce qu'ils pensent de la guerre, à peine réussissent-ils à nous dire qu'ils ne savent rien. Quelle différence entre eux et les pioupious français, si vifs, si nerveux, si bavards. Et néanmoins, une fois réunis en colonne, se mouvant à la voix d'un chef, une vie extraordinaire, quelque chose qui n'est pas en eux, qui leur vient du dehors, une sorte d'animation électrique et automatique, les fait vivre avec la plus intense activité. Est-ce une question de race ou une question de simple discipline et de pur entraînement?...

— Si vous voulez les voir contents, — nous dit le commandant, — venez vers la salle où l'on distribue les colis postaux.

Dans une vaste galerie, quelques sergents français défont rapidement les paquets, et après examen du contenu, ils les délivrent aux destinataires. Dans tous les colis on voit les mêmes saucisses, les mêmes morceaux de lard, les mêmes boules de pain noir.

— Il ne te manque rien? — demande à chacun le chef de service.

— *Nein..., nein...*

Et rapidement, avidement, ils prennent les provisions, les réunissent en un papier et les emportent, joyeux, légers. Sur toutes les lèvres il y a un sourire, et tous les yeux s'animent des mêmes lueurs de joie.

— Quelle race curieuse ! — murmure ironiquement notre compagnon anglais.

Curieuse, n'est pas le mot exact. C'est une race mystérieuse, à la fois primitive et compliquée. Il y a en elle un peu de sauvagerie enfantine, un peu de gravité mystique, un peu de mélancolie romanesque. C'est une race de contrastes et de surprises. Elle est lourde, et cependant elle accomplit un labeur invraisemblable d'assimilation et d'adaptation disciplinées. Elle est orgueilleuse jusqu'au délire, et néanmoins elle sait, en présence d'une force supérieure, s'incliner sans souffrir et s'humilier sans pleurer. Elle est d'une énergie novatrice que seuls les Yankees surpassent et en même temps elle est d'un fatalisme résigné pareil à celui des Arabes. Elle est poétique, sans doute, elle est sentimentale. Elle a toujours un fond de rêve et de chimère, et elle n'en est pas moins positive, d'un positivisme sans entrailles. Elle est cruelle jusqu'à la férocité, et elle ne manque pas de bonhomie. Elle est en somme, au milieu de contrastes déconcertants, un résumé de l'extrême civilisation et de l'extrême barbarie...

LES CIVILS

D'amples cours fleuries, d'amples cloîtres conventuels, d'amples dortoirs clairs... Un grand mouvement, une grande animation... De place en place, une affiche blanche indiquant les heures du lever, des repas, du coucher... Nous sommes dans un de ces camps de concentration, dans lesquels le Gouvernement a interné les sujets des puissances ennemies, qui ne voulurent ou ne purent profiter des quarante-huit premières heures de la guerre pour quitter le territoire français. Un fonctionnaire nous guide, nous expliquant le mécanisme de la singulière organisation qui tient du bagne, de l'hôpital et du couvent.

— Ce ne sont pas seulement des Allemands et des Autrichiens que nous avons, — nous dit-il, — mais aussi des Françaises. Au début, on décida que des femmes mariées à des Austro-Allemands pourraient demeurer libres dans leurs maisons; mais aucune n'a voulu abandonner son mari. Il n'y a rien de si naturel, après tout. Pour choisir entre la famille et la patrie, il faut parfois être homme. Les femmes n'ont en général d'autre patrie que le foyer, l'amour, les enfants.

— Les conflits dans ces couples doivent être terribles, — fait observer un de nos compagnons.

— Non, — répond le fonctionnaire, — non... En général les ménages, se faisant des concessions mutuelles, arrivent à mettre d'accord l'amour et la conscience. Nos compatriotes mariées à des Prussiens défendent l'Allemagne qu'elles croient pacifique et pleine de sympathie pour la France, mais maudissent le parti militaire du Kronprinz, qui, selon elles, est une minorité. Dans d'autres cas, quand le mari compte beaucoup d'années de séjour parmi nous, quand il a des enfants français, quand il possède des biens sur notre sol, les sentiments qu'il révèle sont franchement antigermaniques.

En parlant ainsi, nous pénétrons dans un immense dortoir divisé en cellules. Dans chaque cellule vit un ménage. Tout est très propre. Sur quelques tables un bouquet de fleurs met une note gaie. Les hommes, réunis en groupes, jouent aux dominos, tandis que les femmes cousent silencieusement près des fenêtres. Un léger parfum de roses printanières et de poudre de riz remplit l'espace. Et il y a dans ce tableau tant de paix, tant de bien-être, que nous ne pouvons nous empêcher de nous écrier, étonnés :

— Ces gens sont vraiment bien !

Un vieillard à longue barbe blanche sourit ironiquement et, sans se lever de son siège, murmure :

— Vraiment bien !... Je voudrais vous y voir à notre place !

— Vous manque-t-il quelque chose ? — demande le fonctionnaire.

— Évidemment ! — répond d'un ton dur le vieillard. — Il me manque la liberté.

Une femme intervient pour nous assurer qu'en justice ils ne peuvent se plaindre de rien. Le commissaire est un ange..., la nourriture est bonne et suffisante..., l'espace est vaste..., les lits ne sont pas mauvais...

— Tout ce qu'on peut faire pour nous, — ajoute-t-elle, — les Français l'ont fait. Il y a ici une école pour nos enfants... Nous avons de petits jardins que nous cultivons... La discipline est très douce...

Le vieux rit aigrement, en s'écriant :

— Et les murs sont très hauts !

Notre guide essaie de le calmer en lui disant que la guerre ne sera pas éternelle.

— Je le sais, — interrompt le vieillard, — je le sais... Mais ce que je ne sais pas, c'est comment diable ça finira...

Sans insister, le fonctionnaire nous mène à un autre dortoir où il n'y a que des hommes, et qui ne sent pas les roses, mais le tabac. Puis à un autre, habité par des Juifs et des Polonais sordides. Puis à un autre, peuplé de Hongrois qui rêvent au son d'un accordéon. Partout les prisonniers nous considèrent avec méfiance. Que pouvons-nous venir chercher ici ?... Certains yeux se fixent d'un air hostile sur nos visages. Mais quand notre guide dit : « Ce sont les journalistes », il se produit un mouvement général de curiosité. Quelques-uns nous demandent de quels pays nous sommes, dans quels journaux nous écrivons. L'un ou l'autre nous fait avec franchise la question qui est au fond de toutes les âmes :

— Comment va la guerre ?

Plus que le résultat même de la formidable lutte, on devine que ce qui les intéresse, c'est sa fin, pour pouvoir sortir de la prison où ils vivent, pour redevenir libres, pour recouvrer leurs habitudes, leurs aises, leurs foyers.

— Presque tous ceux qui se trouvent ici, — nous dit le fonctionnaire, — vivaient à Paris. Les uns sont des commerçants, d'autres sont ouvriers, quelques-uns sont de riches rentiers. Ce sont les riches qui acceptent avec le moins de difficultés la fatalité de leur sort. Voyez...

Notre promenade continue lentement à travers les salles et les galeries. Nous voyons les cuisines, les salles à manger, les caves. En passant, notre guide nous présente ses hôtes les plus notables. Dans un couloir, nous rencontrons un fabricant de champagne dont la marque est universellement connue et qui nous supplie de ne pas le nommer. Puis nous saluons un correspondant du *Berliner Tageblatt,* qui nous regarde avec un mépris olympien et qui, pour répondre au « confrère » dont l'honore l'un de nous, lui dit « Monsieur ». Quelques pas plus loin, nous voyons un médecin, célèbre à Munich, paraît-il, et qui sert dans l'infirmerie avec un zèle admirable.

— Le malheur, — nous avoue-t-il, — est qu'il n'y a pas assez de malades et, quand je ne travaille pas, je m'ennuie.

Puis, en réponse à une question sur le régime intérieur du camp, il nous déclare avec solennité :

— Il ne mérite que des éloges... On nous traite très, très bien... Plus tard je publierai mes mémoires et je rendrai justice aux Français...

Une sensation singulière se dégage de l'ensemble. Tous déclarent qu'ils sont bien traités, bien nourris. Et néanmoins tous semblent d'une tristesse tragique.

— Le sentiment de la liberté, — murmure le fonctionnaire.

Oui, sans doute. Et quelque chose aussi qui peut être bien pénible : la conscience de se trouver en un pays où l'atmosphère même qu'ils respirent doit leur paraître empreinte de haine; où ils savent que nul ne les regarde avec sympathie; où l'unique bruit qui arrive jusqu'à eux est celui des prières populaires implorant la ruine de leurs nations.

— Cette vie est un enfer, — murmure à mes oreilles un de mes compagnons.

Il y a dans cet enfer un petit coin de ciel riant qui m'attendrit entre tous. En nous y introduisant, notre guide sourit et s'écrie :

— Des Viennoises !...

Viennoises, elles ne le sont pas toutes en réalité, ces jolies filles blondes. Mais, comme parmi les femmes de France qui se livrent à la vie galante, il n'en est pas qui ne prétende être Parisienne, parmi les courtisanes germaniques, paraître Viennoise est un titre de gloire. Elles sont si élégantes, si peu Allemandes, si spirituelles et si gaies, les nymphes du Graben et du Prater ! Dans les temples nocturnes de New-York et de Buenos-Aires, où les beautés les plus fameuses du monde célèbrent leurs rites, la blonde danseuse des valses lentes jouit d'un prestige spécial, grâce à je ne sais quelle langueur vaporeuse, où se combinent de singulière façon l'espièglerie enfantine des Claudines à jupes courtes et la grave volupté de l'hétaïre antique. Mais est-ce qu'à Paris même elles n'étaient pas arrivées à se faire remarquer ? Vous qui avez passé, ne fût-ce que quelques heures, dans les cabarets nocturnes de Montmartre, sûrement vous vous souvenez encore des silhouettes rythmiques, des yeux clairs, des bouches vermeilles de ces « petites Viennoises », qui ondulaient au rythme des énervants violons de Hongrie. Et sûrement, aujourd'hui même, à évoquer leurs images, vous les voyez toujours enveloppées dans leurs robes de soie, toujours peintes comme des icones, toujours tentatrices et toujours dansantes. Ah ! les Frieda, les Cath, les Stella à boucles d'or ! Je les revois ici vêtues en recluses, sans carmin, sans perles, sans dentelles, et, malgré mes efforts pour les reconnaître, rien en aucune d'elles ne me rappelle mes somptueuses visions d'autrefois. Est-il possible, — me demandé-je, — que ces filles, qui ont l'air de pensionnaires de couvent, soient les vierges folles d'hier? Tout en elles respire le calme, la modestie, la douceur.

— Au début, — nous dit à haute voix le fonctionnaire, — nous avions peur qu'elles ne constituassent un élément de trouble et de désordre dans le campement. Vous comprenez... Dans un lieu où il y a plus de 600 hommes. Mais je dois avouer qu'elles ne nous ont pas donné le moindre sujet de plainte...

A ces paroles, une légère rougeur enflamme les visages juvéniles, et sur les yeux bleus les paupières s'abaissent. Sans le vouloir, le bon gardien a offensé ses blondes prisonnières, en leur rappelant leur passé.

Le fonctionnaire ajoute :

— Le seul qui ait fait quelques conquêtes parmi elles, c'est l'aumônier.

Et s'adressant aux jeunes femmes qui demeurent silencieuses, il leur demande :

— N'est-ce pas que l'abbé vous a converties?

Un pâle sourire illumine quelques visages.

— Ces aumôniers! — poursuit notre guide. — Ici nous avons des prêtres juifs, des pasteurs protestants, des aumôniers catholiques... En général ils s'entendent fort bien entre eux et ne se disputent pas le domaine des âmes. Chacun se contente des siennes. Seul un rabbin polonais nous cause quelques ennuis par son zèle de missionnaire biblique. Dès qu'il trouve quelqu'un disposé à écouter ses sermons, il le rend fou à force de lui réciter des psaumes et des prophéties. Comme il parle toutes les langues, nul ne peut échapper à son éloquence.

Le fonctionnaire rit et murmure :

— Nous avons ici des spécimens de tous les types !

Ce camp de concentration austro-allemand est en effet un monde dans lequel se confondent les races, les religions, les langues.

Il y a peu de temps, un journal de Madrid, désireux de prouver l'effort titanique de l'Empire du Kaiser, énumérait les « vingt peuples » qui sont en guerre avec lui et parmi ces peuples il mettait les Algériens, les Sénégalais, les Mongols et les Indo-Chinois... Si elles sont nombreuses réellement, les nations alliées, plus nombreuses encore sont celles contre lesquelles elles combattent. En lisant il n'y a qu'un instant la liste des dortoirs, séparés par idiomes, nous croyions lire une chronique de Babel.

— Nous avons, — nous dit maintenant notre guide, — dans la partie autrichienne plus de dix nationalités distinctes qui ne s'estiment ni ne s'entendent entre elles : Allemands, Magyars, Tchèques, Moraves, Slovaques, Polonais, Ruthènes, Croates, Serbes, Slovènes, Roumains de Transylvanie, Italiens du Trentin et de Trieste... Parmi eux les uns sont catholiques, d'autres protestants, d'autres orthodoxes, d'autres musulmans... Nous avons, parmi les sujets du sultan de Constantinople, des Turcs, des Syriens, des Arabes, des Arméniens... Et même parmi les Allemands d'Allemagne, sans compter les différences qui séparent les Bavarois des Prussiens et les Saxons des Wurtembergeois, nous avons les Polonais de Posen, les Danois du Schleswig-Holstein... Enfin, se mêlant à tous les autres et se différenciant de tous les autres, nous avons des juifs blonds, bruns et roux.

Le fonctionnaire ajoute :

— Si nous les laissions libres de faire ce qui leur plaît, au bout de trois jours ils se dévoreraient les uns les autres, tant ils se détestent au fond, même ceux qui paraissent à la surface le plus unis. Demandez à un Bavarois s'il est Prussien et vous verrez l'air d'orgueil offensé avec lequel il s'écrie : « Non. » Et je ne vous dis rien des sentiments que nourrissent les Tchèques contre les Autrichiens; les Roumains contre les Hongrois; les Polonais contre les Allemands... Quant aux Alsaciens, vous savez déjà s'ils détestent les Prussiens.

— J'ai cru, — observe quelqu'un, — que les Alsaciens n'avaient pas été internés...

— Ça dépend... — répond notre guide. — Il y a Alsaciens et Alsaciens. Ceux qui appartiennent à des familles autochtones continuent à vivre comme avant la guerre. Mais beaucoup sont nés à Strasbourg ou à Colmar de parents germaniques, et ceux-là ont beau se déclarer de bons amis de la

France, ils sont ici. Évidemment quelques-uns sont sincères. Seulement la loi est la loi. S'il était possible de faire des exceptions, je ne verrais pas d'inconvénients à laisser libres certains prisonniers. Ainsi, par exemple, connaissez-vous Groethuyzen?

— Le professeur? — demande le correspondant du *Journal de Lausanne*.

— Lui-même... Venez le voir, c'est un personnage remarquable.

Dans une pièce claire et propre, pleine de livres et relativement bien meublée, nous trouvons un homme brun, de visage agréable, qui se lève pour nous recevoir et qui s'excuse de n'avoir pas assez de sièges pour nous faire asseoir.

— Moi aussi je suis journaliste, — dit-il en nous serrant les mains.

En réalité, c'est plus que cela; c'est un des historiens dont à plus juste titre s'enorgueillit l'Allemagne actuelle. Nommé *privat-docent* à l'Université de Berlin, il obtint, à trente et quelques années, une chaire de philosophie. Mais ses études lui firent abandonner sa patrie en plein triomphe pour venir chercher en France les éléments de son histoire de la démocratie révolutionnaire. Personne n'a pénétré comme lui l'âme de Robespierre, de Danton, de Marat, de Bonaparte. A la Sorbonne, sa parole était écoutée des maîtres avec sympathie. Lavisse, parlant de ses études, a dit : « Voici où l'on a le mieux établi une psychologie de l'histoire de la Révolution. » Ses amis lui conseillaient sans cesse de donner au public sa grande œuvre. Mais, pour lui, son travail n'était jamais à point. Enfermé dans les bibliothèques, il ne se rendait même pas compte de ce qui se passait dans le monde. Quand il eut un jour connaissance de la gravité du conflit, au sortir des archives municipales de Lyon, la guerre avait été déclarée. Alors, très tranquillement, au lieu d'essayer de se réfugier en Suisse, il retourna à Paris et se présenta aux autorités.

— Au fond, — nous dit-il, — je me sens content de me trouver ici... J'aime ma patrie, naturellement, mais je ne suis pas d'accord avec l'esprit qui a provoqué ce conflit, et je crois en toute sincérité que le triomphe de l'Allemagne serait fatal pour la démocratie.

Un silence que nous tous respectons; puis un sourire douloureux qui crispe son visage plein de rides prématurées; enfin quelques mots légers sur ses meilleurs compagnons de captivité qui sont un dessinateur du *Simplicissimus* de Munich, le jeune Woelfle, et un sculpteur autrichien, Fejer.

— L'un me fait des caricatures — s'écrie-t-il — et l'autre me fait des bustes... C'est la gloire dans la prison !...

Le fonctionnaire qui nous accompagne lui demande s'il n'a besoin de rien :

— Vous savez, — lui dit-il, — que nous faisons tout le possible pour que vous vous trouviez le moins mal. Nous venons de demander au ministère de vous laisser la liberté de sortir. Ne désirez-vous rien ?

— Si... Que vous m'apportiez ici les archives de Lyon où j'ai un millier de dossiers à étudier...

Puis, reprenant son sérieux, il achève :

— Non, je ne désire rien... Je suis content de ma vie de moine, tranquille et douce... Quand on travaille on n'a point le temps de méditer ; et la méditation est plus nécessaire que l'étude. Je vois ici passer les heures, et chaque fois que sonne la cloche du couvre-feu, je note que j'ai enrichi mon âme de quelque chose. Au fond, c'est un bonheur immense qui m'est survenu, car, avec la vie que je menais auparavant, toujours au milieu des paperasses, je n'aurais jamais trouvé la sainte occasion de méditer en silence des mois et des mois...

Dans la cour, un clairon appelle les prisonniers à déjeuner.

— Ne vous plaignez-vous pas de la nourriture ? — demande quelqu'un.

— Moi ! — répond-il, rempli d'étonnement. — Non..., en aucune manière... Je ne crois pas m'être jamais assis à table avec autant d'appétit qu'ici... Nous autres philosophes nous ne nous plaignons de rien.

En prenant congé de nous, Groethuyzen rit de nouveau et nous serre les mains avec effusion, avec joie. On voit qu'il vit content. Mais je ne sais pourquoi, sa sérénité joyeuse, loin de nous animer, produit sur nous une impression d'infinie mélancolie. Et cette mélancolie s'augmente quand nous sortons du campement, quand nous voyons le vaste espace clair, quand nous respirons à notre aise sous les arbres qui commencent à se couvrir de fleurs, quand nous nous rendons compte enfin que le seul bonheur véritable consiste à vivre librement...

LA PRESSE DES TRANCHÉES [1]

Il a fallu que le Président Poincaré, qui, selon ses amis, ne renie rien de son passé de journaliste, se décidât à collaborer à l'*Écho des Tranchées* pour que l'Europe apprît que les soldats de France ont le temps et l'humeur de publier, entre deux combats, quelques périodiques. « Les nôtres — dit le *Times* — ne pensent point, à leurs moments de loisir, à écrire des blagues, mais à se reposer ou à se livrer à quelque sport. Les Allemands n'ont pas davantage, je crois, une presse de tranchées. Quant aux Russes... »

Ici, par contre, il n'y a guère de régiment qui ne possède son organe humoristique.

Car le curieux est que tous les échos de la vie tragique sont comiques. Il n'y eut qu'un aumônier de chasseurs pour s'aviser de fonder, en pleine forêt d'Argonne, une feuille sérieuse, philosophique et même un peu technique. Ce que dura ce journal fut, à peu près, ce que durent les roses. Il n'eut pas plus d'un numéro, bien qu'il insérât, avec les sermons de son directeur, des recettes utiles et des conseils pratiques.

---

(1) Sur la presse des tranchées, on peut consulter le volume paru à la librairie Berger-Levrault : *Tous les journaux du front.*

Les hebdomadaires de blague, au contraire, durent toujours et ils vont parfois jusqu'à prospérer et à s'enrichir. Vous ne le croyez pas?... Voici le fameux *Poilus de la 9e*, moniteur officiel de la 9e compagnie du 69e régiment de chasseurs à pied. Fondé par un groupe d'actionnaires qui réunirent un capital de 150 francs, représenté par quinze actions à 10 francs, il est arrivé à rembourser tout son capital et rapporte à son directeur la somme considérable de 12 francs par mois.

— Le secret de notre succès, — disait le rédacteur en chef de ce grand « journal » à quelques confrères qui visitaient ses bureaux dans un campement de l'Est, — est dû à l'originalité de notre collaboration. Ainsi, par exemple, que croyez-vous que nous demandons à Paul Adam? Des vers... Et à Maurice Barrès?... Des calembours... Et à Rostand?... Des articles financiers... Et à M. Boutroux?... Des chroniques de modes... Je dois dire que ce dernier ne nous a même pas répondu. Mais, Paul Adam, si... Paul Adam a fait pour nous les premiers vers de sa vie... Écoutez-les... C'est une carmagnole des poilus... Écoutez...

Et le bon rédacteur en chef, son képi en main, se mit à réciter les strophes suivantes :

De nos aïeux n'oublions pas
Un chant qui sut guider leur pas,
De Jemmapes à Berlin,
En franchissant le Rhin !

Rousseau, Danton, Hoche et Marceau,
Entendez-vous dans le tombeau
Vos bons poilus bondir,
La nation grandir ?

— Vrai que ça ne paraît pas de Paul Adam ? — demanda le journaliste poilu.

— Non, en effet.

— Pourtant, c'est de Paul Adam, — ajouta-t-il. Puis, il remit à ses visiteurs le prospectus-réclame de son périodique qui porte :

« *Les Poilus de la 9*e. — Grand journal des tranchées. — Nouvelles du monde poilu. — On s'abonne pour un an, deux ans ou pour toute la durée de la guerre. — Fils spéciaux, de fer et barbelés, de la mer à l'Alsace. — En vente à partir d'un sou. — Les recettes sont employées aux dépenses. — Ce journal est entièrement rédigé par les poilus de tous grades... — Il n'est pas fait pour la galerie. »

Dans son article pour l'*Écho des Tranchées,* dont le directeur est Paul Reboux, le Président Poincaré loue, sur toutes les vertus militaires du soldat français, sa gaîté, son rire, sa bonne humeur. « Cette gaîté, que vous conservez en face du danger, — dit-il aux poilus, — est une des formes les plus charmantes de la crânerie française. Chaque fois que je me retrouve parmi vous, votre héroïsme me paraît plus grand par tout ce qu'il contient de spontané, de libre, de joyeux. » L'éloge est juste.

Au milieu des misères et des périls de la vie de campagne, le Français montre aujourd'hui une force d'âme qui surprend le monde entier. Comme je me rappelle les exclamations des correspondants étrangers, en novembre dernier, lors de notre première excursion au front! Sous la neige, dans la boue, souffrant matériellement de mille privations, mangeant mal, dormant plus mal encore, le bon pioupiou prenait à la blague ses propres peines et se riait de la vie comme de la mort. « Peuple admirable! » murmuraient, attendris, les hommes de Scandinavie, d'Italie, de Suisse, d'Amérique. Et en effet c'était admirable, c'était sublime, le spectacle de ces régiments innombrables qui nous recevaient en chantant et en chantant allaient à la lutte.

Cette insouciance souriante et ironique, nous la trouvons reflétée dans la presse des tranchées.

La presse des tranchées!... Pour nous qui avons vu ce qu'est l'existence dans les fossés humides bombardés à chaque instant, cette expression paraît singulière et absurde. La presse!... Mais est-il bien possible d'écrire, de composer, d'imprimer dans ces antres?... Une note relative à l'*Écho de l'Argonne,* fondé à la fin de l'année passée, nous répond affirmativement. Cette feuille, la doyenne du corps, se publie tous les jeudis en pleine forêt. Quand la compagnie qui l'édite gagne quelque terrain, un soldat se charge de transporter jusqu'aux nouvelles lignes l'imprimerie avec ses caractères et sa presse...

Déjà je vous entends demander :

— Mais de quelle taille est cette presse pour qu'un seul homme la porte sur ses épaules ?

Il est clair qu'elle n'est pas aussi grande que celles du *Times !...* Pour imprimer une petite feuille de 15 centimètres, il n'est pas besoin de grandes rotatives. Mais en 15 centimètres peut tenir tout ce qu'un poilu a intérêt à connaître et il reste même de la place pour que les grands prosateurs de France y publient leurs vers...

Car Paul Adam n'a pas été le seul à se décider à s'exprimer en lignes brèves. D'autres publicistes très sérieux et jusqu'à des académiciens l'imitent en cela. Voici, comme un comble, qui aurait enthousiasmé Moréas, l'exemple le plus inattendu de conversion poétique : la conversion d'Émile Faguet, collaborateur de trois ou quatre journaux de poilus. D'Émile Faguet sont les vers suivants :

La France, amis, vous dit merci,
Vous êtes la *gaîté française*.
Au soldat gai, quoique transi,
La France entière dit merci.
Elle donne son cœur aussi
Au soldat gai dans la fournaise.
La France à tous vous dit merci,
Princes de la gaîté française.

Près du nom de Faguet se rencontrent souvent, dans la presse du front, ceux de Henri de Régnier,

Colette Willy, J.-H. Rosny, Paul Margueritte, Henri Lavedan, Ernest Lavisse, René Doumic, Marcel Prévost, La Jeunesse et Gabriel d'Annunzio. Mais, à vrai dire, ce ne sont pas ces illustres lettrés qui éveillent le plus l'intérêt avec leurs productions guerrières. Ils ont beau vouloir se faire simples et populaires, les artistes modernes, pervertis par le démon de la rhétorique, conservent toujours un ton de supériorité et d'ésotérisme qui choque dans les tranchées. Par contre, quand c'est vraiment un poilu qui écrit, on sent dans ses pages la saveur fraîche et presque sauvage de la muse populaire. Pour ma part, ce n'est que ce que je vois signé de noms humbles que je lis dans mes journaux guerriers.

Mes journaux!... A dire vrai, le premier qui ait appelé mon attention en est un qui vient de changer de titre. Au lieu de : *Le Poilu,* il s'appellera désormais *Le Poilu enchaîné*... Est-ce à dire que la censure se montre dans la zone de guerre aussi insupportable qu'à Paris? Non. *Le Poilu enchaîné* déclare lui-même dans l'éditorial de son dernier numéro que ce n'est pas la faute des « chevaliers des ciseaux » s'il change son nom libre en un nom d'esclave. « En nous baptisant ainsi — dit-il — nous voulons faire comprendre à nos lecteurs que la lutte actuelle, lutte souterraine, lutte de tranchées, est pour nous un supplice épouvantable qui nous oblige, contre notre tempérament, à demeurer inactifs, « enchaînés », sous la terre. Mais nous ne perdons pas l'espoir qu'un jour ou l'autre nous pourrons enfin sortir de nos fossés pour nous lancer contre l'ennemi en rase campagne. Alors le poilu pourra s'appeler déchaîné, au lieu d'enchaîné. »

Déchaînés, en réalité, tous les périodiques de tranchées le sont quand il s'agit de rire. Je n'ai vu nulle part, à aucune époque, une pareille abondance de blagues fraîches et ingénues. La mort même n'inspire aux écrivains du front que des sourires qui, à force d'être naturels, ne sont même plus macabres. Mais que dis-je? la mort? Il n'est pas jusqu'aux fameuses atrocités des hordes barbares, dont la presse de Paris et celle de Londres ne parlent que sur un ton mélodramatique, qui ne suggèrent aux chroniqueurs poilus d'irrespectueuses plaisanteries. Voici, par exemple, dans l'*Écho des Marmites,* ce qu'en un village saccagé par les Allemands « disent les choses » :

La lucarne : *Was ist das?*
Une cheminée : *J'ai perdu mon manteau.*
Le pont sauté : *J'avais bonne mine.*
Un morceau de vitre : *Je descends des croisées.*
Le cimetière stratège : *C'était le corps bavarois.*
Un banc de pierre : *Dieu! quel siège!*
Un isolateur : *Ils ont fendu la tête à mon vieux poteau.*
La conduite d'eau : *Je suis crevée.*
Un rez-de-chaussée : *Ils voulaient m'emmener comme... étage.*
Un wagon aménagé : *A la gare des Boches.*

Cet *Écho des Marmites* a la chance de ne pas se

publier à Paris. A Paris, en effet, la censure l'aurait déjà supprimé vingt fois, à cause de son ironie qui ne respecte ni ministres, ni académiciens, ni évêques et qui parodie aussi bien un discours du président du Conseil qu'un ordre du jour du généralissime.

Mais quel journal des tranchées pourrait trouver grâce devant les ciseaux de maman Anastasie, s'il se publiait à Paris ! Même l'*Écho des Tranchées* qui est presque un moniteur officiel du front, grâce à la collaboration dont l'honorent les maîtres de la République, se permet d'insérer des articles innocemment irrévérencieux, dans lesquels un censeur subtil et timide trouverait assez de motifs pour décréter la suspension et jusqu'à l'excommunication. Figurez-vous par exemple ce que dirait un de ces patriotes qui ne sont jamais sortis de la zone de paix s'il lisait dans l'*Œuvre* ou dans le *Cri de Paris* les lignes suivantes que je copie d'un écho poilu :

Joffre n'est pas seulement un grand général, et même un grand capitaine, il est aussi un hôte très délicatement attentionné.

Tout le monde sait, ou devrait savoir, que M. Aristide Briand a un plat de prédilection : les saucisses aux œufs. En tout cas, Joffre ne l'ignorait pas. Chaque fois que M. Briand fut reçu à déjeuner au G. Q. G., on lui servit des saucisses aux œufs.

Et, chaque fois, M. Briand revint à Paris enchanté de la situation militaire sur le front occidental.

La renommée des saucisses aux œufs du général Joffre se

répandit bien vite autour de la table du Conseil des ministres. Chacun voulut avoir des détails.

— Enfin, questionna M. Marcel Sembat, d'où viennent-elles, ces saucisses extraordinaires ? Pas de Francfort, bien sûr ?

— C'est un espion qui les envoie de Strasbourg, répliqua M. Briand, très sérieux.

Vous me direz qu'il n'y a dans cet entre-filet rien d'insolent. Non, en effet. La presse des tranchées rit, mais sans amertume. L'amertume, la bile, la mauvaise humeur, l'indignation grandiloquente, c'est bon pour ceux qui n'ont senti les inconvénients de la guerre qu'à Paris ou à Londres. Ceux qui vivent dans les fossés de Champagne, de Lorraine ou de Flandre ; ceux qui exposent à chaque instant leur vie ; ceux qui ont laissé leurs familles peut-être pour toujours, manifestent, au contraire, un optimisme, une gaîté, une tolérance souriante, qui contrastent avec l'attitude de ceux qui n'ont jamais vu un fusil. Ah ! l'indignation lyrique des Maurras, des Daudet, des Capus ! Pour eux tout est ténébreux, tout est menaçant, tout est sinistre... Une feuille qui s'agite en Chine ou au Pérou, c'est le Kaiser qui l'a mise en mouvement... Un monsieur quelconque, fût-il né à Marseille, s'il a la barbe blonde, mérite d'être fusillé comme espion... Ce qui est « boche », qu'il s'appelle musique de Wagner ou poésie de Goethe, ne doit inspirer que haine et mépris... Heureusement, la véritable France n'est pas celle des nationalistes embusqués à Paris, mais l'autre, celle qui lutte, celle qui donne son sang à la patrie et non pas son venin à la presse ; celle qui rit au milieu des douleurs et des efforts épiques : la noble France du front, enfin. Et cette France, en vérité, on la retrouve mieux dans les journaux des tranchées, dans les *Échos,* dans les *Cris* et dans les *Courriers* poilus, que dans les fameux et orgueilleux organes de la presse parisienne.

Voulez-vous me permettre, pour terminer, de vous présenter en peu de mots quelques-unes des feuilles de cette flore journalistique ? Voici le *Marcheur du 88e,* fort estimé pour ses caricatures ; voici le *Cri des Vaux* où se publient les dernières nouvelles du camp, sans égard ni aux hommes ni aux croyances. Voici *Rigolboche,* le fameux *Rigolboche* illustré, qui n'accepte la prose pas même pour les télégrammes et qui offre en chaque numéro un poème d'un académicien ; ce *Rigolboche* fut présenté au public par Henri de Régnier sous la forme suivante :

Je voudrais tirer de ma poche
Quelque mirifique quatrain,
Où pas une rime ne cloche,
Pour l'envoyer au *Rigolboche,*
Journal plein d'héroïque entrain !

Rien n'est parfait sans qu'on le pioche,
Et j'ai peur de manquer le coche,
Alors tant pis pour mon dizain,
Si j'attends trop, le *Rigolboche,*
On l'imprimera outre-Rhin.

Après *Rigolboche,* la plus populaire des feuilles qui arrivent à Paris, c'est l'*Écho des Gourbis,* qui se publie dans les tranchées de Champagne et qui a coutume de nous offrir des récits de combats écrits avec une simplicité digne de Froissart. La *Voix du 75,* organe des artilleurs, a également des collaborateurs qui savent conter gaillardement les aventures guerrières. Puis viennent, par ordre de dates de fondation : l'*Écho du 18*[e]*,* l'*Écho... rit... dor,* l'*Écho des Troglodytes,* l'*Écho-co-rico* et maints autres *Échos* plus ou moins calembouresques, burlesques et cyranesques. Mais le plus important de tous ces journaux, il n'y a pas à dire, le *Times,* le *Temps,* le *Liberal* du front, c'est l'*Écho des Tranchées* auquel, outre le Président de la République, ont collaboré tous les autres présidents, depuis ceux du Sénat et de la Chambre jusqu'à ceux de la Société des Auteurs et du Syndicat des Photographes. Les poilus l'appellent le « journal des présidents ».

Ces jours-ci a commencé de paraître le *Sourire de l'Argonne,* avec gravures en couleurs. « Ce nouveau confrère, — dit le *Journal des débats,* — s'imprime dans une tranchée de première ligne à 150 mètres de l'ennemi, se vend 30 centimes, et son premier numéro a eu un succès tel qu'il a fallu en tirer une nouvelle édition ; comme affaires, il n'y a rien de mieux, et son directeur a pu déjà envoyer quelques billets de 100 francs à la Croix-Rouge.

Dans ce journal ne peuvent écrire les civils, même académiciens ou présidents... »

Très bien !... Cela indique qu'il y a lutte et concurrence et qu'en face de l'aristocratique *Écho des Tranchées*, avec ses articles de Poincaré et de Deschanel, une autre feuille a réussi à s'élever et à triompher sans sortir de la plus stricte démocratie militaire.

DES RUINES, DES TOMBES...

Nous allons vers les champs de bataille qui sont toujours ici, comme en Lorraine et comme en Flandre, des champs de ruines... Les noms qui figurent sur notre itinéraire : Proyart, Lihons, Méricourt, Maucourt, n'évoquent que de tragiques souvenirs. Les Prussiens passèrent par ici il y a huit mois et, depuis lors, les doux villages du Santerre se sont changés en cimetières. Mais la matinée est si belle, il y a tant d'allégresse dans la campagne, tant de douceur dans les caresses du souffle printanier, que notre promenade nous paraît, plutôt qu'un pèlerinage lugubre, une partie de plaisir. Comme des bouquets de mariées, les amandiers en fleur se détachent sur les tapis de verdure. Sans une ondulation, les immenses plaines picardes s'étendent à l'infini, peuplées de clochers gris et de fermes opulentes. Tout respire la richesse, le bien-être, la paix idyllique. Les tons sont clairs et le souffle qui vient des jardins nous enivre de ses aromes de miel, de roses et de foin frais. Dans les prés, les pâtres s'immobilisent, rêvant leurs rêves éternels, dans d'éternelles attitudes de dédain hellénique, sans se laisser distraire par le bruit vertigineux de nos automobiles. Pourquoi aller si vite ? me demande une voix mélancolique au fond de l'âme. Et une autre voix intérieure ajoute : Pourquoi ne pas nous arrêter ici, pourquoi ne nous pas contenter du spectacle de la vie, pourquoi ne pas jouir pleinement de la beauté tranquille, pourquoi aller chercher de cruelles et vaines visions de mort ?...

Tout à coup, deux tours de cathédrale apparaissent derrière un rideau de peupliers tremblants. C'est Corbie qui se mire dans la Somme. Mes compagnons daignent à peine tourner les yeux vers la noble apparition. Corbie, pour eux, ce n'est rien.

— Une ville qui n'a pas été bombardée ni assiégée, — murmure quelqu'un.

— Si fait, elle l'a été, — lui répliqué-je.

Il parle de la guerre actuelle qui jamais ne laisse une église intacte, et moi je pense à une autre guerre, faite non par des Prussiens, mais par des Espagnols... Ah ! le dix-septième siècle !... Ah ! les canons de bronze !... Ah ! les chevaleresques exploits des régiments de Flandre !... Des journées durant, les mortiers venus d'Arras s'attaquèrent aux vieilles murailles de Corbie sans réussir à y ouvrir une brèche. Les 5.000 assiégeants n'en parvinrent pas moins à prendre la place d'assaut et à l'occuper sans y commettre le moindre désordre. « La population, — dit le chroniqueur Ledieu, — put se retirer avec ses bagages. » Puis vint la contre-attaque française, la seconde lutte. Et quand le Cardinal, enfin vainqueur, voulut compter les troupes qui lui avaient résisté avec tant d'intrépidité, il ne trouva qu'un millier de soldats. Les 4.000 autres Espagnols avaient succombé sans songer à se venger en incendiant les sanctuaires.

C'étaient là les siècles arriérés...

Aujourd'hui, avant d'abandonner une ville, il faut la brûler, au nom de la « Kultur ». Et malheur à elle si elle se défend, car alors, au lieu de mériter, comme aux temps barbares, les éloges de l'adversaire, elle subit le plus cruel des châtiments et voit tomber ses pacifiques habitants, assassinés par les braves champions germaniques.

— Vous exagérez, — s'écrie un Yankee en m'entendant parler ainsi.

Je n'ai pas même besoin de lui répondre. Les ruines de Proyart, où nous arrivons, lui répondent pour moi.

La bataille (septembre 1914) fut rude dans ces parages. Durant des journées les Alliés résistèrent, malgré leur infériorité numérique, à la pression de l'ennemi. Profitant de la situation relativement élevée du village, l'état-major établit à Proyart le centre de la défense. Plus de 60.000 Prussiens occupaient la ligne d'attaque qui va de Chaignes à Rosières, avec ordre d'avancer sur Amiens. Le nombre des soldats français et anglais n'atteignait pas 15.000. La lutte était inégale au point de paraître presque impossible. Néanmoins, les Allemands durent sacrifier des régiments entiers pour obtenir une victoire éphémère. La prise du village surtout fut un épisode épique. Les chasseurs disputèrent pouce à pouce le terrain et ne lâchèrent pied que quand vraiment ils se sentirent emportés par l'avalanche ennemie.

— Ici, — nous dit le capitaine qui nous guide, — on trouva plus de 2.000 cadavres.

Et se tournant vers un vieillard, occupé à reconstruire sa chaumière incendiée, il lui demande :

— N'est-ce pas que le combat fut terrible?

— Oui, Monsieur, — répond le paysan.

— Vous y étiez?

— Oui, Monsieur.

— Contez-le-nous.

Notre officier voudrait que le pauvre homme nous parlât des épisodes guerriers, mais celui-ci ne paraît se souvenir que de ce qui s'est passé après la bataille.

— Voyez-vous cette maison? — nous dit-il, — là vivait la Vitart, la marchande de tabac... Quand les ennemis entrèrent, ils saisirent tout le tabac, brisèrent tous les meubles, et elle ne leur dit rien. Ce n'est qu'en les voyant s'emparer du portrait de son mari, qu'elle voulut protester en pleurant. Alors les Boches dirigèrent leurs fusils sur la couche où se trouvait la petite fille de la Vitart... Dans quel état se mit la malheureuse ! Elle était folle et les appelait assassins. Un sergent la traversa de sa baïonnette et un soldat assomma la gamine d'un coup de crosse...

Du point où nous nous sommes arrêtés, dans la partie la plus haute de la localité, on voit l'ensemble des ruines dans toute leur horreur lamentable. Il n'y a pas une maison entière, il n'y a pas un mur intact. Comme une lame de feu, la mitraille a balayé le village, le transformant en un monceau de décombres. Le vieux qui nous sert de mentor montre du doigt un point où l'on ne distingue que quelques arbres, et murmure :

— Il y a là quelques maisons qui ont échappé par miracle.

Puis il ajoute :

— Les propriétaires ne se sauvèrent pas... N'avez-vous pas entendu parler du père Victorin?... Il était aveugle et avait une nombreuse famille... Tous se cachèrent dans la cave, fuyant les Prussiens... Vous verrez : en plus du compère, il y avait là ses trois nièces et deux de ses filles... D'homme, il n'y avait que lui. Eh bien ! quand la famille entendit les pas des ennemis, Victorin monta l'escalier pour leur dire de prendre ce qu'ils voudraient, mais de ne pas toucher à ses fillettes... Savez-vous ce qui arriva?... Ils les violèrent toutes et puis ils les tuèrent...

— Est-ce qu'il y avait ici des officiers allemands? — demande un de mes compagnons.

Le vieillard se tourne vers le sud, nous montre au loin une sorte de ferme qui se trouve hors du village et répond :

— Les chefs étaient là-bas, dans le château de M. François. C'est une maison riche, avec de grandes caves et de grandes provisions. La première chose qu'ils demandèrent au gardien fut la clé des caves et puis ils se mirent à boire. On dit qu'ils burent plus de mille bouteilles. Le curé vint les voir pour leur demander de corriger un peu les soldats ; ils répondirent que le pays ne méritait aucune pitié et que le général permettait à ses hommes de faire ce qu'ils voudraient. Par bonheur, presque toutes les femmes s'en étaient allées dès que les bombes commencèrent à tomber sur les maisons, et il ne restait que quelques vieilles. Moi-même je conseillai au père Victorin d'emmener ses petites et il ne voulut pas m'écouter. Que Dieu lui ait pardonné !

— Et vous, — lui demandé-je, — comment ne vous est-il rien arrivé ?

— Moi et les autres hommes, ils nous mirent à enterrer les morts... Il y en avait, des morts !... Toutes les rues en étaient pleines... Et parmi les morts il restait des blessés incapables de se mouvoir, Allemands et Français mêlés. L'ennemi prit les siens et laissa les nôtres, disant que c'étaient des chiens et qu'ils ne méritaient pas qu'on les soignât. Nos pauvres vieilles essayaient de les secourir, mais il y en avait tant, tant!... Au bout de deux jours, les plus atteints étaient morts et les autres, à la fin, les Boches les emmenèrent sur leurs chariots à Péronne. Ici il ne restait plus que des cadavres et, plus nous en enterrions, plus ils semblaient sortir de dessous terre. Il n'y a qu'à voir la plaine...

Dans les prairies voisines, en effet, les croix étendent à l'infini leurs bras blancs. Le gazon a crû autour et le printemps couvre déjà de fleurs rosées les pommiers. Les oiseaux gazouillent joyeusement dans les branches, se contant des histoires d'amour. Le paysage voudrait nous parler de quelque chose qui n'est pas la mort mais la vie, qui n'est pas le chagrin mais la joie. Seulement, hélas! à nos pieds les ruines, et dans le fond les tombes, nous obligent à ne pas détourner notre pensée de la guerre et de ses cruautés. Graves et silencieux, mes compagnons contemplent le Campo Santo, dans le sein duquel reposent, unis à jamais dans le même songe, les héros français et les héros allemands. Dans les yeux d'un jeune journaliste scandinave, qui en est à ses débuts comme correspondant de guerre, une larme brille. Ce n'était sans doute pas ceci qu'il s'attendait à voir : ce n'étaient pas des chaumières incendiées, ce n'étaient pas des vieillards misérables; ce n'étaient pas des cimetières rustiques. Élevé au milieu des légendes d'anciens exploits chevaleresques, il apportait des illusions brillantes et ses lèvres se préparaient à réciter des gestes comme celles de Strindberg. Ses lèvres, hélas! ne s'entr'ouvrent que pour demander à voix bien basse :

— Nous partons?...

A mesure que nous nous éloignons de Proyart par le chemin qui mène à Lihons, les sensations pénibles s'effacent de notre âme. Il n'y a plus de tombeaux, il n'y a plus de ruines. Une ligne de tranchées abandonnées depuis plusieurs mois et que l'herbe commence à tapisser est la seule chose qui nous rappelle encore les batailles de septembre. Dans la campagne verte, sous les arbres en fleurs, les paysannes travaillent tranquillement et dans les enceintes de bois les vaches rousses méditent sur la folie des hommes. Il y a dans le paysage, sans collines et sans bois, qui va se perdre à l'infini avec l'éternelle douceur de ses plaines, une monotonie de mer calme qui invite au repos, à l'oubli, au pardon. Il ne doit pas être facile dans ces lieux de haïr, d'aimer ni d'espérer. Tout ce qui constitue l'existence champêtre apparaît ici à première vue. Voici l'église où l'on baptise; voici la ferme où l'on travaille; voici le cimetière où l'on dort... Et les idylles?... Et les mystères?... Il n'y a ni mystère ni idylle dans les plaines picardes; il n'y a qu'une existence positive, lente et grave, dont les variations sont marquées par les heures du jour, par les changements du temps... Ah! sans doute, ce n'est pas dans ces régions que je viendrais chercher le tiède refuge auquel nous aspirons tous dans les instants de vagues nostalgies poétiques! Mais actuellement, après avoir vu tant de deuils, tant de ruines, tant de sang, je comprends que, pour purifier mon âme de ce qu'il s'y trouve d'angoisse et d'inquiétude, rien ne serait aussi calmant qu'un long repos dans cette lumière, dans cette verdure, dans cet air, dans cette uniformité prosaïque, saine et robuste.

— Dormez-vous? — me demande mon compagnon de droite qui remarque mon silence.

— Non, — lui répliqué-je, — je parle avec moi-même. Pourquoi?

— Parce que là-bas, au fond, derrière ce rideau de peupliers qui tremblent, se trouve Lihons.

Lihons!... Si les étymologistes ne nous trompent pas, ce bourg avait un nom prédestiné aux plus atroces violences. Car Lihons c'est *Li-huns*, les Huns... Et cependant, il n'y a pas au monde un lieu qui ait vécu plus tranquillement sa modeste vie provinciale. Au milieu de la plaine, ses vieilles maisons sombres formaient un nid heureux et laborieux. Les archéologues avaient accoutumé de venir d'Amiens, de Paris, de Londres pour chercher dans son sous-sol les traces des Mérovingiens, et le curé assurait dans ses sermons, que, suivant les *Chroniques de saint Denis,* Dagobert aurait remporté sous ses murs une grande victoire, il y a quinze cents ans. Mais les habitants se riaient de cela et, dans leur activité positive de bons Picards, ils ne pensaient qu'à vendre leurs fameux tricots de laine. Chaque maison était un atelier; chaque père de famille, un patron. On voyait fleurir le commerce local comme les pommiers des champs, sans que la science eût à se donner du mal pour le faire progresser. Ce que fabriquaient les habitants de Lihons, nul ailleurs ne le pouvait fabriquer. Il y avait quelque chose de secret, quelque chose de providentiel dans ces mailles blanches qui allaient s'élargissant entre les mains rudes, et qui jamais ne paraissaient assez abondantes aux acheteurs. « Si vous modifiiez vos procédés de travail, — leur dit un jour un commissionnaire, — vous gagneriez le double, le triple. » Mais les tricoteurs ne voulurent pas en faire l'essai. Pourquoi gagner davantage, si leurs bénéfices suffisaient à leurs besoins et même à leurs économies? Tranquilles et comme perdus dans l'immense plaine, les villageois n'avaient d'autre désir que de continuer à végéter à l'ombre de leur magnifique église. Et les siècles passaient sans pouvoir pénétrer dans la localité, qui n'avait pas même un aspect ancien, qui ne changeait jamais, qui paraissait condamnée à vivre jusqu'à la fin des âges sa vie sans grandeur, sans sursauts, pour ainsi dire sans vie.

De tout cela, hélas! aujourd'hui il ne reste plus

rien. Il a suffi que les Huns modernes traversassent ces campagnes pour que Lihons disparût complètement.

— Quel but peuvent avoir eu les Allemands en occupant ce bourg? — s'écrie notre capitaine, toujours préoccupé de problèmes stratégiques.

Lihons, en effet, ne domine aucune route militaire ; ce n'est pas non plus un centre de ravitaillement.

Néanmoins, durant trois ou quatre jours, au début de novembre, les batteries situées sur les hauteurs de Chaulnes bombardèrent furieusement la pauvre ville. Les habitants, surpris par l'inattendu de l'attaque, ne trouvèrent pas le temps de fuir et se cachèrent dans les caves. Mais que sont les caves quand il s'agit des obus des gros canons de siège ? Chaque coup provoquait une hécatombe. Dans une seule maison huit femmes succombèrent, mises en pièces par un seul projectile. Ailleurs, un pauvre homme vit tomber sa femme blessée à mort et, durant une semaine, il dut conserver le cadavre à côté de lui, dans l'impossibilité de sortir pour l'enterrer. Dans la rue de l'Église, deux octogénaires qui vivaient ensemble, Mme Hermine et Mme Parau, agonisèrent pendant quarante-huit heures, hurlant de douleur, sans que personne vînt les secourir, tant il était impossible d'arriver jusqu'à cet endroit. Les maisons brûlaient, les rues étaient obstruées par les murs qui s'écroulaient...

— Il n'y a rien eu de pareil au monde, — murmure un vieillard qui nous donne ces détails.

Dans tous les lieux détruits par les flammes et par les obus, la phrase est la même. Chacun des témoins de la fureur teutonique se figure avoir vu plus d'horreurs que les autres mortels. A Sermaize, à Clermont, à Lunéville, à Proyart, en bien d'autres endroits, un vieillard, comme celui-ci, nous a dit :

— Il n'y a rien eu de pareil...

Mais, en vérité, la tragédie est si uniforme que nous ne voyons guère aucune différence entre les localités martyres. Ce sont toujours les mêmes ruines, les mêmes cruautés, les mêmes misères. Ici, paraît-il, des six cents maisons qui existaient il y a six mois il n'en demeure que huit, échappées aux flammes par miracle. Les autres, toutes les autres, forment un amas informe de ruines noircies. La belle église, qui était un reliquaire de l'art picard, gît en morceaux au milieu de la place. Lihons n'existe plus, Lihons n'existera plus jamais...

— Les Huns l'ont édifiée et les autres l'ont détruite, — dit un de nos compagnons, essayant de sourire.

Le vieillard s'écrie avec orgueil :

— Mais ils n'ont pu prendre les ruines !

C'est vrai. Quand les colonnes germaniques calculèrent que du pauvre lieu il ne devait rester que les décombres, elles s'avancèrent fièrement dans le dessein de faire une ligne de tranchées pour dominer la plaine. La prise d'un bourg dont le nom est illustre flatte toujours les bourgeois de Berlin qui lisent les dépêches de l'agence Wolff. Lihons, suivant le communiqué officiel du 8 novembre, était déjà tombé au pouvoir des troupes de S. M. I. R. Mais la vérité, c'est que, quand les Allemands arrivèrent à 100 mètres de ses murailles, ils se heurtèrent à un régiment de chasseurs alpins qui les fusilla à bout portant.

« Ce fut un combat épouvantable au milieu des ruines », dit un récit de cette journée. D'abord à quelque distance, avec les mitrailleuses, puis corps à corps, à la baïonnette, Français et Allemands se disputèrent le spectre de la ville. Chacune de ces pierres inutiles coûta la vie à de nombreux soldats. Avec leur obstination habituelle, les ennemis, repoussés dans la première rencontre, revinrent à la charge, passant sur les morts et entonnant le grave *Deutschland über Alles!* « Il faisait peine à voir, — ajoute le récit de cette journée, — comme tombaient en masses compactes ces hommes jeunes, forts, résignés plutôt qu'excités aux grandes entreprises. » Les alpins, de leur côté, résistaient à l'avalanche avec une énergie admirable. Mais la horde, au lieu de diminuer, croissait à mesure que le feu la décimait. De Chaulnes, d'Ablaincourt, de Hallu, de toutes les positions voisines accouraient sans cesse de nouvelles compagnies de renfort. « Enfin, — termine le récit, — il fallut sortir en pleine campagne pour n'être pas écrasés au milieu des décombres. Succomber pour succomber, tous les nôtres aimaient mieux mourir en vendant chèrement leur vie et en voyant face à face les ennemis. » Le combat à la baïonnette dura toute la soirée. Comme de véritables « diables bleus », les chasseurs, plus légers, plus agiles que les Prussiens, se glissaient entre les lignes adverses et semaient l'épouvante avec leurs armes blanches. A la tombée de la nuit, aux alentours de Lihons, il ne restait d'autres soldats du Kaiser que ceux qui étaient tombés pour ne se plus relever jamais.

Comme à Proyart, le dernier geste ici est pour nous indiquer la campagne couverte de croix.

— Et maintenant? — demandons-nous à notre capitaine en nous éloignant des ruines.

— Maintenant nous allons à Maucourt...

— Voir d'autres ruines?

— Oui... d'autres ruines et d'autres tombes...

Toujours les ruines, c'est vrai... Mais cette fois, je ne dois pas dire que ce sont les « mêmes » ruines. Non. Sans bien pouvoir m'expliquer pourquoi, je note, dès le premier moment, qu'il y a ici, parmi les décombres de Maucourt, quelque chose qui ne ressemble pas au déjà vu. Qu'y avait-il au juste, avant le bombardement et l'incendie, en ces lieux?... Les guides ne citent même pas le nom du bourg. « C'était un village », nous disent les gens qui vivent actuellement au milieu des briques calcinées. Un village, en effet; un village sans histoire, sans monuments, presque sans vie; un de ces innombrables villages français qui cachent leurs fermes sous les superbes ramures des châtaigniers; un village comme tous les villages enfin, tel était Maucourt. Mais je ne sais si c'est l'effet de la splendeur du jour ou de la couleur des murs écroulés ou de la joie des enfants qui jouent sous les arbres, ce qui est sûr, c'est qu'aucune impression pénible ne me remplit l'âme d'angoisses pareilles à celles que j'ai souffertes à Lihons ou à Proyart. Les canons allemands n'ont pas été moins cruels ici que dans les localités d'où nous venons. Tout est détruit, tout est en cendres, partout se remarquent les traces des flammes. Malgré cela, rien ne nous émeut.

— On dirait un décor de théâtre, — murmure à mon oreille un camarade.

Et c'est vrai. Et par cela même qu'il y a dans ce qui nous entoure quelque chose de vraiment pittoresque, quelque chose qui a presque un air théâtral, nous admirons l'ensemble comme un tableau; mais nous ne frémissons pas comme en d'autres lieux plus sombres.

— Je ne sais pourquoi, — dis-je à notre capitaine, — je me figure qu'ici les souvenirs, au lieu de pleurer, doivent sourire.

— Eh bien! vous vous trompez, — me répond-il.

Et, alors, il se met à nous raconter l'épopée de **Maucourt.**

Au milieu de septembre, quand les habitants du village virent s'approcher les Allemands, ils s'enfuirent presque tous vers le sud. Ceux qui demeurèrent dans leurs maisons payèrent chèrement leur confiance dans la magnanimité de l'envahisseur. Les premiers soldats qui entrèrent furent les cyclistes d'une compagnie d'éclaireurs. En arrivant dans la rue principale, ils pénétrèrent dans un café qui était plein de vieux campagnards. L'officier allemand qui commandait cette avant-garde ordonna aux Français, désarmés et inoffensifs, de s'agenouiller et de demander pardon. « Tous, — hurlait-il, — tous, à genoux, pour demander pardon, tous ! » Et les pauvres villageois, devant la menace des fusils, s'agenouillèrent et demandèrent pardon... pardon de quoi, mon Dieu? Un seul, un meunier énergique, nommé Louis Rousselle, s'écria :

— Il ne manquait plus que cela ! Celui qui doit demander à Dieu pardon de ses crimes, c'est votre chef...

Héroïquement l'officier le tua. Devant ce crime, les autres villageois se levèrent et se mirent à courir.

— Feu ! — cria l'officier.

Et les visant avec calme, sûrs qu'ils ne s'échapperaient pas, les cyclistes leur donnèrent la chasse, un à un, comme à de pauvres vieux lièvres incapables de courir avec leurs vieilles jambes.

Une fois ces paysans tués et le reste de la population terrorisé et caché dans les caves, les Allemands commencèrent à piller les maisons. Quand, par hasard, quelque malheureux voulait s'opposer à ce qu'on lui volât ses économies, un coup de crosse sur la tête l'obligeait à fermer la bouche pour toujours.

Notre capitaine, qui nous parle de tout cela avec tristesse, s'anime tout d'un coup, au souvenir d'un épisode digne de guerres plus poétiques que la nôtre.

— Avez-vous entendu nommer le maréchal des logis Gambart? — nous demande-t-il.

— Non.

— Eh bien! vous verrez... Le 23 septembre, le soir, une patrouille de uhlans, commandée par un capitaine, parcourait les rues de Maucourt, quand soudain, à l'entrée du village, retentirent quelques coups de feu. Les uhlans s'arrêtèrent au milieu de la rue principale, écoutant avec une inquiétude visible le galop de quelques chevaux. « Sont-ce les nôtres? » demanda le chef à l'estafette qui était allée vers le coin pour s'assurer de ce qui se passait. « Non, — répondit celle-ci, — ce sont les Français. » Alors les Allemands qui ne savaient s'il s'agissait de forces considérables, se préparèrent à vendre chèrement leur vie. Au bout de quelques instants, les nôtres apparurent. Ils étaient trois : un sous-officier qui fumait sa pipe fort tranquillement et deux soldats qui le suivaient. « Halte! » cria un uhlan. Un dragon lui répondit d'un coup de carabine. Une lutte inégale et magnifique s'engagea. Se servant de leurs sabres, les Français, qui avaient besoin de s'ouvrir un passage parmi les Allemands pour accomplir une mission, combattaient comme des lions. Les deux cavaliers tombèrent morts en chantant la *Marseillaise*. Mais le sous-officier réussit à faire une brèche dans la muraille humaine et passa, toujours sa pipe à la bouche. Quand les Allemands s'aperçurent qu'il leur échappait, ils apprêtèrent leurs fusils pour tirer. Alors l'officier qui les commandait leur ordonna de ne pas décharger leurs armes. « Un homme semblable, — s'écria-t-il, — mérite de vivre. » Cependant le dragon, le fameux dragon Gambart, poursuivit son chemin au galop et parvint où son général l'envoyait.

— Vous voyez, — dis-je à notre guide, — que je ne me trompais pas en pensant qu'ici les souvenirs devaient être moins tristes qu'ailleurs.

Sans me comprendre, il s'écria :

— Vous croyez !... Moi, je ne le remarque pas...

— Moi, si. Cette seule lutte de patrouilles dans une rue, cet héroïsme romanesque du sous-officier qui fume pendant le combat, et, à la fin, ce geste, rare chez un Allemand, qui s'oppose à ce que ses hommes tirent sur l'adversaire, tout cela est digne de temps meilleurs.

— Oui, — me répond notre capitaine, — oui... Mais vous allez voir comment finit l'histoire... Le même uhlan chevaleresque qui salua son ennemi en le voyant s'éloigner, se rendit ensuite à la mairie, où se trouvait réuni le Conseil municipal. « Nous venons d'être attaqués par des forces françaises, — dit le Prussien, — et comme nous sommes sûrs que dans le pays se cachent d'autres soldats, j'ai décidé de prendre les notables et de les fusiller, au cas où se produirait une nouvelle attaque contre nos forces. » Avec beaucoup de bon sens, le maire fit observer au militaire que ni lui ni ses collègues ne pouvaient être responsables de ce que tenteraient les troupes françaises pour reconquérir le terrain perdu. « C'est bien, — acheva le uhlan, — à Maucourt, suivant les témoignages officiels, il reste encore 350 habitants. Pour les punir de l'hostilité qu'ils nous manifestent, j'exige une amende de 10 francs en or par habitant. Il me faut cette somme ce matin même. Si vous ne me l'apportez pas, je fusillerai le maire. » Sur-le-champ le maire et le curé parcoururent la localité à la recherche des 3.500 francs. Les gens qui demeuraient étaient justement les plus pauvres, les plus misérables. Au bout de deux heures ils n'avaient pu trouver que quelque 2.000 francs. Enfin un boulanger donna le reste, et le uhlan put s'en aller tranquille. Mais sa tranquillité ne dura pas longtemps. Ce même soir une compagnie de chasseurs alpins entra dans le village, chantant une joyeuse chanson de marche. Les Allemands, embusqués dans les maisons, recevaient les Français à coups de fusil. Les nôtres, sans employer leurs cartouches dont ils avaient peu, attaquaient à la baïonnette. En peu d'heures il ne resta pas un ennemi vivant... Les renforts prussiens envoyés de Chilly firent demi-tour en s'apercevant que les alpins avaient tué tous les Allemands de la garnison. Le maire, après avoir repris les 3.500 francs trouvés dans la bourse du uhlan, fit sonner les cloches pour célébrer l'indépendance locale...

— Et après? — demandé-je à notre guide, remarquant que son visage se crispe tout à coup.

— Après, — dit-il, — ce fut le bombardement, un bombardement absurde, inutile, idiot... Quel intérêt pouvaient-ils avoir à détruire cette pauvre église, ces humbles maisons?... Nos soldats, dès que commencèrent à tomber les bombes, furent naturellement envoyés aux tranchées qui défendent les environs et qui n'ont rien à craindre du tir de l'artillerie. Les pauvres villageois, par contre, souffrirent terriblement. L'autorité militaire avait beau leur ordonner de se réfugier vers le sud, ils s'obstinaient à demeurer dans leurs fermes ou dans leurs chaumières, et chaque fois c'était une nouvelle hécatombe. Maintenant encore les obus allemands arrivent jusqu'ici. Et néanmoins, vous voyez que le lieu ne manque pas d'animation...

C'est vrai. Où tout à l'heure nous n'avions vu que des groupes d'enfants grimpant par les murs noircis en jouant à la guerre, nous découvrons maintenant toute une population laborieuse qui vit au milieu des ruines. Avec quelques planches et un peu de paille, chacun s'est fait, sur les briques écroulées de son foyer, un nid provisoire. Ce dont il s'agit, c'est de ne pas abandonner le sol chéri, de ne pas s'éloigner de la terre féconde. « Il n'y a rien de plus profond que l'amour de son village chez un paysan lorrain », dit Goethe.

En réalité, tous les paysans de toutes les régions de la France sont semblables. A chaque instant l'un d'eux tombe, victime de son attachement au terroir. Alors les autres s'arrêtent un moment, pour prier et pour méditer, comme dans les tableaux de Millet. Puis la promenade continue derrière la charrue, derrière les bœufs, lente, calme, sans que l'image de la mort y mette des angoisses ni des sursauts. La France qui ne peut combattre avec les armes lutte ainsi, à sa façon, pour réparer les ruines de la guerre.

— C'est une image consolante, — murmure le capitaine, en voyant comme au milieu des décombres resurgissent la vie et la richesse.

Puis avec fierté il ajoute :

— Race admirablement laborieuse que la nôtre!

Et, ma foi, il a raison d'éprouver de l'orgueil devant ce tableau d'effort, d'énergie et d'héroïsme, qui est comme un symbole du pays, occupé, à travers les siècles, à semer sous la mitraille et à reconstruire au milieu des ruines.

DANS LES TRANCHÉES DU NORD

Par un boyau sur lequel tombe une pluie blanche de fleurs de châtaigniers, nous nous acheminons lentement vers les tranchées de Thiepval, au nord d'Albert, en un des points où l'on a lutté avec le plus d'ardeur ces derniers jours. Le soleil illumine la plaine et l'air tiède nous apporte des aromes de violettes et de jacinthes.

— Vous souvient-il de notre première excursion ? — me demande l'Anglais Barnard.

Je le crois que je m'en souviens !... C'était en novembre, sous la neige, dans la boue... Et néanmoins, il y avait, dans les Méridionaux qui nous reçurent en leurs fossés des Champs Catalauniques une telle animation, une telle gaîté, qu'au bout d'une heure de contact avec eux nous ressentions à peine la tristesse du jour.

Le capitaine de notre groupe, qui nous entend parler des secteurs de Champagne que nous visitâmes il y a quelques mois, nous assure que ce que nous allons voir aujourd'hui est bien plus parfait.

— Là-bas, — s'écrie-t-il en souriant, — nous étions dans l'enfance de l'art... Des tranchées...

des pare-bombes.... Rien de plus... Ici, vous verrez... Une vraie forteresse souterraine... Il n'y a pas de comparaison...

Le boyau par lequel nous marchons, en tout cas, n'a d'extraordinaire que son peu de profondeur. Pour ne pas nous exposer aux balles allemandes, nous nous voyons obligés d'incliner la tête, ce qui, au bout d'une demi-heure, commence à nous fatiguer. Un Scandinave géant se plaint spécialement de ne pouvoir se courber suffisamment.

— Nous y sommes ! — s'écrie enfin notre guide.

En effet, à un tournant, apparaît à notre vue une vaste avenue souterraine. Un commandant vient à notre rencontre, et après nous avoir salués avec la courtoisie proverbiale des officiers français, nous invite à faire un tour dans la cité.

La cité !... Ce mot nous fait rire tous... La cité ! Le commandant est le premier à rire. Et néanmoins, il n'est pas douteux qu'il s'agit d'une véritable métropole, plus étrange et plus fantastique que celles qui, au fond de l'Asie, cachent sous la terre leurs trésors mystiques. Les fossés ne se continuent pas en ligne droite, comme là-bas, en Champagne, mais ondulent, se croisent, s'interrompent, forment des carrefours et puis se perdent parmi des excavations plus profondes, dans lesquelles il ne nous est pas permis de pénétrer. Ces fossés ne sont pas non plus étroits et frustes, comme ceux que nous avions vus auparavant. A gauche, du côté qui donne sur la campagne, s'ouvrent de petites fenêtres crénelées. A droite, sont les chambres.

— C'est charmant, — murmurent tous les journalistes, examinant les ingénieuses installations des troglodytes guerriers et oubliant que nous nous trouvons à 30 mètres des lignes ennemies.

— A 30 mètres, vraiment? — demandé-je au commandant.

— Voyez vous-même...

Je mets alors la tête à l'une des meurtrières, et j'ai à peine eu le temps de distinguer, là, en face, les fils de fer qui séparent les deux camps, qu'un jeune officier se précipite vers moi et me tire par la manche de ma veste.

— C'est à une place semblable à celle-ci et à une plus grande distance de l'ennemi, — s'écrie-t-il, — qu'ils ont crevé l'œil au général Maunoury. Vous ne savez pas combien une meurtrière est périlleuse... Prenez, si vous voulez voir...

Avec l'instrument qu'il me tend et qui est un périscope rudimentaire, fabriqué ici même, j'essaie d'observer, par-dessus le fossé, sans m'exposer au moindre danger, tout le front ennemi. A quelques pas sont les ronces épineuses des fils de fer... Un peu au delà, d'autres ronces... Puis, à une distance de 40 pas, je distingue avec un grand effort d'attention une ligne blanche, qui doit être celle des tranchées ennemies.

— Eh bien? — me demandent mes compagnons qui attendent leur tour pour se servir du périscope.

— Rien, — leur répliqué-je.

Rien, en effet, rien... Comme la première fois que je me trouvai sur un champ de bataille, en avant de Verdun, l'unique sensation que j'éprouve devant la vaste plaine déserte, c'est celle du vide... Là sont les régiments allemands... Là sont les canons formidables qui détruisent les cités voisines... Là grouille une vie intense de haine, d'enthousiasme, d'espérance. Pourtant rien, rien...

— Il ne doit pas y avoir une âme dans les tranchées allemandes, — dis-je à mes compagnons.

Sans me répondre, le jeune officier place son képi au haut d'un bâton. Immédiatement les balles commencent à passer sur nos têtes avec leur sifflement long et aigu.

— Donnez-moi le périscope, — me dit Barnard, prenant ma place.

Au bout de quelques minutes nous entendons tomber de ses lèvres la parole sacramentelle :

— Rien.

Et à mesure que les autres observent le camp ennemi, les mêmes syllabes continuent à sortir des bouches désillusionnées :

— Rien... rien...

Le commandant veut nous distraire, en nous expliquant le mécanisme de l'existence militaire. Le jour, paraît-il, le calme est absolu. Le moindre mouvement se découvre à d'énormes distances et naturellement les surprises sont impossibles. Par contre, quand arrive la nuit, une vie fébrile anime les fronts.

— Les vraies heures de repos, — murmure-t-il en nous montrant les chambres, — sont celles-ci.

Par les petites portes basses, en effet, on voit dans la pénombre des caves les soldats qui dorment. Immobiles, réunis sur une même paillasse, enveloppés d'une même couverture noire, trois gars barbus semblent trois momies sur un seul cercueil. A côté, un gamin roux serre son fusil contre sa poitrine et dort, un sourire d'amour aux lèvres. Puis, en passant devant d'autres alcôves de troglodytes, nous découvrons d'autres pioupious qui reposent dans des postures extraordinaires, recroquevillés comme des chats, profitant du moindre coin, se couvrant du moindre chiffon.

Mais le plus singulier c'est que ceux qui sont éveillés paraissent aussi endormis. Pas une sentinelle qui bouge ; pas un des tireurs qui se trouvent au pied des meurtrières qui tourne le regard vers nous ; pas un des sergents qui passent qui dise un mot...

— Il leur est défendu de parler ? — demandé-je à l'officier.

— Non, — me répond-il.

Puis, pour m'expliquer un tel silence, une telle mélancolie, il ajoute :

— Ils sont Bretons...

J'évoque ma tranchée de Champagne, peuplée de Méridionaux, si gaie en dépit du froid, de la boue, de la pluie, et voyant ici, sous le soleil qui dore tout, la profonde tristesse de cette cité souterraine, je me rends compte, une fois de plus, que dans la vie la seule chose importante c'est l'âme. Ces hommes ont de la lumière, ont des fleurs, ont de la chaleur, et cependant ils semblent mélancoliques, tandis que d'autres, rien que pour être nés dans des terres plus clémentes, conservent, même dans les moments de grande misère, l'animation et l'éloquence.

Subitement, comme si un courant électrique circulait par le labyrinthe de terre, tout s'anime, tout palpite. Une exclamation lointaine est arrivée aux oreilles des guerriers. Est-ce un ordre?... Est-ce une alerte?... Légers et inquiets, ceux qui se reposaient dans leur niche sortent dans le fossé commun et tournent les yeux vers le point d'où vient la voix.

— Qu'est-ce? — dis-je à notre guide.

— Le vaguemestre, — me répond-il.

Un peu honteux de mon ignorance, je lui avoue que je ne sais ce que cela signifie.

Alors, souriant, il me montre un groupe de poilus qui entourent un facteur militaire et l'étourdissent à lui demander s'il n'y a rien pour eux.

— Regarde bien, — murmure un tout jeune

homme blond d'un air de supplication qui nous émeut.

Un autre prend entre ses mains calleuses une minuscule enveloppe couleur céleste et, sans oser l'ouvrir, la contemple avec ferveur comme s'il voulait savoir ce qu'il y a dedans. Ah! les paupières qui battent!... Ah! la bouche qui se crispe légèrement!... Il y a de la peur dans cet homme qui à coup sûr se rit des balles. Craint-il par hasard de mauvaises nouvelles de sa vieille mère, demeurée au village? Non... Ce n'est pas un paysan, ce beau garçon à moustache rousse... Ce n'est pas une mère qui écrit sur semblable papier... Une fiancée?... Peut-être, ou plutôt une maîtresse... Les mains du guerrier tremblent en ouvrant enfin l'enveloppe...

Tandis qu'il lit, ceux qui n'ont rien reçu le regardent avec une envie transparente.

Et le jeune guerrier blond se remet à murmurer à l'oreille du vaguemestre :

— Regarde bien... regarde bien...

Impassible, solennel, tranquille, portant sa boîte pleine de papiers comme si c'était le saint Sacrement, M. le vaguemestre poursuit son chemin dans la tranchée sans faire attention aux peines et aux joies qu'il sème sur son passage. Il sait qu'il n'y a dans la tranchée personne qui inspire autant de respect et provoque autant d'inquiétude que lui... Il sait que ni l'aumônier ni le major ne sont plus près que lui de l'âme du troupier... Il sait que quand approche l'heure de son arrivée tous les yeux contemplent les montres avec impatience, et qu'en entendant son cri annonciateur, les cœurs, tous les cœurs, jusqu'à ceux que la mitraille ne fait pas palpiter, s'agitent au fond des rudes poitrines.

— Vaguemestre... vaguemestre...

Le cri s'éloigne, portant l'animation aux derniers coins de l'immense fossé. Et ici, derrière le personnage qui représente l'unique lien vivant qui rattache les héros souterrains au reste du monde, il demeure un mystérieux vestige de soupirs, de sourires, de chagrins et de joies...

Le commandant qui nous accompagne et qui n'a pas même remarqué le passage de l'animation dans ses tranchées mélancoliques, nous fait arrêter devant une cantine et appelle un garçon imberbe, aux larges épaules d'athlète et aux grands yeux d'enfant.

— Voici un brave, — nous dit-il.

Et s'adressant à lui:

— Allons, dis combien de Prussiens tu as déjà tués...

Le gars n'ouvre pas les lèvres et se contente de nous regarder, un peu gêné et un peu confus.

— L'avant-dernière nuit, — poursuit l'officier, — pendant l'attaque de nos réseaux de fils de fer, il est resté seul au milieu d'un groupe d'ennemis. Ses camarades n'osaient pas tirer par crainte de le tuer.

Par moments, dans le coin où il s'était réfugié comme un loup pour se défendre avec sa baïonnette contre ceux qui l'entouraient, on entendait un cri guttural. Le sergent le tenait pour mort quand se termina l'action. Mais, pas de danger!... Ce n'est pas un gas à trouver qui le tue... Le voici sans une égratignure, après avoir tué dans une lutte corps à corps plus de dix Allemands... Allons, dis quelque chose à ces messieurs...

Le héros, rougissant comme une fillette, se mord les lèvres, agite les mains et, avec un visible effort, murmure d'une voix presque imperceptible :

— Merci... mon commandant... Vous êtes bien bon...

Le commandant sourit :

— Ces Bretons! — s'écrie-t-il. — Il n'y a pas qui les fasse parler. Mais, par exemple, quand il s'agit de lutter, il n'est personne qui l'emporte sur eux. Où qu'on les place, ils y restent jusqu'à ce qu'ils meurent, sans que ni balles, ni bombes, ni rien n'arrive à les faire reculer... Et cela de la façon la plus naturelle du monde, sans demander, comme les Méridionaux, qu'on les admire, sans presque se rendre compte qu'ils accomplissent quelque chose de plus périlleux et de plus grand que les travaux de la vie ordinaire. J'en ai parmi eux plusieurs qui ont réalisé des prouesses stupéfiantes. Seulement, si on leur en parle, ils restent cois, comme honteux, et ne répondent pas...

Le chef s'arrête devant un groupe de soldats qui semblent rêver un même rêve mystique, dans une posture rituelle ; et après les avoir longuement contemplés, il murmure :

— Ces Bretons !...

Ensuite, sur un ton dans lequel il se mêle un peu d'ironie à beaucoup de tendresse, il nous parle des exploits silencieux de ses soldats. Ah ! il faut les voir dans l'action pour savoir ce qu'ils ont fait, parce que, une fois la lutte terminée, on dirait qu'ils ne se souviennent de rien, qu'à rien ils n'attachent d'importance. Avec le plus grand calme, à la fin d'un combat corps à corps au milieu de la nuit, ils retournent à leurs fossés et, sans même laver le sang qui leur rougit les mains, ils se couchent et s'endorment sous terre comme des taupes. Quand ils n'ont pas sommeil, au lieu de causer comme les Méridionaux, ils chantent. N'avez-vous pas lu le poème allemand des tranchées ?

« Dans l'ombre, — dit-il, — dans nos trous, nous entendons les Français entonner leurs chansons, qui nous arrivent mystérieusement, flottant dans les ténèbres. Souvent ce sont de douces mélodies, dans lesquelles palpite une nostalgie à peine perceptible, comme l'écho suave de jours lointains de bonheur, comme un souffle qui languit et s'évanouit. »

Ce sont des Bretons, sans doute, que le poète a entendus chanter ainsi... Ceux des autres pays ne donnent jamais cette impression de mélancolie quand ils se trouvent en face de leurs adversaires.

« Parisiens et Gascons, — s'écrie un philosophe, — vous avez le don de nous étourdir avec votre gaîté. »

Les Bretons, au contraire, cultivent leur tristesse, cultivent leur silence, cultivent leur abandon. En les voyant dans les tranchées où nous les rencontrons actuellement, ils ne nous font pas un effet bien martial ni bien héroïque.

— C'est qu'il faut les voir quand ils combattent! — répète notre guide.

Puis, il ajoute en rectifiant :

— Non, mieux vaut encore les voir quand ils résistent... Sous une pluie d'obus il n'y a pas comme eux... On parle de la froideur britannique... du calme des Anglais!... Il n'y a rien au monde qui se puisse comparer au flegme de ces Celtes aux yeux couleur de mer. Quand commencent à tomber les marmites, il est nécessaire de les obliger à se réfugier dans les chambres souterraines... Si on les laissait agir à leur guise, ils resteraient ici, tels que vous les voyez à présent... N'est-ce pas qu'ils paraissent muets et sourds?...

En effet, ils le paraissent. A mesure que nous avançons dans notre promenade à travers le dédale de la tranchée, nous remarquons avec un étonnement toujours plus grand le silence sérieux de ses défenseurs. Entre ceux qui dorment dans les cavernes latérales et ceux qui veillent aux meurtrières, fusil en main, il n'y a quasiment pas de différence.

— Ils ne nous voient pas, — dis-je au commandant, — et quand nous leur adressons la parole, c'est à peine s'ils nous entendent...

— Ce n'est pas faute de vue ni d'ouïe, — me répond-il. — Avez-vous visité une galerie d'écoute?...

— Non...

— Eh bien ! venez... Venez seul... Il ne faut pas faire de bruit... Vos amis iront ensuite, en entrant un à un... Ici... Ne tombez pas...

Par un tunnel étroit nous commençons à marcher dans les ténèbres. Le terrain est bien glissant. A tâtons, nous inclinant pour ne pas nous heurter contre la paroi supérieure, évitant les trous du sol, nous allons sans bruit pendant dix minutes. Enfin mon guide s'arrête sans dire un mot. Le temps passe et une inquiétude irraisonnée et mystérieuse commence à m'envahir. Les ténèbres et le silence m'oppressent le cœur. « Que faisons-nous ici? » ai-je envie de demander; mais, comme on a exigé de moi la promesse solennelle de ne pas prononcer une seule syllabe quoi qu'il arrive, je me contiens. Tout à coup, une rumeur nous arrive du fond de la terre, rumeur confuse et vague, comme un chant, comme un sanglot, comme une prière. La rumeur cesse... Puis elle s'élève de nouveau, plus distincte, articulée, humaine... Et alors je remarque que c'est un murmure guttural, qui ne peut être français, un murmure plein de consonnes...

Le commandant me tire par le revers de mon habit pour que je le suive et, au bout de peu de temps, une clarté lointaine nous fait voir que nous approchons de la sortie.

— Vous avez entendu ? — me demande-t-il.

— Oui... des voix allemandes...

— C'est cela... Nous nous trouvions exactement sous les tranchées ennemies... La nuit, les écouteurs que nous plaçons ici et dans les autres postes analogues surprennent les ordres d'attaque et nous les communiquent aussitôt, de façon que, lorsque les colonnes allemandes sortent de leurs fossés, nous sommes déjà prêts à les recevoir. Évidemment eux aussi ont des galeries semblables !... Dans cette guerre singulière, il n'est stratagème de sauvage ni invention de taupes dont nous ne profitions les uns et les autres... Tout le terrain est miné comme une fourmilière... Là, au fond, nous commençons actuellement des sapes qui nous conduiront aux blockhaus les plus gênants des adversaires. Ici, voyez, à nos pieds ce sont les refuges... Voulez-vous descendre ? Nous pouvons entrer tous ensemble dans l'un d'eux... Ils sont vastes et confortables...

Une porte irrégulière, formée de trois énormes troncs d'arbre, donne accès à un escalier de terre par lequel nous descendons dans une caverne qui doit être à une dizaine de mètres de profondeur. La pénombre nous laisse voir un toit de branches sèches et de planches, soutenu par des piliers rustiques. Puis, quand notre vue s'accoutume à l'obscurité, nous découvrons dans un coin une image aux pieds de laquelle s'accumulent les fleurs. Et sur-le-champ, la sensation déjà éprouvée de me trouver dans un des temples souterrains de l'Asie recommence à m'obséder. Tout m'apparaît religieux, mystique, lointain. Les troncs de pin prennent des formes de menhirs. Sur les murs se dressent des ombres étranges.

Le commandant interrompt ma vision en m'obligeant à revenir à la réalité guerrière.

— Ici, — nous dit-il, — nous sommes à l'abri de tous les projectiles, pour gros qu'ils soient. Dernièrement, ils nous ont envoyé une pluie de marmites formidables tout le jour durant et, quand ils crurent que de nous il ne restait plus que les os, ils vinrent en masse pour occuper nos tranchées. Nous les laissâmes venir. Nous les laissâmes entrer dans nos tranchées. Nous les laissâmes bien s'installer. Et au moment où ils se croyaient maîtres du terrain, nous sortîmes de nos cavernes et nous les achevâmes à coups de baïonnette.

Le commandant rit bruyamment au souvenir de cette scène, puis il s'écrie :

— Toute la nuit nous la passâmes à tirer les

cadavres des tranchées pour les enterrer là-bas derrière, dans le bois... Si les Boches faisaient au moins de même!... Mais eux, au lieu d'enterrer ceux des nôtres qui tombent dans le camp, les laissent pourrir... Vous avez vu tout à l'heure le château de Thiepval... n'est-ce pas? Il est à 500 mètres d'ici... Eh bien! dans ce château il y a plus de deux cents cadavres, voici tantôt un mois... Si vous sentiez la pestilence quand le vent souffle de l'est!... Et il n'est pas possible d'arriver à les enterrer ou à les brûler. Vingt fois nous avons demandé quelques heures d'armistice et vingt fois elles nous ont été refusées. Et cependant, ils les ont plus près de leurs tranchées.

En sortant du refuge, l'officier nous permet de contempler de nouveau, au moyen d'un périscope, le château macabre. Les hautes murailles restent encore debout, trouées et noircies, et l'ensemble de l'édifice sans toits, sans portes, sans fenêtres, avec de grandes brèches claires dans la masse sombre, produit un effet extraordinairement romantique, qui fait penser aux illustrations des livres de 1830.

Un de mes compagnons me rappelle que, depuis que nous sommes entrés dans la tranchée, nous n'avons entendu d'autre décharge que celle provoquée par le képi mis par un lieutenant sur la meurtrière.

— Pourquoi tireraient-ils? — répond un autre

journaliste. — Il n'y a pas moyen de déloger ces gens d'ici ni à coups de fusil ni à coups de canon... Et comme les tranchées d'en face doivent être pareilles...

Notre ami n'achève pas la phrase ; mais tous nous devinons ce qu'il veut dire, parce que c'est ce que nous nous répétons mentalement depuis longtemps. Telle que la guerre se présente, en effet, il n'est pas facile qu'elle prenne fin ni cette année, ni la prochaine, ni jamais... Sans doute, tous les jours il y a des batailles, tous les jours on perd des milliers d'hommes, tous les jours on gagne des mètres de terrain... Mais que sont des milliers d'hommes sur une masse de 4, 5 ou 6 millions, et que sont quelques mètres sur un front de 1.000 kilomètres ?... Non, il n'est pas probable qu'avec les actions auxquelles nous assistons depuis tant de mois, on arrive bientôt à un résultat... Ces tranchées sont des forteresses inexpugnables et, derrière elles, il y en a d'autres, et d'autres...

Et la fin, alors ?

C'est la terrible, la désespérante question que l'Europe entière, que le monde entier se répètent sans cesse.

La fin !...

LA CATHÉDRALE MENACÉE

La paix de ce jour de repos que nous pensions consacrer à nos dévotions artistiques, un taube vient la troubler.

— Entendez-vous cette bombe qui vient d'éclater ? — nous dit-on. — Elle est tombée dans le quartier de la cathédrale.

Et nous nous demandons tous avec angoisse, en nous acheminant vers la place Notre-Dame, si nous allons y éprouver dans quelques instants la sensation infiniment douloureuse dont nous avons déjà souffert à Reims et à Senlis. Et l'idée de la cruauté sans objet utile dont font preuve les Allemands dans leur campagne d'iconoclastes nous épouvante à nouveau, comme un phénomène invraisemblable. Les rues sont pleines de gens qui regardent vers le ciel, cherchant les ailes blanches du monstre incendiaire. En vain les gardes conseillent-ils la prudence aux femmes et aux enfants. Personne ne montre la plus légère crainte, personne ne se cache, personne ne songe à fuir vers les faubourgs que leur pauvreté parait mettre à l'abri des attaques aériennes. Les seuls sentiments qu'on découvre sur les visages curieux, c'est l'indignation et l'étonnement, l'étonnement surtout. Nul ne s'explique ce que peut faire un appareil guerrier dans la plus tranquille, la plus pacifique, la plus vénérable des localités. Tout comme à l'époque, lointaine déjà, où Ruskin vint s'installer à l'Hôtel du Rhin pour écrire sa *Bible,* les seules choses dans Amiens qui semblent attirer l'attention des étrangers, ce sont ses pâtisseries et sa cathédrale. Héroïquement, les aviateurs germaniques viennent de détruire une pâtisserie avec son personnel et tout ce qu'elle contenait. Mais on dirait que ce qui les attire le plus, c'est la cathédrale.

A mesure que nous approchons de l'ancien quartier au centre duquel se dresse la flèche sacrée, on entend plus clairement dans les hauteurs le vrombissement vertigineux du vol ennemi. Le jour est clair, un jour de printemps septentrional, tiède et doré. Sur les places, les arbres séculaires commencent à se couvrir de fleurs roses. Les nobles façades des palais étalent avec orgueil leurs blasons de pierre. Une animation inusitée règne dans les petites rues. Et là-haut, très haut, se détachant sur le firmament bleu, l'oiseau sinistre continue à planer sur la cité. Par moments, les ailes montent et se perdent dans l'espace, le bruit s'assoupit; l'air semble libre de menaces. Mais au bout d'un instant le sinistre bruissement recommence à se faire entendre.

— Quand l'un s'en va, un autre vient, — assure la foule.

Et nous passons ainsi toute la matinée à compter des victimes, à examiner des vitres brisées, à calculer ce qui peut se produire en une heure de temps. Et comme une obsession, la cathédrale paraît toujours à nos yeux avec sa masse obscure que les siècles barbares ont respectée et que notre siècle menace. Et le péril, qui n'impressionne personne pour son propre compte, nous angoisse tous à cause d'elle ; à cause de la divine fleur gothique sur les portails de laquelle prient les saints, les rois et les mendiants ; à cause de l'incomparable reliquaire qui conserve, à travers les âges, le cœur de la France.

Rappelez-vous les paroles de Ruskin :

« Ce pays de pierre à chaux, avec son air frais et vif, labourable en tous les points de sa surface, et tout en carrières sous les prairies arrosées, est le vrai pays des Français. Ici seulement leurs arts ont trouvé leur développement original. Plus loin, au sud, ce sont les Gascons, ou Limousins, ou Auvergnats, ou autre chose d'analogue. A l'ouest, des Bretons d'une pâleur de granit ; à l'est, des Burgondes pareils aux ours des Alpes. Ici seulement, sur la chaux et le marbre, entre, disons Amiens et Chartres d'un côté, Caen et Reims de l'autre, vous avez la vraie France. »

Est-ce pour cela que les taubes germaniques

s'acharnent ainsi ?... Est-ce contre l'âme même de la nation ennemie et non contre ses forces militaires que lancent leurs bombes incendiaires les soldats du Kaiser ?...

En d'autres temps, d'autres adversaires arrivèrent à Amiens en vainqueurs. C'étaient des Espagnols, et ils avaient une réputation de cruauté dans la région picarde, pour avoir passé au fil de l'épée les défenseurs de Doullens quelques années plus tôt. La lutte fut brève. Les milices de la ville, surprises par la rapidité de l'attaque, n'eurent pas même le temps de courir au secours des gardiens de la porte de Montre-Escu. Le chroniqueur cité par Poujol de Frechencourt, qui raconte avec des larmes dans la plume cette journée de malheur, accuse les ennemis d'avoir employé des méthodes cauteleuses pour surprendre ses compatriotes. Mais en terminant sa chronique, il ne peut s'empêcher de rendre justice à la vérité, en disant : « Il faut ici confesser, à la louange de nos généreux ennemis, qui étant vainqueurs et pouvant disposer, par droit de guerre, de tout ce qu'ils trouvèrent en la ville, qu'ils se sont néanmoins montrés tous respectueux et prudents en regard de la conservation de l'honneur des filles et femmes, qu'il ne s'est pu remarquer aucun d'ici les avoir été déshonorées, bien que la ville fût fort grande. » Ces hommes, mes aïeux, qui ne prétendaient pas incarner la « Kultur » supérieure du monde, et qui ne se vantaient même pas d'être des soldats plus parfaits que leurs adversaires, savaient au moins que la gloire militaire ne consiste pas à incendier des églises et à assassiner de vieilles femmes, mais à vaincre ceux qui portent des armes. Une fois dans Amiens, maîtres d'Amiens, ils ne firent pas couler une seule goutte de sang et s'ils s'approchèrent de la cathédrale, ce fut pour s'agenouiller devant la Madone d'or.

Aujourd'hui, au contraire...

Savez-vous combien d'existences déjà coûte à la capitale de la Picardie le vol matutinal de la colombe germanique? Un supplément au journal local nous parle de huit morts et de neuf blessés. Parmi les morts, il y a un jeune Espagnol et un marchand français d'une quarantaine d'années. Les autres victimes sont des femmes et des enfants. « Une vieille, — lis-je, — fut littéralement décapitée par une bombe. »

Mais cela ne suffit pas à l'héroïque taube qui va de temps à autre à son dépôt chercher d'autres bombes et revient ensuite léger, harmonieux, baignant ses ailes dans la lumière du jour.

Ah ! si Ruskin était vivant, comme il maudirait avec son éloquence biblique ceux qui menacent ainsi les pierres sacro-saintes de son Parthénon chrétien ! La madone du portique latéral, à la grâce pensive, devant laquelle le bon apôtre anglais se plaisait à évoquer l'existence française de jadis, douce, gaie et tendre, se trouve justement au point de la cité qui a le plus souffert. Les éclats d'obus n'ont point touché son manteau de pierre et les anges qui soutiennent son nimbe sous de délicates ogives de dentelle sont toujours intacts. Mais il y a dans le geste maternel avec lequel Marie serre contre son sein l'Enfant Jésus quelque chose de protecteur et d'inquiet qui ne répond pas à la description sereine de Ruskin et qui ajoute à la beauté vivante, à la tendresse humaine de l'image. « Non pour moi, mais pour Lui, — semble dire la Vierge de pierre, — protégez-nous, Seigneur ! »

Et l'on pense aux visages des pauvres femmes qui se mettent à leurs fenêtres, avec leurs enfants sur le sein, et qui, en parlant des petits assassinés par les bombes, élèvent vers le ciel gros de péril une prière douloureuse et indignée.

— Il n'y a point de guerre qui ait coûté tant de vies d'enfants, — disait, il y a un moment, en lisant les dernières nouvelles, un de nos compagnons.

Il n'y a pas eu, en effet, dans le cours des siècles, de guerre aussi cruelle, de guerre aussi absurde, de guerre aussi aveugle que celle-ci. Les barbares d'autrefois, dans leur folie, savaient du moins ce qu'ils détruisaient. Les Allemands d'aujourd'hui détruisent pour détruire et tuent pour tuer, d'une façon qu'on peut appeler abstraite. Demandez-leur pourquoi, et ils n'arriveront pas à trouver une excuse à leur conduite. Que dis-je ! Ils ne s'avisent même pas d'avouer leurs crimes. Jour après jour, ils ont assuré vouloir respecter les trésors artistiques. Néanmoins, les pierres de Reims, d'Arras, de Soissons, d'Ypres s'écroulent successivement. M'objecterez-vous que ces villes se trouvent dans la zone de combat ? Bon, et Amiens ?... Amiens est à 30 kilomètres du front ; Amiens n'a ni forts, ni canons, ni soldats ; Amiens n'est rien qu'un hôpital et un sanctuaire. Sur ses hautes façades la bannière blanche à croix rouge flotte au vent. Ses canaux ne reflètent que des porches d'ambulances improvisées. Sa principale gare de chemin de fer est transformée en un dépôt par où ont passé, depuis neuf mois, cent quatre-vingt-cinq mille blessés. Et par-dessus tout, pour tout sanctifier, la flèche de sa cathédrale se dresse dans l'espace comme un paratonnerre mystique.

Mais que leur importe tout cela, aux Allemands ?... Avec une joie atroce, se jouant dans l'air, le blanc taube continue à laisser tomber ses bombes qui incendient et qui tuent. A l'instant même, un débit de tabac vient d'être détruit aux environs du square René-Goblet. Sur un brancard deux infirmiers portent le pauvre débitant blessé. Un gendarme nous empêche d'approcher du lieu du sinistre.

— Ce quartier est périlleux, — nous dit-il.

C'est toujours le quartier de la cathédrale, du palais de Justice, de la maison de Louis XVI, de l'ancien évêché, de l'hôtel des Trésoriers de France... La prochaine bombe peut tomber sur un toit antique et détruire un des édifices que les siècles ont respectés. Le progrès est une chose si admirable qu'un seul obus fait plus de ravages que tous les coups de canon tirés par les Espagnols contre la cité voisine de Corbie pendant le siège de 1636.

Mais si la puissance destructive a beaucoup augmenté avec le temps, l'énergie humaine a plus augmenté encore. « Personne n'aurait pu croire, — dit Maeterlinck, — à quel point l'héroïsme est chose courante aujourd'hui. » Et il ne s'agit pas seulement de l'héroïsme des soldats. Ici, comme à Paris, comme à Nancy, comme dans toutes les places ouvertes que la flotte aérienne bombarde de temps à autre, on ne remarque pas le moindre geste de frayeur. Enfants, femmes, vieillards, tout le monde est sorti dans la rue pour voir le spectacle de l'attaque. La ville, en général silencieuse et tranquille, s'anime d'un mouvement de jour de fête. Les gens sourient, amusés. Si dans certains groupes les visages laissent voir la consternation et la douleur, ce n'est pas par peur, non, c'est que les noms des victimes courent de bouche en bouche.

LES ALLEMANDS A AMIENS

— Au milieu de nos malheurs, — nous dit un conseiller municipal qui nous invite aujourd'hui à déjeuner chez lui, — nous ne pouvons nous plaindre de notre sort, surtout en nous comparant à d'autres villes comme Reims, comme Arras, comme Senlis.

Et, en vérité, notre amphitryon n'exagère pas. Les taubes ont bombardé maintes fois Amiens, laissant tomber leurs obus sur le quartier de la cathédrale. Aucune pierre vénérable, cependant, n'a été détruite. Une fois les morts enterrés, une fois les vitres brisées remplacées, le peuple recommence à vivre sa vie ordinaire, comme si rien ne s'était passé. Et ce ne sont pas ces aventures qui démontrent le mieux la bonne fortune de la capitale picarde, mais ce qui est arrivé dans ses murs, il y a neuf mois, quand, dans leur marche sur Paris, les Allemands occupèrent la ville pendant plusieurs jours (1).

— Voici tout ce qui nous reste comme souvenir de ces instants, — s'écrie notre amphitryon, en

---

(1) Du 30 août au 11 septembre 1914.

nous montrant les placards qui décorent son bureau.

Puis il nous en montre un fort court, daté du 30 août, et il ajoute :

— C'est celui-ci qui nous a sauvés de mille horreurs...

L'affiche porte :

« Le maire fait appel aux sentiments généreux de la population pour lui rappeler qu'en toute circonstance, les blessés et prisonniers ennemis ont droit aux soins pleins d'égards que réclame leur état. De plus, il rappelle à ses concitoyens que, si le sort des armes nous était aujourd'hui défavorable et que nous fussions à la veille de voir dans nos rues ce que nous vîmes en 1870, le moindre mouvement de violence de l'élément civil peut entraîner des conséquences désastreuses pour la cité. »

— Quand les Allemands entrèrent dans Amiens le 31 août, — poursuit le conseiller, — la première chose qu'ils virent, ce fut cette affiche, et aussitôt ils comprirent qu'il ne leur serait pas facile d'invoquer le prétexte d'attaques des habitants, pour incendier les maisons. Nos autorités, par ailleurs, montrèrent dès le premier moment une énergie et un calme qui firent impression sur l'ennemi. Il n'y eut ni panique ni agitation. Tranquilles, nos concitoyens assistèrent, impassibles en apparence, au défilé des troupes germaniques, précédées de leurs musiques militaires. Il me semble encore voir ce spectacle lamentable. Une colonne, composée de quelques régiments d'infanterie et d'un escadron de cavalerie, s'achemina vers le palais municipal par la rue des Trois-Cailloux, marchant lentement, en ordre parfait, sans proférer un seul cri, sans même tourner la tête vers les curieux qui remplissaient les trottoirs. Le défilé dura trois heures. Les officiers, plan en main, suivaient un itinéraire fixe, de manière que tous les quartiers du centre fussent occupés. Quand la tête de la colonne parvint à la place de la mairie, les rues de quelque importance étaient pleines de soldats. Les commerçants n'avaient pas voulu fermer leurs boutiques, pour bien montrer qu'ils ne craignaient rien de l'envahisseur. Les églises et les bureaux publics étaient ouverts. Chaque citoyen demeurait à son poste, travaillant comme de coutume. Le chef allemand, qui le remarqua, paraissait impressionné d'un tel calme et, en entrant dans le cabinet du maire, où nous nous trouvions réunis presque tous les conseillers municipaux, il nous félicita de l'ordre et de la dignité de la ville. Puis il tira de son portefeuille une affiche imprimée et nous demanda de la faire placarder à la porte de la mairie... Voici la reproduction exacte de cette affiche, qui commence par assurer que l'Allemagne ne lutte pas contre la population mais contre les armées et qui finit en menaçant de mort quiconque ne s'inclinera pas devant le caprice du vainqueur.

Le conseiller nous distribue quelques exemplaires de la feuille dont je reproduis le texte ci-dessous :

BEKANNTMACHUNG !

EINWOHNER !

Wir führen nur Krieg gegen die feindliche Armee und nicht gegen die Einwohner. Trotzdem sind die deutschen Truppen häufig durch Personen angegriffen worden, die nicht zur Armee gehören. Man hat die « scheusslichsten Grausamkeiten » nicht nur an unseren Truppen, sondern auch an unseren Verwundeten und Aerzten verübt, die sich unter dem Schutz des Roten Kreuzes befinden.

Um diese Gewalttätigkeiten in Zukunft zu verhindern, befehle ich Folgendes :

1. Jede nicht militärische Person die mit Waffen in der Hand angetroffen wird, wird ohne weiteres niedergeschossen ; sie wird als ausserhalb des Völkerrechts stehend betrachtet.

2. Alle Waffen, Gewehre, Pistolen, Brownings, Säbel, Dolche, usw., sowie « jeder » Explosivstoff sind durch den Ortsvorstand sofort dem deutschen Truppenbefehlshaber abzuliefern.

Wenn eine einzige Waffe irgendwo gefunden, oder irgend eine Feindseligkeit gegen unsere Truppen, Transporte, Telegraphen- und Eisenbahnlinien, usw., begangen oder wenn den Franktireurs Obdach gewährt wird, so werden die Schuldigen und die festgenommenen Geisseln ohne Pardon niedergeschossen. Ausserdem werden die Einwohner der betreffenden Ortschaft verjagt, die Ortschaften und Städte selbst werden zerstört und niedergebrannt. Wenn dergleichen auf einer Strasse oder in dem Gelande zwischen zwei Ortschaften vorkommt, so wird in derselben Weise gegen die Einwohner der beiden Ortschaften vorgegangen.

Ich erwarte dass die Ortsvorstände wie auch die Bevölkerung durch geeignete Ueberwachung und besonnene

Haltung über der Sicherheit unserer Truppen wie auch ihrer eigenen Sicherheit wacht.

Geschieht dies nicht so treten die oben angekündigten Massnahmen in Kraft.

DER KOMMANDIERENDE GENERAL.

— Et après? — demandons-nous au conseiller.

— Après, — poursuit-il, — nous eûmes une longue conversation avec ce chef, qui s'appelait Stockhausen et parlait fort bien français. Le plus important pour lui, une fois assurée la tranquillité de la population, était d'obtenir les vivres et objets dont ses troupes avaient besoin. Il nous demanda 40.000 kilos de pain, 40.000 de viande, 60.000 d'avoine et de fourrage, 20.000 de légumes, 10.000 de café... Tout cela nous paraissait beaucoup pour une ville comme la nôtre et nous le lui fîmes observer. Mais lui, loin de diminuer ses exigences, ne faisait qu'augmenter les réquisitions, jusqu'à nous demander des chevaux, des lampes électriques, des montres, des vêtements d'automobilistes, du papier à lettres... Ce n'était pas une liste mais un catalogue qu'il avait dans son carnet de notes, cet homme. Sans s'engager, le maire finit par lui dire : « Nous vous donnerons ce qui sera possible, et rien de plus. » Ensuite vint la question des otages, dont la vie devait répondre de la tranquillité locale. Von Stockhausen indiqua le chiffre de douze notables. Aussitôt tous ceux d'entre nous qui étaient présents s'offrirent sans conditions et le procureur général de la République, comme représentant de la justice, s'unit spontanément à nous. « Je vois, — nous dit l'Allemand en remarquant que, loin de fuir les responsabilités et les périls, nous considérions la captivité comme un honneur, — je vois que vous avez confiance en notre esprit chevaleresque. » Les nouvelles que nous recevions de Belgique, d'otages fusillés sans motifs, n'étaient pourtant pas tranquillisantes, mais le sentiment du devoir nous animait jusqu'à nous faire mépriser le danger. A 3 heures de l'après-midi, le maire rédigea l'affiche suivante qui fut placardée aux coins des rues : « Douze otages choisis dans la municipalité, auxquels s'est joint le procureur général, répondent sur leur vie de la promesse par moi faite au commandant allemand qu'aucun acte d'hostilité ne sera commis contre les troupes ennemies. » Une fois tout ceci réglé, von Stockhausen donna par téléphone ordre de permettre aux soldats de se reposer. « Se reposer, — demanda l'un de nous, — signifie-t-il se promener librement dans la ville ? — Oui », répondit l'Allemand. Une grande angoisse alors s'empara de mon âme. Qu'allait-il se passer avec cette masse d'hommes en liberté ? Les histoires tragiques de ce qui était arrivé en d'autres lieux me remplissaient d'inquiétude. Une ivresse, une bousculade, une simple dispute pouvait provoquer une catastrophe. Le commandant lut sans doute le trouble sur mon visage, car, s'adressant à moi, il m'assura que ses troupes avaient ordre de se montrer non seulement respectueuses, mais courtoises. « Personne, — dit-il en terminant, — n'aura la moindre plainte à formuler contre elles. »

— En fut-il réellement ainsi ? — interroge l'un de nous.

Le conseiller paraît méditer un moment. Ses yeux parcourent les placards des murs, comme à la recherche de quelque souvenir pénible. Puis, d'un ton clair et franc, il s'écrie :

— Oui..., nous n'eûmes pas de plaintes...; il ne se passa rien... rien de grave au moins... Quelques boutiquiers se plaignent que certains soldats aient réglé leurs achats en billets allemands... Cela n'est rien... En général, tout fut payé religieusement. Les officiers, en particulier, se conduisirent avec une correction parfaite. A l'Hôtel du Rhin, où vous logez, se trouvait l'état-major, et je n'ai pas la moindre connaissance qu'il s'y soit organisé des orgies, comme en d'autres lieux. Dans les tavernes, les troupiers essayaient de causer avec les habitants, les interrogeant sur les affaires intérieures du pays. Ce qui semblait le plus les intéresser, c'étaient les choses de Paris, où ils pensaient entrer bientôt, avec musique et bannières. Ah ! Paris, Paris ! Les marchands de cartes postales épuisèrent en quelques heures leurs vues parisiennes. Il n'y avait

Prussien, Saxon ou Bavarois qui n'eût hâte d'envoyer à sa famille une image de la cité où ils espéraient savourer enfin les douceurs du triomphe. Quelques-uns en écrivant laissaient supposer qu'ils étaient déjà sur le Boulevard. D'autres se contentaient de dater leurs cartes *bei Paris*... Tout cela, en ces moments, ne nous faisait pas sourire comme à présent. Près de Paris, ils l'étaient en réalité... Les officiers qui parlèrent avec moi essayaient de me convaincre que toutes les accusations contre les troupes germaniques d'atrocités commises en Belgique étaient fausses; et en vérité, à voir comme ils se conduisaient ici, j'en vins à les croire. Leur plus grand souci consistait à se montrer cordiaux. Le général invita notre maire à un thé à l'Hôtel du Rhin, et quand celui-ci, très digne et très courtois, lui répondit par un froid « merci », l'Allemand ne parvenait pas à s'expliquer un pareil refus. Les Français, selon eux, n'étaient pas les véritables ennemis. Les vrais ennemis, c'étaient les Anglais. Nous, nous ne discutions pas, nous ne parlions que des choses indispensables. Mais, dans le peuple, les discussions étaient fréquentes, sans jamais dégénérer en disputes. Une consigne sévère maintenait les soldats dans les limites de la correction. Malgré la passion que la race teutonne a pour la bouteille, il n'y eut point de beuveries scandaleuses. En somme, en dehors de notre odyssée personnelle, il ne se passa rien de grave...

Par la porte entr'ouverte de la grande salle à manger où nous nous trouvons, nous voyons de temps à autre passer quelques têtes blondes. Sur les étagères d'un immense buffet luit la vaisselle d'argent. Au fond de la pièce, une tapisserie de haute lisse perpétue les fastes du travail picard de jadis. Tout, dans la maison de notre amphitryon, respire la paix heureuse, la richesse tranquille, la douceur patriarcale. Le capitaine qui nous guide nous avait déjà dit ce matin qu'il nous conduisait au foyer d'une des plus vieilles et plus puissantes familles de la bourgeoisie amiénoise. Comment, après cela, ne pas admirer le sentiment qui anime ces hommes aux heures graves et les transforme en héros civils? Comme Keller, de Lunéville, comme le juge Regnault, comme tant d'autres, victimes de leur patriotisme, ce millionnaire qui, sûrement, n'avait jamais pensé à être un héros, sut mettre un jour son amour de la cité au-dessus de sa tranquillité personnelle.

La première chose que fit le commandant allemand, quand les douze otages furent en son pouvoir, fut de leur dire sans ambages :

— Au moindre acte d'hostilité qui se commettra contre nos troupes, vous serez tous fusillés.

Et si l'on pense que plusieurs régiments occupaient les rues ; si l'on réfléchit combien il est facile de provoquer une dispute ; si l'on se souvient de ce qui s'était déjà passé dans des villes voisines, il est impossible de ne pas trembler devant la situation des otages. Eux, pourtant, ne donnèrent pas la moindre marque de peur. Les ennemis furent les premiers à rendre justice à l'énergie avec laquelle ils acceptèrent leurs responsabilités.

— Au début, — nous dit le conseiller, — nous nous figurâmes qu'on nous laisserait enfermés dans la mairie où nous avions fait préparer des lits et une cuisine. Mais à peine nous trouvâmes-nous réunis qu'une escorte vint nous chercher et un officier nous ordonna de prendre place dans quelques voitures découvertes. Par le boulevard d'Alsace-Lorraine, nous sortîmes d'Amiens et, après nous avoir fait stationner durant plus de quatre heures en pleine campagne, nous continuâmes notre route pour arriver à la nuit tombée à Rémiencourt, où se trouvait le quartier général. Un capitaine prussien, très distingué, nous dit que, n'ayant pu trouver un logement commode, il se voyait obligé de nous enfermer, pour passer la nuit, dans une pièce sans lit. « Vous dormirez mal aujourd'hui, — s'écria-t-il, — mais demain tout s'arrangera. »

Ce qui nous préoccupait le plus en ce moment, c'était le repas. De tout le jour nous n'avions pris une bouchée. Le capitaine nous avoua qu'il ne pouvait pas nous donner même un morceau de pain parce qu'il n'en avait pas. « Demain, — ajouta-t-il, — vous mangerez. » A 5 heures du matin l'escorte vint nous reprendre pour nous mener à Chirmont. C'était le 1er septembre et le temps était glacial et humide. Le procureur général avait des vêtements d'été et ne pouvait cacher son état de fatigue et de froid. L'officier de l'escorte quitta son pardessus et le lui offrit de si aimable façon que notre ami ne voulut point refuser de l'accepter. « Avec des militaires de ce genre, — pensâmes-nous, — il ne nous arrivera guère de mal. » Mais à peine arrivés à Chirmont, où nous espérions nous dédommager de notre jeûne de vingt-quatre heures, un colonel vint à notre rencontre et, avec des paroles insolentes, nous dit que la municipalité d'Amiens n'avait pas encore livré ce qu'on lui avait demandé et que, comme nous répondions sur notre vie des promesses du maire, nous serions fusillés. Je lui fis observer que ce dont nous répondions, suivant la parole de ses propres chefs, c'était de l'ordre public. Sans m'écouter, le colonel, un certain Bracquemann, nous conduisit à une hauteur où venait de s'installer une batterie de canons énormes et s'exclama : « Si on ne nous livre pas de suite ce que nous avons demandé, nous brûlons Amiens, et vous serez fusillés. » Avec le plus grand calme le procureur lui répondit : « Nous n'avons pas peur. Mais je suis sûr que si Amiens n'a pas fourni ce qu'il a offert, c'est par suite de quelque difficulté aisée à aplanir. Si vous me permettez d'aller moi-même pour me rendre compte de ce qui se passe, tout s'expliquera. » L'Allemand parut hésiter un instant. Puis, changeant de ton, il conclut : « Vous avez raison, Monsieur le procureur; allez dans mon automobile et réglez les choses de façon que nous puissions être bons amis. » Nous autres, nous restâmes à Chirmont, où nous finîmes par obtenir un peu de vin et un peu de pain. Les officiers s'excusaient de ne pouvoir nous donner davantage. A midi, ils nous répartirent en trois groupes et nous distribuèrent la même nourriture qu'aux soldats. Puis la marche continua non plus au milieu d'une simple escorte, mais avec l'armée qui allait au château de Gannes. Le canon tonnait à quelque distance et la bataille paraissait terrible. Où étaient nos troupes? nous l'ignorions. Mais les visages crispés de ceux qui nous gardaient et les conversations inquiètes de leurs chefs nous faisaient croire que nous approchions des lignes de feu. Arrivés au château, on nous enferma dans une vaste salle où il y avait quelques paillasses, et un officier nous dit : « Vous pouvez dormir. » Avant de nous coucher, nous voulions manger et nous donnâmes une pièce d'or à un soldat pour qu'il allât nous acheter quelque chose. Au bout d'une demi-heure un lieutenant nous rapporta la pièce en s'écriant : « Il ne manquait plus que cela !... On vous apportera à manger, mais sans rien payer... Nous vous invitons. » A peine avait-il fini de parler que nous vîmes en effet quelques soldats chargés de plats. Un repas magnifique !... Et nous qui mourions de faim ! Après avoir dîné, nous nous couchâmes et nous dormîmes comme si nous avions été dans nos lits, loin de tout péril. A notre réveil, le jour suivant, le colonel Bracquemann nous appela pour nous dire que nous étions libres et que nous pouvions retourner chez nous. « Tous ? — demandâmes-nous. — Non... ; il me faut garder quatre de vous pour me répondre de 20.000 francs qui manquent à la somme qu'Amiens devait nous verser hier. » Alors une grande discussion s'engagea entre nous. « Je comprends, — murmura l'Allemand sans entendre nos paroles, — je comprends ; aucun de vous ne veut être de ceux qui doivent rester... — Au contraire, — lui expliquai-je, — ce qui arrive, c'est que tous nous voulons être de ceux qui doivent rester... — Ah ! très chevaleresque... très noble... très français... », disait Bracquemann en s'inclinant. Tout à coup il s'écria : « Que les quatre plus jeunes restent. » Et comme la solution était élégante, nous nous y rangeâmes et nous partîmes, nous, les vieux.

Notre conseiller sourit et lève son verre pour trinquer.

— En l'honneur de ce colonel allemand, qui ne paraît pas un camarade des assassins de Liége et des incendiaires de Reims ? — lui demandé-je en riant.

— Non, — me répond-il. — Et pourtant il le mériterait bien. Tous les officiers avec lesquels nous fûmes en relations pendant ces journées le mériteraient... Je ne sais s'ils avaient été choisis intentionnellement parmi les plus distingués d'Allemagne; mais il est certain qu'ils ne ressemblent pas à ceux de Senlis ni à ceux de Lunéville, moins encore à ceux de Louvain et à ceux de Reims... Ah! non... Je me souviens qu'un matin, quand ils étaient déjà depuis plusieurs jours dans la ville, quelques militaires se réunirent sur la place de la cathédrale et se mirent à étudier les porches avec une insistance qui ne laissa pas d'inquiéter les voisins. Que cherchaient là ces hommes!... Tout à coup, un de mes amis eut une idée diabolique. « Savez-vous ce qu'ils se proposent? — me dit-il. — Rien moins que de fortifier les tours pour défendre la cité en cas que nos troupes les attaquent, et nous obliger ainsi ou bien à détruire nous-mêmes notre grand sanctuaire ou bien à les laisser tuer nos soldats sans que nos canons leur puissent répondre. » L'idée, bien que démoniaque, me parut logique. Plein d'épouvante, donc, je m'en fus vers la place, et, en rencontrant les militaires qui me connaissaient, je leur demandai ce qui les intéressait ainsi. Un d'eux me répondit : « Nous avons vu tant d'horreurs que nous nous purifions le regard avec ces images divines. » Puis ils s'en allèrent prendre une coupe de champagne à l'Hôtel du Rhin. Il y a lieu de remarquer, d'autre part, que les troupes entrées dans la ville le 31 août s'en allèrent par la suite, ne laissant qu'une garnison réduite et beaucoup d'officiers. Leurs batteries se trouvaient placées dans les environs et cela suffisait pour les rendre sûrs qu'on ne s'attaquerait pas à leurs soldats. « A la moindre tentative d'attaque contre nous, — répétaient-ils sans cesse, — nous bombardons les quartiers du centre. » Mais il n'y eut pas d'attaque et ils ne firent rien pour provoquer un conflit... Les boutiques étaient ouvertes, la population se livrait à ses occupations ordinaires, le calme était complet... Ce qui pesait le plus aux gens, c'était l'isolement du reste du pays... Nous n'avions ni lettres ni journaux... Et les jours passaient, passaient... Seulement, à parler franchement, nous qui avions la responsabilité de l'ordre, nous n'étions tranquilles qu'en apparence... Je garde des notes intimes de ces moments... Cela ne peut vous intéresser.

— Mais si ! — nous écrions-nous tous.

Et un Anglais ajoute très gravement :

— Il n'y a rien de plus intéressant que les détails cachés des époques tragiques...

— Bien... bien... Les voici...

Et tirant d'un portefeuille un petit cahier soigneusement relié, il nous lit, sans hâte, quelques passages curieux. Quand il achève, ce qui m'étonne, c'est qu'à la dernière page notre conseiller n'ait pas écrit comme le chroniqueur du seizième siècle : « Faut confesser ici la louange de nos ennemis, qui se sont montrés tous vertueux et prudents... » Car, en vérité, comme les Espagnols de Portocarrero, les Allemands de von Stockhausen méritent, au moins cette fois, pour leur prudence et leur douceur inaccoutumées, les plus grands éloges.

— Me permettez-vous de copier quelques-unes de ces courtes pages ? — demandé-je à notre amphitryon.

— Je crois bien ! — répond-il. — Mais quel intérêt peuvent avoir pour un étranger des impressions purement locales ?... S'il s'agissait de Louvain..., de Liége...

— Les événements de Louvain, ceux de Liége, tout le monde les connaît. Il n'y a pays dans l'univers où l'on ne parle aujourd'hui de la barbarie allemande. Par contre, personne n'a fait voir qu'en d'autres lieux, comme ici, au lieu de se montrer sauvages, les guerriers du Kaiser se conduisirent en hommes civilisés. C'est si rare, qu'il faut le faire savoir...

En m'entendant parler ainsi, un de nos Yankees, germanophobe intransigeant, se tourne vers moi et d'un ton de critique amère, s'écrie :

— Ce n'est pas le moment d'admirer ces sauvages.

Non, en effet... Ce n'est pas devant Reims, qui brûle ; devant Ypres, disparu à jamais ; devant Arras, qui agonise, qu'on peut songer à admirer les soldats de Prusse. En considérant leurs crimes, on ne peut que les haïr en bloc. Mais, tout de même, en rencontrant une page non sanglante dans la geste de leurs aventures actuelles, le devoir de qui voudrait être le chroniqueur d'une guerre chevaleresque est d'y insister, de la faire lire, de la commenter avec une nostalgie mélancolique.

« Ces Allemands, écrit Barrès, ont de l'esprit d'organisation et de la bravoure, et l'on voudrait qu'ils se fussent conduits en ennemis que l'on pût admirer. »

Mon sentiment intime est contenu dans ces lignes. Je voudrais ne pas haïr les Allemands, et c'est pourquoi, quand je me trouve dans des villes comme Coulommiers, Épernay ou Amiens, dans lesquelles il n'y eut ni maires assassinés, ni églises incendiées, ni femmes violées, ni enfants mutilés, je me plais à le reconnaître et à le célébrer comme un miracle.

Les notes de notre conseiller commencent le 1er septembre. La seule chose en ce jour qui appelle son attention est l'attitude d'un officier qui fait ouvrir un débit de tabac fermé depuis la veille, choisit les meilleurs cigares et, quand la débitante, terrorisée, croit qu'il va s'en aller sans payer, lui remet une pièce d'or. La police municipale française demeure chargée de l'ordre public. Les relations entre les chefs allemands et les autorités locales sont correctes.

Le 2 septembre, on se figure que l'ennemi a abandonné la ville. De tout le jour on ne voit pas un soldat dans les rues.

Le 3, le conseiller écrit : « Amiens reprend son aspect normal. Il n'y a plus de boutiques fermées. Les fenêtres s'ouvrent. Les tramways circulent de nouveau. »

Le 4, calme pareil. Les Prussiens se tiennent dans les édifices qui leur servent de logement et ne sortent que pour acheter ce dont ils ont besoin. Partout ils paient religieusement. Aucun soldat ne commet la moindre incorrection.

Le 5, on organise un service postal privé, grâce auquel la France saura enfin qu'Amiens ne brûle pas, comme on l'assure à Paris; que son maire n'est pas en danger; que tout va bien dans la plus heureuse des villes envahies. Le soir, tandis que la population demeure tranquille, les fonctionnaires municipaux traversent quelques heures d'inquiétude amère. Les Allemands décident de visiter les banques et se font ouvrir les caisses des établissements de crédit. Toutes les caisses sont vides. Dans celle d'épargne, seule, il y a 5.000 francs en or que les Allemands prennent en donnant un reçu. « Quant aux dépôts des particuliers, — ajoute notre conseiller, — ils n'y touchèrent pas. »

« Dimanche 6, tranquillité complète. »

Le 7, un aviateur français vole au-dessus de la ville et les Allemands ne l'attaquent pas. Néanmoins, depuis ce jour, le calme des chefs ennemis s'évanouit. De nouveaux détachements entrent dans la ville, les hôtels se remplissent d'officiers.

Les câbles téléphoniques sont coupés. Le major Eckert, gouverneur de la place, prétend qu'il y a des Anglais cachés dans les caves et demande qu'on les lui livre. Le maire lui donne sa parole qu'il n'y a pas un seul soldat dans Amiens, et l'Allemand n'insiste pas. Les rues grouillent de militaires, toujours respectueux, qui paient ce qu'ils demandent et ne molestent personne. La nuit, les patrouilles parcourent les rues.

Le 10, comme les officiers ne tiennent plus dans les hôtels, il faut les loger dans les maisons particulières. Notre conseiller craint « qu'il ne se passe quelque chose de tragique si un Allemand se permet un manque de respect vis-à-vis d'une des femmes obligées par force de les loger ». Nul incident. Les échos de la victoire de la Marne commencent à arriver à Amiens.

Le 11, tout à coup, sans que personne puisse s'expliquer ce mouvement, le gouverneur de la place réunit les troupes et s'en va, après avoir salué le maire avec beaucoup d'égards : « Les Français, — avoue-t-il, — ne tarderont pas à arriver... Le sort des armes les a favorisés dans les dernières rencontres... Je crus que nous irions à Paris... Enfin, le souvenir que je conserve d'Amiens sera l'un des meilleurs de ma vie de campagne. » Au même moment arrivent à Amiens les premiers gendarmes français.

— Comment vous expliquez-vous, — demande

l'un de nous au conseiller, — que la conduite des Allemands ait été à Amiens si différente de ce qu'elle fut dans d'autres lieux? Ici, de votre propre aveu, non seulement ils se sont montrés respectueux, mais même courtois... Il n'y a pas eu contre eux une seule plainte des femmes chez qui logèrent des officiers. L'argent demandé par eux le fut en vertu d'ordres de réquisition, légalement reconnus...

— C'est vrai, — murmure le conseiller.

Et il ajoute :

— Je ne sais comment m'expliquer cela...

Je me permets de dire :

— Cela démontre qu'Amiens est heureux en tout, grâce à la protection de saint Firmin, l'Espagnol, patron de la cité.

Le fonctionnaire termine :

— Non... cela démontre une chose plus grave et plus terrible, à savoir que, quand les troupes du Kaiser se montrent sauvages, quand elles brûlent, quand elles assassinent, quand elles mutilent, quand elles violent, quand elles pillent, c'est en obéissant à un ordre supérieur... Quand la consigne est le respect, il n'y a pas un Prussien qui ose pousser un cri. Les responsables des crimes de Louvain, de Senlis, de Liége, ce ne sont pas les soldats, non... Ce sont les chefs... Ces gens ne tuent, ne violent, n'incendient que si leurs chefs le leur ordonnent... Je les ai vus de près....

TABLE DES MATIÈRES

NANCY, IMPRIMERIE BERGER-LEVRAULT — AVRIL 1916

LIBRAIRIE MILITAIRE BERGER-LEVRAULT

PARIS, 5-7, rue des Beaux-Arts — rue des Glacis, 18, NANCY

PAGES D'HISTOIRE 1914-1916 (*Suite*)

24. **Extraits du « Bulletin des Armées de la République ». — III. Les Premiers-Bordeaux.** *Du 24 oct. au 9 décembre 1914.* 60 c.

25. **Le Livre blanc allemand** (*24 juillet-2 août 1914*) . . . . 60 c.

26. **Les Communiqués officiels. — VI.** *Du 1er au 31 déc. 1914* . . 60 c.

27. **L'Allemagne et la Guerre,** par Émile Boutroux, de l'Académie Française . . . . 40 c.

28. **La Folie allemande.** *Documents allemands,* par Paul Verrier, chargé de cours à la Sorbonne. . . . . 30 c.

29. **La Journée du 22 décembre 1914** (*Rentrée des Chambres*). Préface de M. H. Welschinger, de l'Institut . . . . 60 c.

30. **La Chronologie de la Guerre.** *Du 31 juillet au 31 décembre 1914,* par S. R. . . . . 40 c.

31. **A l'Ordre du Jour. — VII.** *Du 11 au 21 novembre 1914.* . . . . . 60 c.

32. **Le « 75 ».** *Notions sur le canon de 75,* par Th. Schlœsing fils, membre de l'Institut . . . . 40 c.

33. **A l'Ordre du Jour. — VIII.** *Du 22 au 25 novembre 1914* . . . . 60 c.

34. **Les Neutres. — Les Allemands en Belgique (Louvain et Aerschot).** *Notes d'un témoin hollandais,* par L.-H. Grondijs. 60 c.

35. **Les Communiqués officiels. — VII.** *Du 1er au 31 janvier 1915.* 60 c.

36 et 37. **Les Neutres. — Voix américaines sur la guerre de 1914.** Articles traduits ou analysés par S. R. — I et II. Chacun. 60 c.

38. **Le second Livre orange russe** (*19 juillet/1er août-19 octobre/1er novembre 1914*) . . . . 60 c.

39. **Le Front.** *Atlas dépliant de 32 cartes en six couleurs.* (Août-décembre 1914.) Préface du général Cherfils . . . . 90 c.

40. **Paroles allemandes.** Préface de l'abbé E. Wetterlé, ancien député de Ribeauvillé (Haut-Rhin) au Reichstag. . . . . 90 c.

41. **Les Poètes de la Guerre.** *Recueil de poésies parues depuis le 1er août 1914.* Préface en vers de Hugues Delorme . . . . 75 c.

42. **Les Communiqués officiels. — VIII.** *Du 1er au 28 février 1915.* 60 c.

43. **A l'Ordre du Jour. — IX.** *Du 26 novembre au 1er déc. 1914* . . 60 c.

44. **La Haine allemande** (*Contre les Français*), par Paul Verrier, chargé de cours à la Sorbonne . . . . 40 c.

45. **Les Communiqués officiels. — IX.** *Du 1er au 31 mars 1915.* . 60 c.

46. **Les Neutres. — La Suisse et la Guerre** . . . . 60 c.

47. **Le Livre rouge austro-hongrois** (*29 juin-24 août 1914*) . . . . 90 c.

48. **Les Campagnes de 1914,** par Champaubert. Avec 23 cartes . . 60 c.

49. **Les Communiqués officiels. — X.** *Du 1er au 30 avril 1915* . . 60 c.

PAGES D'HISTOIRE 1914-1916 (*Suite*)

50. **Nos Marins et la Guerre.** — I. . . . . 60 c.

51. **Le second Livre bleu anglais** (*Turquie, 3 août-4 nov. 1914*). 90 c.

52. **A l'Ordre du Jour.** — X. *Du 2 au 7 décembre 1914* . . . . . 60 c.

53. **Les Communiqués officiels.** — XI. *Du 1er au 31 mai 1915* . . 60 c.

54. **Les Neutres. — Les Dessous économiques de la Guerre,** par Christian CORNÉLISSEN, économiste hollandais. Préface de Charles ANDLER, professeur à la Sorbonne . . . . 60 c.

55. **Le Livre vert italien** (*9 décembre 1914-4 mai 1915*) . . . . . . 90 c.

56. **A l'Ordre du Jour.** — XI. *Du 8 au 11 décembre 1914* . . . . . 60 c.

57. **Les Volontaires étrangers enrôlés au service de la France en 1914-1915,** par M.-C. POINSOT . . . . 60 c.

58. **L'Organisation du Crédit en Allemagne et en France,** par André LIESSE, membre de l'Institut . . . . 90 c.

59. **A l'Ordre du Jour.** — XII. *Du 11 au 13 décembre 1914* . . . . 60 c.

60. **A l'Ordre du Jour.** — XIII. *Du 14 au 28 décembre 1914*. . . . 60 c.

61. **Les Communiqués officiels.** — XII. *Du 1er au 30 juin 1915*. . 60 c.

62. **La Vie économique en France pendant la guerre actuelle,** par Paul BEAUREGARD, membre de l'Institut. . . . . . 40 c.

63. **L'Œuvre de la France.** Articles traduits du journal *The Times*. Avec 1 carte . . . . 40 c.

64. **La Guerre et les Monuments.** *Cathédrale de Reims, Ypres, Louvain, Arras,* par Lucien MAGNE, inspecteur général des monuments historiques. Avec 32 illustrations inédites. . . . . . . 1 fr.

65. **Les Origines historiques de la guerre,** par Gabriel ARNOULT, docteur en droit. Avec 4 cartes . . . . 40 c.

66. **Du Rôle de la Physique à la guerre. De l'Avenir de nos Industries physiques après la Guerre,** par J. VIOLLE, membre de l'Institut. Avec 26 figures . . . . 75 c.

67. **Le Livre jaune français** (*17 mars 1913-4 septembre 1914*). . . . 90 c.

68. **Chronologie de la Guerre.** *Du 1er janvier au 30 juin 1915,* par S. R. . . . . 60 c.

69. **Les Communiqués officiels.** — XIII. *Du 1er au 31 juillet 1915*. 60 c.

70. **A l'Ordre du Jour.** — XIV. *Du 29 décembre 1914*. Avec la *Liste alphabétique des noms cités du 8 août au 29 décembre 1914* . . . 90 c.

71. **Les Pages de Gloire de l'Armée belge.** *De la Gette à l'Yser. A Dixmude,* par le commandant WILLY BRETON, de l'armée belge. Avec 4 cartes . . . . 60 c.

72. **Chants de Soldats (1525-1915.)** *Chansons populaires. Chants militaires. Hymnes nationaux. Sonneries.* (Avec la musique.) Recueillis par A. SAUVREZIS . . . . 1 fr.

PAGES D'HISTOIRE 1914-1916 (*Suite*)

73. **Le Livre bleu anglais. Documents complémentaires** (*20 juillet-1er septembre 1914*) . . . . **60** c.

74. **Voix italiennes sur la Guerre de 1914-1916** . . . . **60** c.

75. **Les Neutres. — Voix américaines sur la Guerre de 1914-1916.** Articles traduits ou analysés par S. R. — III . . . . **60** c.

76. **Les Neutres. — Voix espagnoles.** Préface de Gomez Carrillo. **60** c.

77. **Les Communiqués officiels.** — XIV. *Du 1er au 31 août 1915.* **60** c.

78. **L'Anniversaire de la Déclaration de guerre** (*4 août 1914-4 août 1915*)). Préface de M. H. Welschinger, de l'Institut. . . **60** c.

79. **Paroles françaises.** *Hommes d'État. Hommes politiques. Diplomates. Publicistes* . . . . **60** c.

80. **Paroles françaises.** *L'Institut de France. L'Université. Les ministres des cultes. Les chefs militaires. Le Président de la République* . . . . **60** c.

81. **Les Communiqués officiels.** — XV. *Du 1er au 30 sept. 1915.* . **60** c.

82. **Mines et Tranchées,** par Henry de Varigny. Avec 5 figures. **60** c.

83. **Nos Marins et la Guerre.** — II. *Du 3 avril au 14 août 1915.* **60** c.

84. **Les Alsaciens-Lorrains en France pendant la Guerre** . . **60** c.

85. *La Diplomatie française.* **L'Œuvre de M. Delcassé,** par Georges Reynald, sénateur. Avec portrait . . . . **60** c.

86. **Les Communiqués officiels.** — XVI. *Du 1er au 31 octobre 1915.* **60** c.

87. **Les Terres meurtries,** par Albert de Pouvourville. Avec 7 cartes. . . . . **60** c.

88. **Documents authentiques sur le complot austro-allemand aux États-Unis,** présentés aux deux Chambres du Parlement britannique. 1916 . . . . **60** c

89. **Les Communiqués officiels.** — XVII. *Novembre-décembre 1915.* **90** c.

90. **Voix américaines sur la Guerre de 1914-1916.** Articles traduits ou analysés par S. R. — IV . . . . **60** c.

91. **La Prospérité économique de l'Allemagne** *Sa « Place au soleil » et la Guerre,* par Gaston Cadoux. 1916. . . . . **40** c.

92. **Les Derniers Massacres d'Arménie.** *Les Responsabilités,* par Herbert Adams Gibbons. 1916. . . . . **40** c.

93. **Le second Livre blanc allemand.** (Documents sur l'explosion de la Guerre). *Essai critique et notes sur l'altération officielle des documents belges,* par Fernand Passelecq, directeur du Bureau documentaire belge. Avec de nombreux fac-similés inédits, 1916. **1** fr.

94. **Chronologie de la Guerre.** 3e volume (*1er juillet-31 décembre 1915*), par S. R. . . . . **90** c.

Du même auteur

Parmi les Ruines (*De la Marne au Grand Couronné*). Traduit de l'espagnol par J.-N. CHAMPEAUX. 4e mille. 1915. Volume in-12 de 387 pages, broché. 3 fr. 50

Une Visite à l'Armée anglaise, par Maurice BARRÈS, de l'Académie Française. 1915. Volume in-16 jésus de 120 pages. . . . . 1 fr. 25

La France en Guerre, par Rudyard KIPLING. Traduit de l'anglais par Claude et Joël RITT. 1915. Volume in-16 jésus, avec 2 photographies. 1 fr. 25

La Croix des Carmes. *Documents sur les combattants du bois Le Prêtre*, par Jean VARIOT. 1916. Volume in-16 jésus, avec 5 dessins de l'auteur. 2 fr.

L'Épopée serbe. *L'Agonie d'un peuple*, par Henry BARBY, correspondant de guerre du *Journal*. 1916. Volume in-12, avec 20 illustrations hors texte et 1 carte . . . . 3 fr. 50

Un Régiment belge en campagne. *Les fastes du 2e chasseurs à pied (1er août 1914-1er janvier 1915)*, par le commandant Willy BRETON, de l'armée belge. Volume in-12, avec 11 photogr. inédites hors texte et 3 cartes. 1 fr. 50

LA GUERRE — LES RÉCITS DES TÉMOINS

La Victoire de Lorraine. *Carnet d'un Officier de Dragons.* 1915. 16e édition. Volume in-8, avec 6 illustrations et 1 carte, broché . . . . 1 fr. 25

Carnet de route d'un Officier d'Alpins. 1re série : *Août-septembre 1914.* 10e édit. 1916. Volume in-8, avec 6 gravures et 1 carte hors texte, br. 1 fr. 50

Feuilles de route d'un Ambulancier. *Alsace, Vosges, Marne, Aisne, Artois, Belgique*, par Charles LELEUX, avocat à la Cour d'appel de Paris. Complétées d'après le Carnet de route du Dr Henri LIÉGARD, chef de clinique aux Quinze-Vingts. Préface de M. René DOUMIC, de l'Académie Française. 6e édition. 1915. Volume in-8, avec 13 illustrations hors texte . . 1 fr. 50

Avec les Français en France et en Flandre. *Impressions vécues d'un aumônier attaché à une ambulance de campagne*, par OWEN SPENCER-WATKINS, aumônier aux armées anglaises. Traduit de l'anglais par Henri et Jeanne DUPRÉ. 6e édition. 1915. Volume in-8, avec portrait et 7 planches hors texte . . . . 2 fr.

Six Semaines à la Guerre. *Bruxelles, Namur, Maubeuge*, par la duchesse DE SUTHERLAND. 1915. 6e édition. Volume in-8, avec 9 planches hors texte, 2 fac-similés et 1 carte . . . . 1 fr. 50

Charleroi. *Notes et impressions*, par FLEURY-LAMURE, correspondant de guerre français du *Times* en Belgique. Préface de Gérald CAMPBELL, correspondant spécial du *Times*. 12e édition. 1916. Volume in-8, avec portrait, 2 fac-similés et 5 cartes. 1 fr. 50

Sur le Front russe, par Stanley WASHBURN, correspondant de guerre du *Times* près les armées russes. Traduit de l'anglais par Paul RENEAUME. 1916. Volume in-8 de 160 pages, avec 25 photographies hors texte de George H. MEWES . . . . 3 fr. 50

NANCY, IMPRIMERIE BERGER-LEVRAULT

www.ingramcontent.com/pod-product-compliance
Ingram Content Group UK Ltd.
Pitfield, Milton Keynes, MK11 3LW, UK
UKHW022006170726
13837UKWH00001B/14